예술하는 습관

위대한
창조의 순간을 만든
구체적 하루의 기록

예술하는 습관

메이슨 커리 지음 | 이미정 옮김

걷는나무
walking tree

레베카에게 바칩니다.

시간이 자기도 모르는 사이에 한 사람의 얼굴을 바꿔놓듯이
습관은 인생의 얼굴을 점차적으로 바꿔놓는다.

– 버지니아 울프

서문

예술가의 위대한 성취는 일상의 단조로운 반복에서 시작된다

나는 2013년에 소설가와 시인, 화가, 작곡가, 철학자 등의 뛰어난 사람들의 일상을 간략하게 요약한 책『리추얼』을 출판했다. 그 책을 낼 수 있어 자랑스러웠고 예술가들의 창작 과정을 지켜보고 싶어 하는 독자들이 있다는 사실에 기뻤다. 베토벤이 아침에 마시는 커피 한잔에 커피콩 60개를 정확하게 헤아려 넣었고, 게오르게 발란친이 다리미질을 하면서 최고의 작품을 완성했으며, 마야 안젤루가 작고 지저분한 호텔 방에서 사전 하나와 성경, 카드 한 벌, 셰리주 한 병을 갖다놓고 글을 썼다는 이야기에 관심을 가지는 독자들이 있었던 것이다. 하지만 지금에서야 인정하지만 그 책에는 크나큰 결점이 있었다. 내가 소개했던 161명 가운데서 여성은 단 27명뿐이었다는 것이다. 여성의 수는 전체의 17퍼센트도 되지 못했다. 이 정도로 성비 불균형이 확연하게 드러나는 책을 어떻게 출간할 수 있었을까? 뭐라고 대답할 말이 없다. 나의 상상력의 부족으로 더욱 많은 여성들의 이야기를 좀 더 열심히 찾아보지 않았고, 그것이 가장 후회되는 점이다. 그러한 불균형을 바로잡아 보려는 뒤늦은 노력에서 『예술하는 습관』이 탄생했다.

나는 훌륭한 사람들의 루틴을 엿봄으로써 동기부여를 얻고 싶은 사람들에게 진정으로 유익한 책을 만들고 싶었다. 나도 작가로서 갖가지 장벽에 자주 부딪히기에 다른 사람들은 대체 어떻게 시간을 관리하며 창작하는지가 궁금했다. 매일 글을 쓰거나 그림을 그리고, 작곡을 했을까? 주말에도 일했나? 창작 작업을 하면서 어떻게 생활비를 벌고, 잠을 충분히 자고, 다른 사람의 삶을 돌봤을까? 습관을 만들어가는 문제는 해결할 수 있었다 해도 그보다 더 힘든 자기 확신과 자기 관리의 위기에는 어떻게 대처했을까? 전작 『리추얼』에서는 그 의문들을 간접적으로나마 풀어냈지만, 유명한 남성들을 주로 소개한 탓에 그들이 헌신적인 아내와 하인, 상당한 유산, 그리고 몇 세기 동안 누적된 특권에 힘입어 장애를 극복했다는 문제가 발생했다. 그 바람에 동시대 독자들이 모델로 삼을 수 있는 유용성이 감소했다. 위대한 인물들의 일상이 생계 유지와 식사 준비, 혹은 사랑하는 사람들과 시간 보내기 같은 평범한 걱정거리에 물들지 않은 채 적절하게 할당된 일과 산책, 낮잠으로 이루어진 경우가 너무 잦아서 현실성이 떨어졌다. 이와는 대조적으로 여성으로 초점을 돌리자 좌절과 타협이라는 새로운 지평이 열렸다. 물론 이 책에도 특권층이었던 여성들이 나오기에 책의 인물 모두가 일상생활에서 끊임없이 장애를 극복하며 살았던 것은 아니다. 하지만 대다수가 그런 환경에서 살았다. 대부분의 여성들이 여성의 창의적 작업을 무시하거나 거부하는 사회에서 성장했고, 전통적인 아내와 엄마, 주부의 역할보다 자기표현 욕구를 우선시하려다가 부모나 배우자의 강한 반대에 부딪혔다. 이들 중 많은 이들에게 돌볼 자식이 있었고, 부양가족의 욕구와 자신의 야망 사이에서 힘겨운 선택을 해야 했다. 사실상 이들 모두는 대중과 전문적 성공의 문을 지키는 문지기들의 성차별주의에 맞서야 했다. 편집자와 출판업자, 큐레이터, 비평가, 후원자, 그 밖에 다른 유행을 선도하는 사람들은 모두 남성의 작품이 더욱 우수하다고 평가했다. 여성 예술가의 내적 장애물, 그러니까 이 세상에서 자기 자리를 만들어 성취를 이루려는 과정에서 치솟아 오르는 분노와 죄의식, 격분을 감안해주는 이도 없었다.

'여성 예술가'와 그냥 예술가를 구분 짓는 게(그것도 남자가 쓴 책에서!) 얼마나 위험한지는 잘 알고 있다. 이 책에서 소개하는 많은 여성들은 자신의 성취를 자신의 성별과 연관 지어 보는 시선에 익숙해져 있었고, 그런 시선을 좋아하는 사람은 아무도 없었다. 화가 그레이스 하티건은 한 인터뷰에서 이렇게 말했다. "전 제가 여성 예술가라는 걸 한 번도 의식해본 적 없어요. 여성 예술가라는 소리를 들으면 화가 나요. 전 그냥 예술가예요." 좋고 나쁨을 떠나서 이 책에서도 전작에서 남성(과 여성)을 소개한 것과 똑같은 방식으로 예술가들을 대우하려고 노력했다. 편지와 일기, 인터뷰, 전해 들은 이야기를 통해서 예술가들이 일상적으로 작업하는 방식을 간략하게 조명하려고 했다.

이 책에서 소개하는 많은 여성은 모두 각자의 분야에서 뛰어난 인물이지만 대중들에게 반드시 널리 알려진 인물들은 아니다. 그런 탓에 독자들에게 익숙한 인물은 아닐 수도 있다. 그래서 그들의 일생을 요약하고, 그들의 작업 형태를 살펴보는 데에도 지면을 상당 부분 할애했다. 또한 인물의 가족 관계도 더욱 세심하게 조명했다. 많은 예술가들에게 자식과 애정에 굶주렸거나 다루기 힘든 배우자는 그들의 시간을 빼어가려고 경쟁하는 주요한 주체였다. 그래서 그들의 현실적인 일상을 보여주려면 그들이 어떻게 창의적 작업과 가정의 의무 및 걱정거리를 동시에 잘 처리했는지를 설명해야 했다. 광적인 직업윤리를 동원했는지, 시간을 영리하게 쪼개서 사용했는지, 전략적으로 특정 의무들을 소홀히 했는지, 혹은 이중 몇 가지를 동시에 사용했는지를 설명하는 것이 중요했다. 그것은 또한 앞서 언급했듯이 자신의 창의성-물자 조달의 매듭을 풀려고 애쓰는 동시대 독자들에게 더욱 도움이 될 만한 책을 쓰고자 한 노력의 일환이기도 하다. 여성들이 마주했던 일상적인 장애를 가능한 한 정확하게 포착하고, 그 위기를 어떻게 극복했는지를 충실하게 설명하고 싶었다.

그렇다고 예술가가 되는 길이 기쁨 하나 없는 강행군과 같다는 말은 아니다. 창의적 작업을 할 수 있는 여지를 만들려면 끝없는 희생이 필요하지만 예술 작업은 깊이 몰입할 수 있는 성질의 것이며 창작하는 이를 새로운 희열과 환희로 이끌기도 한다. 이 책에서는 그 이중성을 공평하게 다루고자 했다. 수전 손택의 말을 빌리자면, 삶과 프로젝트의 조화는 불가능하고, 그러한 조화를 위한 노력을 포기하는 것 또한 불가능하다. 내가 이 책을 쓰면서 계속 떠오른 의문은 한때 콜레트가 조르주 상드를 보고 떠올렸다는 질문과 같다. "대체 어떻게 해낸 거지?" 이 답을 찾고자 하는 시도들이 이 책에 담겨 있다.

메이슨 커리

목차

아름답고 지독한 글쓰기의 감옥

여자들은 대체 어떻게 해냈을까

좋은 날에도 나쁜 날에도 그냥 쓸 것

즉흥적으로 움직이는 무계획의 자유

누구에게나 자기만의 방이 필요하다

영감을 기다리는 시간들

직업으로서의 예술가

일상과 예술의 균형에 대하여

사소한 습관으로 불안을 잠재우다

완벽주의자의 무시무시한 몰입

쓰는 사람들의
집필 습관

루이자 메이 올콧

어느 집필광의 몰입

『작은 아씨들』의 작가 올콧은 창의적 에너지를 격렬하게 쏟아내면서 강박관념에 사로잡혀 글을 썼다. 식사도 건너뛰고, 잠도 거의 자지 않고, 어찌나 맹렬하게 글을 썼는지 결국에는 오른손에 쥐가 나서 왼손으로 쓰는 법을 익혀야 했다. 그런 발작 증세가 너무 강해서 한번 시작됐다 하면 2주 동안 거의 먹지도, 자지도, 움직이지도 못한 채 전속력으로 돌아가는 생각 기계처럼 글만 썼다. 올콧의 이러한 '폭필' 습관은 『작은 아씨들』에서 자세하게 엿볼 수 있다. 이 소설의 주인공 조 마치는 자신의 창조자와 마찬가지로 어린 나이에 집필광이 되었다.

조는 몇 주마다 방 안에 틀어박혀서 글쓰기용 작업복을 입고 자기표현대로 말하자면 '소용돌이 속으로 빠져들어' 온 마음과 영혼을 바쳐서 소설을 써내려간다. 작업을 끝낼 때까지는 그 어떤 평화도 찾을 수 없기 때문이다. 조의 작업복은 펜 자국을 마음대로 닦아낼 수 있는 검정색 모직 앞치마에 깜찍한 빨간색 리본이 달린 같은 재질의 모자를 쓰는 것이다. 이 모자에 머리카락을 말아 넣으면 전투 준비가 끝났다는 뜻이다. 가족들의 호기심 어린 눈에는 이 모자가 신호등처럼 보였다. 이 모자 신호등이 켜졌을 때 가족들은 조와 거리를 둔 채 간간이 조의 방 안에 머리를 들이밀고 물었다. "천재성이 불타오르는 거야, 조?" 항상 대담하게 이런 질문을 던진 것은 아니었다. 먼저 모자를 잘 지켜보고 판단을 내렸다. 이 모자는 표현력이 풍부한 물건이라서 조의 이마를 푹 덮고 있을 때는 글이 잘 안 써진다는 뜻이었다. 조의 흥분이 치솟을 때는 모자가 비스듬히 한쪽으로 올라갔고, 작가가 절망에 사로잡히면 모자가 바닥에 내동댕이쳐져 있었다. 이럴 때 조의 방에 침입한 사람은 조용히 물러났고, 빨간색 리본이 천재 작가의 이마 위에 명랑하게 올라설 때까지는 아무도 조에게 말을 걸지 않았다.

조는 자신을 천재라고 생각하지 않았다. 하지만 작업 모드가 발동하면 글쓰기에 완전히 빠져들어서 가난도 걱정도 나쁜 날씨도 전혀 의식하지 못한 채 더없는 행복을 느꼈다. 그 동안에는 현실의 친구들 못지않게 진짜 같은 소중한 친구들이 가득한 안전하고 행복한 가상의 세계에 빠져들었다. 이때는 졸음이 찾아오지도 않았고, 뭔가를 먹지도 않았고, 너무나 행복해서 밤과 낮이 짧게 느껴졌다. 설령 아무런 결실이 맺히지 않더라도 그런 시간을 즐길 수만 있다면 살아갈 가치가 있었다. 이 신성한 영감은 보통 한 주나 두 주 동안 계속 쏟아져 나왔고, 그 '소용돌이'에서 벗어나는 순간 조는 허기와 졸음, 짜증, 혹은 실의에 시달렸다.

어디로 보나 이것은 올콧의 집필 방식이었다. 조가 글쓰기용 모자로 가족들에게 방해해도 좋은지 아닌지를 알렸다면 올콧에게는 그와 같은 목적으로 쓰는 '기분 베개'가 거실 소파에 있었다. 올콧은 성인 시절의 거의 대부분을 부모님을 모시고 (재정적으로 지원하면서) 살았다. 글을 쓰는 시기에는 자기 침실에 틀어박혀서 아버지가 만들어준 작은 반달 모양 책상에서 작업을 했다. 하지만 천성적으로 가만히 있지 못하는 성격이라서 가끔씩 집 안을 돌아다니며 작품 구상에 빠져들었다. 올콧이 소파에 앉으면 부모님과 자매들은 이따금씩 올콧에게 말을 걸고 싶었다. 하지만 결정적인 순간에 집중력을 깨뜨렸다가는 올콧이 크게 실망한다는 사실을 잘 알고 있었다. 그래서 올콧은 긴 베개를 일종의 '소통 창구'로 삼았다. 베개가 세워져 있으면 가족들이 자유롭게 올콧에게 말을 걸어도 좋았다. 하지만 베개가 옆으로 누워 있으면 소리 죽여 걸어야 했고, 느닷없이 끼어들고 싶어도 참아야 했다. 『작은 아씨들』에는 소용돌이에 빠진 것 같은 올콧의 집필 습관이 가득 묘사되어 있지만 오히려 그 소설은 올콧이 광적으로 몰입하여 쓴 작품은 아니었다. 올콧은 그 이야기에서 전혀 영감을 느끼지 못했고, 단지 인기 있는 아동서의 잠재적 수익성을 포착한 편집자와 아버지를 즐겁게 해주려고 그 작품을 썼다. 올콧은 대부분의 문제를 처리할 때처럼 아버지의 뜻을 따랐다. 올콧의 아버지는 올콧이 '여아용 서적'을 쓰기를 바랐다. 그래서 올콧은 영감이 부족해도 빠르게 작업해서 겨우 두 달 반 만에 402쪽짜리 소설을 완성했다. 책이 잘 팔리자 올콧의 편집자는 속편을 써 달라고 했고, 이에 올콧은 하루에 한 장(章)을 목표로 전보다 더욱 빨리 썼다. 한 달 만에 끝낼 수 있다고 생각했고, 거의 그 기한을 맞췄다. 올콧은 그때를 이렇게 기억했다. "일이 너무 많아서 식사를 하거나 잠을 잘 시간도 낼 수 없었다. 매일 하는 달리기 이외에는 아무것도 할 수 없었다."

속편이 출간되자 『작은 아씨들』은 순식간에 돌풍을 불러일으켰다. 이때부터 '여아용 서적'이 올콧의 인생에서 전부가 되었다. 올콧은 책의 성공 덕분에 재정적으로 독립해 전업 작가가 될 수 있었지만 도리어 야망은 사그라졌다. 독자들은 똑같은 책을 더욱 많이 써 달라고 끝없이 요구했고, 오랜 무명 시절을 힘겹게 버텨왔던 올콧은 그 요구를 거절할 수 없었다. "어린 아이들을 위한 '도덕적 이야기'를 쓰는 게 즐겁지 않았지만 돈이 잘 들어오기 때문에 그 일을 했다." 한편 만성적인 건강 문제에 시달리면서 예전만큼 격렬하게 글을 쓸 수가 없었다. 1887년도 편지에서 올콧은 이렇게 한탄했다. "하루에 두 시간밖에 글을 쓸 수 없다. 20쪽밖에 못 쓰거나 가끔은 그보다 조금 더 썼다." 이 정도면 대부분의 작가들에게 상당히 생산적인 하루였겠지만 올콧에게는 걱정거리이자 자기 자신을 비난할 이유가 되었다.

루이자 메이 올콧 Louisa May Alcott(1832~1888)

미국의 소설가. 생계 문제로 닥치는 대로 일을 해야 했고, 야전병원에서 경험한 내용을 담은 『병원 스케치』를 발표하며 주목받았다. 1868년에 펴낸 소녀들을 위한 책 『작은 아씨들』로 본격적인 명성을 얻었다.

도리스 레싱

자신의 본능적인 리듬을 읽어내는 방법

아들 피터와 함께 지내면서 글을 썼던 작가 레싱은 돌봐야 할 아이를 가진 덕분에 살아갈 수 있었다고 훗날 말했다. 아이가 없었다면 1950년대 소호("그곳에는 기라성 같은 인재들이 많았지만 그들은 주로 술을 마시며 자신들의 재능을 이야기했다." 레싱은 이렇게 기록했다.)의 유혹에 빠져 헤어 나오지 못했을 테니까. 레싱은 그 대신 피터를 돌보면서 글 쓸 시간을 낼 수 있게 삶을 조율했다. 처음에는 생활비를 벌려고 비서 일을 구했지만 다음 책이 순조롭게 진행되면서 일을 그만두고 전업 작가로 나설 수 있었다. 레싱은 자서전에 런던에서 보냈던 이른 아침 일정을 아래와 같이 묘사했다.

> 아이가 일어나는 새벽 5시에 나도 일어난다. 아이가 내 침대로 들어오면 이야기나 시를 들려준다. 이후에 옷을 갈아입고, 아들 식사를 챙겨주고, 길 위쪽의 학교에 데려다준다. 나는 쇼핑을 약간 하고 나서 진짜 내 하루를 시작한다. 이것저것 하고 싶은 열렬한 욕구—"그걸 사야 하고, 아무개에게 전화를 해야 하고, 이건 잊으면 안 되고, 저건 기록해둬야 해."라고 말하는 주부의 열병—를 억누르고 글쓰기에 필요한 단조롭고 무난한 마음 상태를 찾아야 했다. 때로는 전화기가 울리지 않기를 간절히 바라며 잠깐의 잠을 청했다. 수면은 이제 내 친구이자 회복 전문가이자 즉석 해결책이 되었다. 몇 분간의 잠수가 어떤 가치가 있는지를 나는 그때 알았다. 조용하고 어두운 곳에서 엉킨 타래를 풀고 나면, 이제 일할 시간이다.

하루 동안 레싱은 일하다 말다를 끊임없이 반복했다. 잠시 휴식을 취하며 집 안을 돌아다니고, 컵을 씻고, 서랍장을 정리하거나 차 한잔을 끓여 마셨다. "걷고 돌아다니면서 양손을 가만히 놀리지 않아요. 그런 제 모습만 보면 집안일을 야무지게 챙기는 타입이라고 다들 생각하겠죠." 하지만 그 와중에도 레싱의 마음은 작업 중인 원고에 가 있었다. 전기 작가 캐럴 클라인Carole Klein은 레싱이 하루에 최소 7000단어를 목표량으로 잡아놓았기 때문에 막연하게 글을 쓰는 모든 나날들이 놀랍도록 생산적일 수 있었다고 했다. 매일 멍하니 공상에 빠져 지냈던 나날 또한 레싱의 글쓰기 과정에서 필수적인 요소였다. 레싱은 그러한 물리적 과정을 '집중하는 길'로 취급했고, 그에 관해서 자신을 화가와 비교했다. "화가들은 붓 하나를 깨끗이 씻고, 다른 하나를 던져버린다. 캔버스를 준비할 때도 마음은 다른 곳에 가 있다. 그들은 창을 내다보고, 커피 한 잔을 준비한다. 양손으로 붓을 꽉 쥔 채 캔버스 앞에 한참 동안 서 있다가 마침내 작업을 시작한다." 레싱은 작가들의 구체적 일상과 집필 습관에 관한 이야기를 듣고 또 듣고 싶어 하는 대중의 욕구를 이해했다. 아마도 레싱 자신이 글을 쓸 수 있는 생활환경을 조성하려고 매우 열심히 노력했고, 무척이나 많은 것을 희생했기 때문일 것이다.

> 우리들(작가들)이 돌아다니다가 잠시 수다를 떨고 장황하게 이야기를 늘어놓으면 언제나 이런 질문을 받는다. 워드프로세서를 사용하나요? 아니면 펜이나 타자기를 쓰나요? 매일 글을 쓰나요? 하루 일정은 어떻게 되죠?
> 이런 질문들은 결정적인 핵심을 더듬어 찾으려는 본능이다. 그 핵심은 바로 에너지를 어떻게 사용하고, 어떻게 절약하는가이다. 누구나 제한된 에너지를 갖고 있다. 성공한 사람들은 본능적으로나 의식적으로 에너지를 잘 사용하는 법을 분명히 알고 있다. 그 방법은 작가인지 아닌지와 상관없이 모든 사람마다 다르다. 매일 밤 파티에 갔다가 녹초가 되는 게 아니라 기운을 얻어 와서 하루 종일 행복하게 글을 쓰는

작가들도 있다. 하지만 나는 밤늦게까지 사람들과 있다가 오면 다음 날 일을 잘 하지 못한다. 어떤 작가들은 가능한 한 이른 시간부터 글을 쓰기 좋아하는 한편, 나한테는 거의 불가능한 일이지만 오후나 밤에 쓰기를 좋아하는 작가들도 있다. 시행착오를 거쳐서 자신의 욕구를 파악하고, 자신에게 양분을 주는 것이 무엇인지, 자신의 본능적인 리듬과 일정이 무엇인지 알아내야 한다. 그리고 그것을 소중히 여겨야 한다.

도리스 레싱 Doris Lessing(1919~2013)

영국을 대표하는 가장 중요한 작가. 20세기 후반 각종 문학상을 휩쓸었고, 2007년에는 노벨문학상을 수상했다. 대표작으로는 『풀잎은 노래한다』, 『금색 공책』, 『생존자의 회고록』 등이 있다.

유도라 웰티

글을 쓰기에 가장 완벽한 하루

"하려고만 하면 거의 모든 장소에서 글을 쓸 수 있다는 걸 알았다." 미국의 소설가 웰티는 이렇게 말했다. 하지만 웰티는 집에서 글 쓰는 걸 더 좋아했다. "저처럼 아침에 일찍 일어나는 사람에게는 그게 훨씬 더 편하거든요. 나만의 시간을 가질 수 있고 방해 요소를 차단할 수 있는 유일한 장소가 바로 집이죠." 웰티는 앉은 자리에서 단편소설 초고를 완성하고, 필요한 만큼 오랫동안 수정을 하고, 최종본을 한번에 완성했다. "결국에는 오랫동안 지속적으로 노력해서 전체를 끝내는 거죠."

웰티는 아침에 나이트가운을 그대로 입은 채 작업을 시작했다. 이야기의 흐름이 딱 끊어지는 지점에 도달할 때까지 옷을 갈아입지 않는 경우가 흔했다. 글을 쓰는 장소는 미시시피주 잭슨에 있는 자기 집 위층 침실이었다. 웰티가 열여섯 살 때 아버지가 지어주신 집이었고, 웰티는 그 집에서 남은 평생을 살았다. 초고는 타자기로 완성했는데 "그렇게 하면 자기 작품이 객관적으로 느껴지기 때문이다."라고 웰티는 말했다. 그렇게 초고를 완성하고 나면 문단들을 잘라내서 시침핀으로 침대에 꽂아두고, 그 조각들을 재배열해서 최적의 이야기 구조를 찾아냈다. 때로는 도입부라고 생각했던 부분이 결말부로 가기도 했다.

1988년, 한 인터뷰 기자가 웰티에게 글쓰기에 가장 이상적인 날을 가능한 한 상세하게 묘사해달라고 요청했다. 이에 웰티는 이렇게 답했다. "어머나, 세상에, 저한테 그런 기회를 준 사람은 지금까지 아무도 없었는데……!"

> 좋아요, 말해주죠. 전 아침에 일찍 일어나요. 아침에 머리가 가장 잘 돌아가는 그런 유의 사람이죠. 일찍 일어나서 나갈 준비를 하는 게 좋아요. 설령 좋은 소식이 있더라도 하루 종일 전화도, 초인종도 울리지 않고, 아무도 찾아오지 않을 거라는 걸 알고 싶어요. 이 모든 소리가 무례하게 들리겠죠. 하지만 일반적으로 멋진 하루는 제가 원하는 하루와 달라요. 전 제가 어디에 있는지, 어느 방에 있는지는 상관하지 않아요. 그냥 아침에 일어나서 커피를 마시고, 일상적인 아침 식사를 하고 일하러 가죠. 그냥 하루 전체를 통째로 갖는 거예요! 5시나 6시쯤이 될 무렵에는 하루 일을 완전히

끝내버리죠. 그러고는 버번위스키 한잔과 물을 마시고, 저녁 뉴스를 본 다음 뭐든지 제가 하고 싶은 일을 해요.

점심시간에는 잠시 일을 멈추고, 샌드위치와 코카콜라 같은 먹기 편한 음식을 먹는다. 저녁에는 친구를 만나 식사를 하거나 다른 사교모임에 참석한다. 이처럼 글쓰기에 완벽한 하루의 핵심 요건은 다음 날도 오늘과 똑같을 거라는 확신이었다. 웰티는 매일 아무런 방해도 받지 않고, 의무를 강요받지 않는 하루를 원했다. 물론 세계적으로 칭송받는 작가가 되면서 그런 하루를 온전히 누리기가 점점 더 불가능해졌지만. 설령 글쓰기 좋지 않은 날이 있었다 해도 그건 중요하지 않았다. 그런 날도 날마다 지속되는 보다 더 큰 과정, 즉 최상의 글을 이끌어내는 '지속적인 노력'의 일부였기 때문이다. "방향을 알려주는 일이에요. 하나의 작품이 다음 작품을 알려주고, 그 작품이 또 그다음 작품에 대해 이야기해주는 식이죠. 그렇기 때문에 그 이어지는 가닥을 놓치고 싶지 않은 거예요. 아주 사랑스러운 방법이죠."

유도라 웰티Eudora Welty(1909~2001)

1941년 단편소설집 『초록빛 커튼』을 발표하며 작가로서 명성을 쌓기 시작했고, 이후 『넓은 그물』, 『황금 사과』, 『폰더의 마음』 등을 펴냈으며 장편소설 『낙천주의자의 딸』로 1973년 퓰리처상을 수상했다.

옥타비아 버틀러

기분이 어떻든
매일 써라

"저딴 걸 쓰고도 돈을 받는구나." 1954년도 영화 「화성에서 온 악녀」를 봤을 때 열두 살 버틀러는 이렇게 생각했다. 그래서 공상과학 소설을 쓰기 시작했다. 1년 후에는 끔찍한 소설 나부랭이들을 애꿎은 잡지사에 투고하느라 정신이 없었다. 버틀러는 대학교 졸업 후에 접시닦이에서 텔레마케터, 창고지기를 거쳤고, 상품성 없는 감자칩을 골라내는 일 같은 '지긋지긋하고 시시한 일'들을 전전했다. 그동안에도 이른 아침에는 꾸준히 글을 썼다. "동물처럼 그냥 살기 위해서, 살아남으려고 사는 것 같았어요. 하지만 글을 쓸 때는 진실로 제가 소중히 여기는 뭔가를 하기 위해 살아가는 것 같았죠." 1976년, 마침내 버틀러는 데뷔 소설 『패턴마스터』를 출간했고, 이후 4년 동안 매년 한 권씩 소설을 펴내며 집필만으로도 생계를 유지할 수 있게 되었다. 그중에서 가장 잘 알려진 작품은 1979년도에 출간한 『킨』이다. 버틀러가 유명한 작가로 성장하자 조언을 구하는 젊은 작가들이 많았다. 그때마다 버틀러는 쓰고 싶은 기분이 나든 안 나든 매일 글을 쓰는 게 가장 중요하다고 말했다.

> 다른 작가들이 무엇을 하는지 살펴봐야 한다. 다른 작가의 방식을 따라 하라는 말은 아니다. 남의 방식을 살피다보면 그들이 자신의 길을 찾아 천천히 나아가다가 결국은 자신에게 가장 효과적인 방법을 찾아낸다는 것을 알게 된다. 나는 새벽 3시에서 4시 사이에 일어난다. 그때 글이 가장 잘 나오기 때문이다. 이것도 우연히 알아낸 사실이다. 다른 일로 돈을 벌어야 했을 때는 낮에 글 쓸 시간을 내지 못했다. 주로 몸을 많이 쓰는 일을 했기 때문에 밤에는 지쳐서 곯아떨어졌다. 게다가 주변에 사람이 너무 많았다. 사람들과 한동안 부대끼고 나면 조금이라도 잠을 자야 글을 쓸 수 있었다. 그래서 새벽에 일찍 일어나기 시작했다. 처음에는 새벽 2시쯤에 일어났는데 지나치게 이른 시간이었다. 그렇지만 그때는 야망이 대단했다. 일하러 나갈 준비를 해야 할 때까지 앉아서 계속 글을 썼다.

나이가 들면서 버틀러의 일정은 다소 느슨해졌다. 그녀의 루틴은 새벽 5시 30분에서 6시 30분 사이에 일어나 집안일을 하고, 9시에 컴퓨터 앞에 앉아 글을 쓰는 것이었다. 버틀러는 자신이 글을 천천히 쓰는 작가라고 했다. 대부분의 시간은 책을 읽거나 가만히 앉아 있고, 오디오북이나 음악을 듣거나 다른 뭔가를 그냥 바라본다. 그러다 갑자기 맹렬하게 전투적으로 글을 쓴다. 다시 말해서 혼자 보내는 시간이 많았다. '비사교적인 게 편한' 작가에게는 딱 어울리는 생활 방식이었다. 1998년에 버틀러는 이렇게 말했다. "혼자 보낼 수 있는 시간만 낼 수 있다면 사람들과도 잘 어울려요. 그런데 가족들이 이런 저를 워낙 걱정하다 보니 저도 가끔은 내가 좀 이상한가 싶어서 걱정되더라고요. 하지만 결국에는 깨달았죠. 전 그냥 원래 이런 사람이에요. 누구에게나 별난 구석이 있잖아요."

옥타비아 버틀러Octavia Butler(1947~2006)

백인 남성의 전유물로 인식되던 SF문학계에서 문학적 성취와 상업적 성공을 모두 거둔 흑인 여성 작가. 대표작 『킨』은 미국에서만 45만 부 이상 판매되며 출간된 지 40년이 지난 오늘까지도 웰메이드 SF 장편소설로 손꼽힌다.

미란다 줄라이

산책이 글쓰기에 미치는 영향

영화 제작자이자 공연예술가이며, 각본과 단편소설, 소설을 쓴 작가이기도 한 줄라이는 엄격한 자기수양 덕분에 그 모든 분야에서 성공을 거두었다. 하지만 그 자신은 그러한 자기수양이 긍정적이라고 생각하지 않았다. 줄라이는 자신을 위한 규칙을 세우고, 다양한 강도의 죄의식과 독설, 기만을 쌓아올리며 일한다. 줄라이가 즐겨 쓰는 정신적 수법 가운데 하나는 그다지 다급하지 않은 다른 일에 손대어 '우선순위 프로젝트'를 회피하면서 일을 미룬다고 자신을 질책하는 것이다. 어느 시점에는 동시에 작업해야 최고의 작품이 나온다는 사실을 알면서도 말이다.

아이를 가지면서 줄라이의 책무가 더욱 커졌다. "아이를 갖자마자 자기관리 올림픽에라도 출전하는 것 같았죠. 그러니까 '이제 몸 좀 풀어볼까! 하루에 45분씩 쓰면서 소설 한 권을 완성할 수 있을지 알아보자고!'하는 오기가 생기는 거예요." 사실 줄라이는 임신해서 아들을 출산해 세 살이 될 때까지 키우는 동안 데뷔 소설 『최초의 나쁜 남자』를 쓰기 시작해서 완성했다. "아이를 보모에게 30분 동안 맡겨놓고 제 방에 가서 아무 글이나 막 썼어요. 지금 생각해보니 그 시간이 저에게 정말 필요했네요." 줄라이가 말했다.

줄라이는 현재 로스앤젤레스에서 살고 있다. 대체로 아침 6시 30분쯤 일어나 최대한 오랫동안 '엄마로서 할 일'을 처리하고 나서 아들을 학교에 데려다주고 9시쯤에 작업실에 들어간다. 주로 혼자 일하지만 매일 아침이면 옷차림에 세심하게 신경을 쓴다. "옷을 차려입는 걸 좋아해요. 옷을 잘 차려입으면 우울증이 사라지는 것 같거든요. 그냥 제 모습을 바라보고 이 세상에 어울리게 입었는지 확인해 보죠. 비록 제 자신은 이 세상에 속해 있지 않더라도 말이에요."

줄라이는 너무 많은 매체를 다루고 있어서 한 가지 작업 일정을 따를 수 없지만 글쓰기는 줄라이에게 가장 주된 목표다. 줄라이는 작업실에 가기 전에 급히 꺼야 하는 불이 없는지 집에서 이메일을 재빠르게 확인한다. 일단 작업실에 도착하면 즉시 인터넷 차단 소프트웨어를 세 시간에서 여섯 시간 동안 작동시켜놓고 글을 쓰기 시작한다. 그러다 나가서 무작정 걷기도 한다. "걷고 있을 때면 가끔은 수업을 땡땡이치고 놀고 있는 기분이 들기도 해요. 의자에 앉아 있어야 얻을 수 있는 아이디어가 있잖아요. 그 자리에서 작업을 해야 하고요. 글을 써야 하죠. 하지만 뭐랄까, 그 자리에서 얼어붙어버릴 때가 있어요. 말 그대로 아무것도 하지 않으면서도 일어나서 걷거나 책을 보거나 다른 뭔가를 할 수 있다는 걸 잊어버리는 거죠." 줄라이는 의자에 감금된 상태에서 벗어나 동네를 산책하러 나간다. 그러고는 아이디어가 떠오를 때마다 스마트폰으로 녹음을 해둔다. 오랜 경험 덕분에 줄라이는 산책에서 자신의 두뇌에 어느 정도 압력을 가해야 하는지를 정확하게 알고 있다. "너무 많은 압력을 가하면 안 돼요. 그냥 바깥 산책을 즐기고 있다고 자신을 속이면서 '그 캐릭터는 이럴 때 어떻게 할까' 같은 의문의 씨앗을 심어주는 거죠. 그러고 나서는 그냥 흘려버려요." 줄라이는 수백 개의 음성 녹음을 해놓고 초고를 쓰는 동안 그 '작은 경전'을 다시 검토한다.

줄라이는 아들을 갖기 전에는 보통 오후 7시까지 일을 했지만 요즘에는 3시 45분쯤에 일을 끝내고, 늦어도 5시 30분까지만 일을 한다. 작업 시간이 짧아지면서 때로는 아들이 잠든 후에 이메일과 다른 업무를 처리한다. 보통은 저녁에 일하지 않고 밤 10시쯤에 남편을 따라 잠자리에 들려고 노력한다.

미란다 줄라이Miranda July(1974~)

행위예술가, 작가, 영화감독, 배우 등 경계를 뛰어넘어 다양한 활동을 하는 전방위 아티스트. 각본, 연출, 주연을 맡은 영화 「미 앤 유 앤 에브리원」으로 각종 영화제에서 신인상을 휩쓸며 이름을 알렸다.

패티 스미스

침대에 앉아 시를 쓰는 로커

"아침에 일어나서 기분이 좋지 않으면 운동을 좀 한다." 펑크 가수이자 시각 예술가에 시인인 스미스는 2015년에 이렇게 말했다. "고양이 밥을 주고 나서 커피를 마시고 공책을 꺼내서 두 시간 동안 글을 쓴다. 그러고 나서는 방 안을 배회한다. 걷기 위한 일 같지만 실은 텔레비전에서 볼 만한 걸 찾을 때까지 그냥 시간을 죽이는 거다." 스미스는 집에서 주로 침대에 앉아 글을 쓴다. "멋진 책상이 있지만 침대에서 글 쓰는 걸 좋아한다. 로버트 루이스 스티븐슨Robert Louis Stevenson의 시에 나오는 요양 중인 환자라도 되는 것처럼." 스미스는 자신의 맨해튼 아파트 근처에 있는 카페에서 글을 쓰기도 한다. 텔레비전 프로그램 중에서는 암울한 범죄 드라마를 즐겨 보고, 그런 드라마의 분위기와 집요한 형사들이 자신의 글쓰기

생활과 비슷하게 어울린다고 생각한다. "어제의 시인은 오늘의 형사다. 형사는 평생 동안 냄새를 맡고 다니고, 사건을 마무리 짓고는 지쳐서 절뚝거리며 석양 속으로 사라진다. 그들은 나를 즐겁게 해주고 지탱시켜주는 힘이다." 2015년 회고록 『M 트레인』에 스미스는 이렇게 기록했다.

패티 스미스Patti Smith(1946~)

미국의 뮤지션. 작가이자 공연 예술가이기도 하다. 1970년대 시와 록을 혁명적으로 융합해 주목받았고, 총 12장의 앨범을 발매했다. 지은 책으로는 『M 트레인』, 『저스트 키즈』, 『몰입』 이 있다.

릴리언 헬먼

담배 세 갑과 진한 커피 스무 잔

미국의 극작가 헬먼은 매일 꾸준히 글을 썼지만 작업 속도는 느렸다. 새로운 연극 한 편을 완성하기까지 대체로 1년이나 그 이상이 걸렸다. 글을 쓰기 전에 광범위한 조사를 한 것도 시간이 많이 걸리는 이유 중 하나였다. 1941년도 연극 「라인강의 파수꾼」을 쓸 때는 스물다섯 권의 책을 읽었고, 공책에 십만 개가 훌쩍 넘는 단어를 썼지만 이중에서 최종 대본에 들어간 단어는 거의 없었다. 그뿐만 아니라 매번 연극을 쓸 때마다 초고를 수차례 썼다. 「라인강의 파수꾼」을 쓸 때는 개략적인 원고 11편과 완성된 초고 4편을 썼다. 헬먼은 작업을 할 때 대사에 광적으로 신경을 써서 매일 밤 혼자서 큰 소리로 대사를 읽어보고 아침이 되면 또다시 읽어본 다음 글을 썼다. 헬먼은 '환희, 절망, 희망'이라는 연속적인 흐름을 따라 작업을 진행했다고 말한다. "그게 정확한 순서예요. 해질 녘이 되면 희망이 찾아오죠. 바로 그 순간에 다음번에는 진짜 잘될 거라고 제 자신에게 속삭여요."

헬먼은 20대 후반에 극본을 쓰기 시작해서 빠르게 미국의 일류 극작가 대열에 진입했다. 이후 25년 동안 그 자리를 지켰다. 뉴올리언스 태생의 이 작가는 결코 성공에 안주하지 않았고, 작품을 위해 뉴욕의 하드스크래블 농장으로 떠났다. 그곳에서 헬먼은 술을 (대체로) 끊었고, 작가 대실 해밋Dashiell Hammett과의 관계는 전투적인 연인 관계에서 (대체로) 편안한 우정을 나누는 관계로 누그러졌다. 이 두 작가는 같은 집에 살았지만 침실을 따로 썼고, 각자의 친구들과 연인들을 초대했다. 해밋은 그때쯤 집필을 중단해서 다른 책을 출판하지 않았다. 한편 헬먼은 집필에 전념했다. 하드스크래블에서는 하루에 몇 시간씩 글을 쓰면서도 온갖 농장 일을 다 했는데 마치 무한한 에너지 저장소에서 끝없이 에너지를 꺼내 쓰는 것 같았다. 헬먼은 채소밭을 가꾸고, 닭을 기르고, 계란을 팔고, 호수에서 수영을 하고 낚시를 했다. 스탠더드 푸들을 길렀고, 친구들을 초대해서 장기간 머물고 가도 좋다고 했다. 하지만 손님들이 각자 알아서 시간을 보내기를 바랐다. "제 친구들은 각자 자기가 좋아하는 방식대로 즐기다가 가요. 대부분은 책을 읽죠. 식사 시간에는 서로 만나요. 전 글을 쓸 때 밥 먹는 시간은 넉넉하게 비워두거든요. 아침에 세 시간 정도, 오후에 두세 시간 정도 일하고, 저녁 10시에 다시 글을 쓰기 시작해서 새벽 1시나 2시까지 일하죠."

헬먼은 타자기로 작업을 했고, 집필을 하는 동안 줄담배를 피우고 커피를 마셨다. 1946년도 작가 소개에 따르면 헬먼은 하루에 진한 커피를 스무 잔 마셨고, 담배 세 갑을 피웠다. 손님들의 방해를 받지 않으려고 서재 문 앞에 아래와 같은 경고문도 붙여두었다.

> 이 방은 작업실입니다.
> 노크 없이 들어오지 마세요.
> 노크하고 나서 대답을 기다리세요.
> 대답이 없으면 그냥 가세요.
> 다시 돌아오지 마세요.
> 모두에게 하는 경고입니다.
> 당신도 예외는 아닙니다.
> 밤낮 없이 언제나 적용되는 경고입니다.
>
> – 헬먼 극작가 군사위원회의 명령으로
> 군법회의가 헛간에게 열리면
> 공정한 재판을 받지 못할 수 있습니다.

릴리언 헬먼Lillian Hellman(1905~1984)

20세기 중반에 활동한 미국의 극작가. 독립적이고 적극적인 행보로 파시즘에 투쟁했다. 자본주의를 비판한 「어린이들의 시간」, 「새끼 여우」 등과 나치즘과의 싸움을 묘사한 「라인의 수비」가 대표작이다.

존 디디온

두 시간 동안 한 문장을 쓰더라도

미국의 작가 디디온은 저녁을 먹기 전에 한 시간 동안 혼자 술 한잔을 하며 그날 하루 동안 쓴 글을 되새겨보는 시간을 가졌다.

> 밤늦게는 할 수 없는 일이에요. 글에 너무 몰입하게 되거든요. 술을 마시는 이유는 원고에서 거리를 두기 위해서예요. 이 시간에 뺄 건 빼고 넣을 건 넣죠. 다음 날에는 저녁에 기록해두었던 내용에 따라 전날 했던 것을 모두 다시 고쳐 써요. 본격적으로 작업에 몰두할 때는 시간이 아까워서 외출을 한다거나 누군가와 저녁을 함께 먹기도 싫어요. 저녁시간에 그 한 시간을 투자하지 못하면 다음 날 좋지 않은 원

> 고를 갖고 하루를 시작해야 해서 결국에는 기분이 가라앉죠. 또 한 가지 습관은 책을 끝낼 무렵에는 반드시 원고를 곁에 두고 잠들어야 한다는 거예요. 어찌된 일인지 원고를 곁에 두고 잠들면 글이 머릿속에서 떠나지 않거든요.

2005년, 디디온은 한 인터뷰 기자에게 "종이에 아무것도 쓰지 못한 채 그냥 앉아서 개연성 있는 아이디어를 떠올리려고 노력하는 시간이 대부분이다. 그러다 보면 오후 5시쯤에 뭔가가 떠오른다. 두 시간 동안 글을 쓰면 서너 문장이나 어쩌면 한 단락을 얻는다."라고 말했다. 글쓰기 작업이 느린 이유는 분명하게 생각하는 데 어려움을 겪기 때문이라고.

> 글쓰기는 생각하라고 강요하는 것이다. 글쓰기는 뭐든지 끝까지 파헤치라고 강요한다. 굳이 말하지 않아도 다들 잘 알겠지만 난데없이 아주 쉽게 찾아오는 것은 없다. 그러하니 지금 당신이 생각하고 있는 것을 이해하고 싶다면 그것을 끝까지 파헤쳐야 한다. 내게 있어서 그렇게 끝까지 파헤치는 유일한 방법은 글쓰기다.

존 디디온Joan Didion(1934~)

저널리스트이자 작가. '소설처럼 읽히는 저널리즘'의 기수로 미국 유수의 신문과 잡지에 수많은 기사를 기고했다. 국내에는 에세이 『푸른 밤』과 『상실』이 출간되었다.

엘리자베스 보엔

정확한 단어를 고르는 일

영국계 아일랜드인 소설가 보엔은 아주 열심히 일했다. 오후 1시 이전에는 보엔을 본 사람이 없었는데 그때 보엔은 4시간 동안 책상에 앉아 있었다. 1시에는 잠시 휴식을 취하고 점심을 먹고 나서 현관문 바로 앞에 있는 리젠트 공원에서 짤막하게 산책을 했다. 그 후에는 서재로 돌아가서 두 시간 이상 일한다. 4시나 4시 반쯤에는 거실에서 차를 마셨고, 종종 친한 친구들이 한담을 나누러 들렀다. 5시 반에 남편 카메론이 집에 도착하면 긴장이 풀리면서 모든 것이 아늑하고 편안해진다. 카메론은 아내를 끌어안아주고는 복슬복슬하고 큼직한 주황색 고양이 데빌이 어디에 있는지 물어보았다. 고양이를 찾고 나면 칵테일을 마시려고 자리에 앉아 그날 하루에 관한 이야기를 주고받았다. 두 사람은 다정한 장난을 주고받았지만 카메론이 보엔에게 몇몇 현실적인 문제를 신경 써 달라고 불평하면 보엔은 당황해하는 것 같다가도 웃으면서 분위기를 무마시켰다. 보엔은 결혼 생활 10년 차부터 여러 남성 및 여성과 수차례 외도를 즐겼다. 그중에서 일곱 살 어린 캐나다인 외교관 찰스 리치Charles Ritchie와는 30년 동안 관계를 유지했다. 보엔은 이런 관계를 자신의 결혼 생활과 신중하게 분리했다. 보엔이 리치에게 보낸 편지들과 리치가 그동안 썼던 일기가 2008년에 출간되었다. 이 자료는 보엔의 창의적 과정을 엿볼 수 있어서 매우 귀중하다. "엘리자베스는 지난밤에 글 쓰는 법에 관해서 토의하고 있었다." 리치는 이렇게 기록했다.

> 보엔은 한 장면을 쓰기 시작할 때 마음속에 떠오르는 단어들을 모두 던져 넣는다고 한다. 점토 인형을 만들 때와 비슷하다. 먼저 점토를 뭉쳐서 치대다가 조금씩 떼어내며 정밀하게 모양을 만들어가듯 보엔도 나중에야 단어들을 쳐내고 버리고 깎아낸다. 글쓰기의 강박적인 요소는 글쓰기를 중단하고 정확한 단어를 고르거나 장면을 신중하게 분석하고 싶은 충동이라고 보엔은 말한다.

보엔은 소설 집필이 '불안정하지만 굉장히 깊이 몰입할 수 있고, 어떤 면에서는 행복해지는 작업'이라고 했다. 1946년에 『한낮의 열기』를 집필할 때는 이렇게 썼다. "쓰던 원고를 다 버리고 다시 쓰고 종이들을 바닥에 팽개쳐버렸다. 종이에 이마를 자꾸 문지르다가 이마에 커다란 구멍이 뚫려서 피가 났다."

엘리자베스 보엔Elizabeth Bowen(1899~1973)

영국의 소설가. 남달리 예민한 언어를 구사하며 개인적 감정과 인간관계에 대한 소설을 썼다. 장편소설『호텔』과 소설집『파리의 집』,『마음의 죽음』등을 펴냈다.

재닛 프레임

습관을
몸에
익히는 시간

자서전이 영화화될 만큼 극적인 인생을 살았던 뉴질랜드 작가. 처음에는 교사로 일했지만 자살 시도 이후에 정신병원에 들어갔고, 이어서 조현병 환자로 오진을 받았다. 프레임은 이후 8년 동안 정신병원을 들락거리며 전기충격 치료를 200번이나 받았다. 그럼에도 점점 더 몰입해서 소설을 쓸 수 있었고, 정신병원에 환자로 있으면서 소설을 펴냈다. 프레임은 그곳에서 뇌엽절리술을 받을 예정이었는데 프레임의 책이 뉴질랜드에서 가장 명망 높은 문학상을 수상했다는 소식에 의사들이 수술을 취소하고 퇴원시켰다.

병원을 나와서 자매의 집으로 들어갔고, 자매의 손에 이끌려 지역의 유명한 작가 프랭크 사지슨Frank Sargeson을 만났다. 사지슨은 프레임의 이야기에 감명받아서 프레임에게 자신의 오두막을 내주었다. 그리하여 프레임은 병원에서 나온 지 약 한 달 후에 사지슨의 집으로 들어가 갑작스럽게 전업 작가가 되었다. 프레임은 병원에서 아침 일찍 일어나자마자 옷을 갈아입었던 습관을 버릴 수 없었음에도 빠르게 사지슨의 하루 일정에 맞춰갔다.

> 사지슨은 7시 30분이 지나도 일어나지 못했고, 아침식사는 8시에 했다. 사지슨이 일어나 옷을 갈아입을 때까지 기다리면서 내 요강과 설거지거리를 들고 집 안으로 들어갈 용기를 내기까지 몇 시간이 걸리는 것만 같았다. 보통 아침은 나 혼자 먹었다. 하룻밤 동안 발효시켜놓았던 음료와 꿀을 발라놓은 홈메이드 커드, 빵, 꿀, 차가 메뉴였다. 아침식사 후, 소설을 쓰려고 오두막으로 돌아갔다. 오전 11시에는 사지슨이 차 한잔과 꿀을 바른 호밀 웨이퍼를 들고 오두막으로 왔다. 사지슨은 오두막 문을 부드럽게 두드린 후에 안으로 들어가 차와 간식을 책상에 내려놓았다. 이때 그는 정중하게도 눈에 훤히 드러난 내 원고를 보지 않으려고 시선을 피했다. 사지슨이 나가자마자 차와 웨이퍼를 먹고는 오후 1시까지 계속 글을 썼다. 사지슨이 다시 오두막 문을 두드려 점심이 준비되었다고 알렸다. 점심시간에는 나이 지긋한 작가 사지슨이 책을 큰 소리로 읽었고, 나는 경청하면서 글쓰기에 관해 이야기를 나누었다. 그가 하는 모든 말을 믿고 그

대로 받아들였으며, 그의 영리함에 경탄을 금치 못했다.

프레임은 사지슨의 오두막에 영원히 머물지 않았다. 하지만 사지슨의 오두막에서 몸에 익혔던 일정은 평생 동안 프레임에게 도움이 되었다. 집필 진행 과정을 매일 공책에 기록했던 습관도 마찬가지였다. 그 공책에는 날짜와 그날 목표한 분량과 실제로 완성한 분량을 기록하는 칸을 만들었고, 마지막 칸에는 '이유'라는 제목을 달았다. 말년에는 '이유' 칸을 삭제하고 대신 '시간낭비한 날'을 기록했다. "내가 이미 알고 있는 이유를 확인할 필요가 없으니까요." 프레임은 이렇게 기록했다.

프레임은 많은 문학상을 받았지만 영화제작자 제인 캠피온Jane Campion이 프레임의 자서전을 1990년에 「내 책상 위의 천사」로 영화화하기까지는 진짜 유명해졌다고 할 수 없었다. 캠피온은 자서전 판권을 얻으려고 뉴질랜드에 있는 프레임의 집을 방문했던 일을 이렇게 묘사했다. "프레임은 제가 만나봤던 그 어떤 사람과도 달랐어요. 누구보다 더 자유롭고 활기 넘치는 사람이었고, 정신은 지극히 또렷했어요." 캠피온은 이렇게 기록했다.

> 집이 약간 어질러져 있었던 게 기억난다. 부엌에는 그릇들이 가득했고, 화장실에는 문도 없이 커튼만 달려 있었다. 그녀의 집에는 화려한 하얀색 페르시안 고양이 한 마리가 있어서 쓰다듬어주고 칭찬해주었다. 그 후에 프레임이 나를

> 집 안으로 안내해 자신이 어떻게 집필을 하는지 보여주었다. 방마다, 방 안 구석마다 집필 중인 각기 다른 원고가 있었다. 프레임은 그런 구역들을 나누려고 여기저기에 커튼을 달아두었다. 그래서인지 환자의 사생활을 지켜주는 병동처럼 보였다. 프레임이 가장 최근에 집필을 하고 있었던 책상에는 귀마개 한 쌍이 있었다.

프레임은 캠피온에게 어떤 잡음도 참을 수가 없어서 귀마개를 한다고 했다. 집 정면 벽에 벽돌들을 쌓아두기도 했지만 방음효과가 전혀 없다고도 했다. 훗날 캠피온은 그 귀마개를 영화에 출연시켰다. 영화의 마지막 장면에서 프레임은 자매의 뒷마당에서 뛰어노는 아이들 소리를 차단하려고 귀마개를 쓴 채 트레일러 안에서 글을 쓰고 있다. 이 모습은 사회에 전혀 적응하지 못했지만 자신의 글 속에서 의미와 방향을 찾았던 작가에게 딱 어울리는 이미지다. "저한테 중요한 것은 글쓰기뿐인 것 같아요. 거기서 벗어나게 될까 봐 매일 두려워요." 한때 프레임은 사지슨에게 이렇게 말했다.

재닛 프레임Janet Frame(1924~2004)

뉴질랜드 태생의 작가. 1982년부터 1984년까지 3권으로 이루어진 자전적인 소설 『내 책상 위의 천사』를 발표해 '20세기에 쓰인 가장 위대한 자전소설'이라는 찬사와 함께 다수의 문학상을 수상했다.

토니 케이드 밤바라

단편과 장편을 쓰는 습관의 차이

밤바라는 단편소설로 작가 경력을 시작했다. 딸을 키우고, 학생들을 가르치고, 대학교에서 강의를 하고, 시민권 운동가로 활동하면서 짬짬이 시간을 내어 글을 썼다.

보통 한번에 대여섯 작품을 썼어요. 이것저것 조금씩 끄적여놓았다가 하나의 제목으로 묶었죠. 자리에 앉아서 작업하는 건 여전히 낯설어요. 한 방향으로 나아가면서 생각하고 중얼거리다가 갑자기 다른 방향으로 끌려가거나 중간에 어딘가로 납치당해버리죠. 전 손으로 글을 써요. 친구들이 어지러운 상형문자 같다고 말하는 글씨체로요. 빠르게 글을 쓸 때는 길고 노란 종이에 짙은 볼펜을 쓰고, 천천히 공을 들여서 꾸준히 글을 쓸 때는 칸이 넓은 종이에 잉크 펜으로 쓰는 걸 좋아해요. 보통은 타자를 치기 전에 글을 쓰고 또 쓰다가 종이를 방 이곳저곳에 던져버려요. 타자 치는 작업은 지독하게, 극도로 싫어해요. 그래서 타자를 칠 때는 잘라내야 하는 문장들을 무자비하게 쳐내버리죠. 문장을 적은 쪽지들을 서랍장에 붙여놓거나 칠판에 꽂아두었다가 누군가에게 읽어주고 피드백을 받기도 해요. 혼자 곰곰이 생각하다가 치워버리기도 하고요. 그러다가 편집자한테서 '뭐 좀 나왔어요?'라는 전화를 받거나 어지러운 책상이 눈에 들어올 때, 혹은 '아직 살아 계시나요?'라는 독자의 편지를 받거나 돈이 좀 필요할 때가 닥쳐요. 그제서야 책상에 붙어 앉아 타자를 치면서 나 자신을 미치게 몰아붙이지요.

단편에서 장편으로 방향을 틀면서 밤바라의 집필 방식도 달라졌다. 밤바라는 에세이에 이렇게 기록했다.

사실 난 많은 사람들이 여성 작가의 집필 습관에 대해서 우려를 표하기 전까지는 그러한 우려를 인지하지도 못했다. 엄마 노릇을 하면서 다른 모든 일들을 어떻게 해낼 수 있나요? 사생활을 지켜달라는 당신의 요구에 친한 친구들이 화를 내지는 않나요? 고독한 글쓰기에 몰입하는 삶에서 빠져나올 수 있나요? 많은 사람들이 이런 걱정을 했다. 하지만 오랫동안 글쓰기는 내 인생의 중심 활동이 아니었다. 단편소설은 이동하면서도 쓸 수 있었다. 운전하면서 농산물 직판장으로 가는 길에도 머릿속으로 소설의 기본적인 윤곽을 잡고, 항공사의 전화 응답을 기다리는 동안 대사를 쓰고, 딸아이의 당근 케이크를 만들면서 핵심 장면을 대략적으로 그릴 수 있었다. 한밤중에 초고를 완성하고, 세탁기를 돌리면서 편집하고, 집회 전단지를 인쇄하면서 원고를 복사했다. 하지만 장편소설은 다르다. 장편을 쓰려면 보통 오랫동안 다른 일을 중단해야 했다. 독서와 간간이 강의를 하는 것 외에는 다른 어떤 일도 할 수 없었다. 간단한 업무상 쪽지도 하나 제대로 처리할 수 없었다. 게다가 작업에 사로잡혀 인간관계에 소홀해졌다. 단편소설이 하나의 작품이라면, 장편소설은 삶의 방식이다.

토니 케이드 밤바라Toni Cade Bambara(1939~1995)

미국의 작가이자 사회운동가, 대학 교수, 다큐멘터리 감독. 1960년대 흑인 예술운동과 흑인 페미니즘의 등장으로 활발하게 활동했다. 『내 사랑 고릴라』, 『달려라 레이먼드』 등을 썼다.

루틴을 지키는 예술가의 엄격한 하루

이사벨 아옌데

어느 작가의 1월 8일

칠레 출신 미국인 작가 아옌데는 1월 8일에 매번 새로운 책을 쓰기 시작한다. 1981년 1월 8일에 죽음을 앞둔 할아버지에게 쓰기 시작했던 편지는 결국 첫 소설 『영혼의 집』으로 출판되었다. "처음에는 미신 같은 거에 집착해서 시작 날짜를 정했어요. 1월 8일이 제게는 행운의 날이었거든요. 지금은 그 시작 날짜를 지키는 게 절제의 문제가 됐어요. 저의 인생, 일정, 그 모든 것을 그 날을 중심으로 조직해야 해요. 1월 8일을 기점으로 모든 것을 잘라내버리죠. 때로는 몇 달 동안 그 상태를 유지해요."

이러한 은둔 시기에 아옌데는 여행과 강연 초대, 인터뷰, 그 밖에 다른 의무들을 모두 거부한다. 초고가 완성되기까지는 이러한 상태를 유지한다. 그 이후에는 좀 더 여유 있게 시간을 활용하지만 여전히 주말을 포함한 매일 아침에 일어나 글을 쓴다. "전 아침형 인간이에요. 아침 6시에 일어나요. 그 전에 일어날 때도 있고요. 우리 집 개를 곁에 둔 채 커피를 마시고 나서 옷을 갈아입고 화장을 하고 하이힐을 신어요. 만날 사람이 전혀 없어도 그냥 그렇게 차려입어야 기분이 나거든요. 잠옷을 입은 채로는 아무것도 하지 않아요."

점심시간에 아옌데는 글쓰기를 중단하고 집에서 간단하게 식사를 한다. 그러고 나서 세계에서 가장 널리 읽히는 스페인어 작가라는 명성에 걸맞게 수없이 많은 요구사항들을 처리하기 시작한다. 대개는 조수가 전달해준 이메일부터 확인한다. 그 이후 오후시간은 그다지 체계적으로 보내지 않는다. 달리 할 일이 많지 않다면 오후 내내 글을 쓸 수도 있고, 아니면 소설, 논픽션 구분할 것 없이 모든 자기 책들의 자료가 되는 조사를 계속할 수도 있다. 그 외에 아옌데의 하루 일정에서 절대 빠지지 않는 것은 하루에 두 번 개를 데리고 산책하는 일이다. 이 동안에는 원고에 관한 생각을 하지 않는다. 저녁에는 간단한 식사를 직접 만들어 먹고, 밤 10시나 11시에 잠자리에 든다. "하루 일을 끝내고 나서 자리에 앉아 근사한 식사에 와인 한잔을 곁들여 먹으며 음악을 듣는 환상을 품고 있어요. 하지만 다 헛된 꿈이에요. 세수할 시간도 겨우 내고 곧장 침대에 누워 곯아떨어지거든요."

아옌데는 일주일에 7일 내내, 하루에 몇 시간씩 글을 쓰지만 다른 때에 비하면 현재 일정은 느슨한 편이다. 『영혼의 집』을 썼을 때는 정규직 교직원으로 일하면서 두 아이를 키웠다. "그래서 밤에만 글을 썼어요. 야간형 인간도 아닌데 말이죠. 주말에도 일했고요." 마침내 직장을 그만두고 집필에 전념했을 때는 월요일에서 토요일까지, 아침 9시에서 저녁 7시까지 글을 쓰는 빡빡한 일정을 유지했다. 특별한 장면에 깊이 몰입했을 때는 더 늦게까지 일하기도 했다. 현재 아옌데는 그동안 자기 자신을 너무 몰아붙였다고 인정한다. 고된 노동이 반드시 필요하다고 강조하신 엄격한 할아버지 밑에서 자랐기 때문이라고 했다. "저한테는 좋은 일이었죠. 제 인생의 많은 굴곡을 헤쳐 나가는 데 도움이 됐으니까요. 지금은 마침내 안정을 찾아 평화로운 상태예요. 아주 근사한 삶을 살고 있고요. 책도 굉장히 많이 썼죠. 이제는 자신을 몰아붙일 필요가 없는 것 같아요." 그렇다고 은퇴하려는 것은 아니다. 스무 권이 넘는 책을 냈음에도 아옌데는 여전히 쓰는 일을 즐긴다. "그래서 이 일을 하는 거죠. 이야기를 들려주는 것도 물론 좋아해요. 아니, 사랑하죠."

이사벨 아옌데Isabel Allende(1942~)

외할아버지에게 쓴 편지를 토대로 한 첫 번째 소설 『영혼의 집』이 출간되자마자 베스트셀러가 되면서 문단의 주목을 받았다. 이후 『사랑과 어둠에 관하여』, 『파울라』 등을 펴내며 세계적인 작가가 되었다.

페타 코인

오차 없는 시간표에 중독되다

조각가이자 설치예술가 코인은 언제나 가장 효율적인 작업 루틴을 짜려고 애쓴다. 작품을 만드는 과정이 굉장히 힘들고, 아주 엄격한 가정교육을 받고 자랐기 때문이다. 코인은 그에 대해서 이렇게 말했다. "군인이자 가톨릭교 집안에서 자랐어요. 그건 제게 이중고나 다름없었죠. 하지만 그런 엄격한 집안 환경에서 저는 효율성이 최고라는 걸 배웠고, 시간을 잘 쓰면 많은 것을 성취할 수 있다는 걸 깨달았어요."

코인은 새벽 4시 30분에 일어나 30분 동안 이메일을 처리하고, 오디오북을 들으면서 작업을 시작할 준비를 한다. 오디오북을 듣는 걸 무척 좋아해서 일하는 동안 계속해서 오디오북을 듣고, 그러다보면 일주일에 두세 권을 듣는다. 아침 6시에 밖으로 나가 자신의 소호 아파트에서 스튜디오까지 운전해서 가면 해가 뜰 무렵에는 아침식사 시간에 맞추어 도착한다. 아침 7시에는 스튜디오의 개인 구역으로 들어가 작업을 시작한다. "스튜디오에 두 작품을 갖다놓고 계속 번갈아가면서 작업해요. 그와 동시에 훌륭한 문학작품을 들으면서 그냥 움직이죠. 마치 작품과 춤을 추는 것 같아요."

오후 6시 30분에서 7시 30분 사이에 일을 끝내고, 저녁시간에 맞추어 8시에 집에 도착한다. 저녁식사를 하면서 남편과 잠시 시간을 보내고 난 후, 저녁 9시에 잠자리에 든다.

코인의 평일 식사 메뉴는 항상 똑같이 아침에는 오트밀과 딸기, 점심에는 샐러드, 저녁에는 미소국이다. "무얼 먹는지는 저의 관심사가 아니에요." 이와 마찬가지로 코인의 의상도 한정되어 있다. "시간을 낭비하고 싶지 않아요. 그래서 지독하게 똑같은 옷들을 갖고 있죠. 매년 똑같은 터틀넥 셔츠 다섯 벌과 똑같은 검정바지 다섯 벌, 검정 양말을 주문해요. 더 이상 깊게 생각하지도 않죠."

코인은 월요일에서 금요일까지 위의 일정에 따라 움직인다. 토요일에는 남편과 아침식사를 하고, 반나절을 스튜디오에서 일하며 보내고, 박물관이나 화랑에 간다. 토요일 밤에는 남편과 제대로 된 저녁식사를 하고, 함께 영화를 본다. 일요일은 완전히 자유다. 일요일에는 다른 사람 뒤치다꺼리를 하지 않는다. 『뉴욕타임스』를 읽고, 남편과 영화 두 편을 본다. 일요일은 잠옷 차림으로 빈둥거리는 날이다.

코인의 일일 일정은 주기적으로 달라진다. 코인이 언제나 시간을 효율적으로 할당하려고 애쓰기 때문이다. 코인의 현재 글쓰기 습관은 뉴욕에서 자리 잡으려고 애썼던 젊은 예술가 시절과 비교해서 상당히 여유로운 편이다. 과거에는 낮에 광고업계에서 일하면서 저녁에 조각품을 만들었다. 일주일에 두 번은 스튜디오에서 저녁부터 다음 날 아침까지 밤샘 작업을 했다. 그러고는 한숨도 자지 않은 채 일하러 나갔다. 평일 저녁에는 일을 마친 후 세 시간 동안 작업을 하고 정상적인 숙면을 취했다. 코인은 이런 일정을 거의 10년 동안 유지했다. 그러다 마침내 평가가 좋은 몇몇 전시회 덕분에 보조금을 신청해 전업 예술가로 활동할 수 있는 수입을 확보하기 시작했다. 코인은 그 일정을 유지하기 위해서 군대사령관이 대원들을 훈련시키는 것처럼 자기 몸을 혹사시켰다. "제 인생에서 가장 힘든 시기였어요. 독하게 일해야 했거든요. 커피도 엄청 많이 마셨죠. 아침에 출근할 때는 죽을 듯이 힘들었어요. 그럴 때마다 끊임없이 채찍질했어요. 무엇이든 할 수 있게 자신을 다그쳤죠."

페타 코인Petah Coyne(1953~)

미국의 조각가. 점토, 실크, 왁스, 머리카락 같은 재료로 만든 대형 조각품으로 유명하다. 작품들은 뉴욕 현대미술관(MOMA), 휘트니 미술관, 브루클린 미술관 등 유수의 미술관에 영구 소장되어 있다.

쿠사마 야요이

스스로 정신병원에 들어간 예술가

"나는 매일 고통과 불안, 공포와 싸운다. 내 병을 나스리는 유일한 방법은 계속 예술을 창작하는 것뿐이다." 일본의 예술가 쿠사마는 2011년 자서전 『무한의 그물』에서 이렇게 말했다. 쿠사마는 어렸을 때부터 환각과 환청에 시달렸고, 1977년에는 제 발로 도쿄 정신병원에 입원해서 지금까지도 그곳에서 지내고 있다. 병원 맞은편에 스튜디오를 지어놓고 매일 일하러 출근한다. 쿠사마는 자서전에서 자신의 일상을 아래와 같이 묘사했다.

> 병원 생활은 정해진 일정에 따라 흘러간다. 저녁 9시 정각에 하루 일정을 마치고, 다음 날 아침 7시에 일어나 혈액검사를 받는다. 매일 아침 10시에는 스튜디오에 가서 저녁 6

> 시나 7시까지 일한다. 저녁에는 글을 쓴다. 도쿄로 오고 나서부터는 맹렬하게 다작을 하고 있어서 작업에 완전히 집중할 수 있다.

국제 예술계가 지난 20년에 걸친 쿠사마의 작품 세계를 재발견해내면서 쿠사마는 자신의 작품 수요를 맞추려고 조수들을 고용해야 했다. 요즘에는 그 어느 때보다 더 왕성하게 작품 활동을 하고 있다. 2014년에 쿠사마는 이렇게 말했다. "매일 작품을 완성하며 새로운 세계를 창조하고 있어요. 아침 일찍 일어나서 밤늦게까지 일하죠. 어떨 때는 작품을 완성하려고 새벽 3시까지 일해요. 전 살기 위해 싸우고 있고, 조금도 쉬지 않아요."

쿠사마 야요이Kusama Yayoi(1929~)

일본의 설치 미술가. 강박증과 환영이라는 일관된 작업 개념과 주제를 다양한 표현방식으로 구현한다. 유기적으로 연결된 망과 점으로 이루어진 250여 점의 작품을 발표하며 미술계의 주목을 받았다.

엘리너 루스벨트

하루의 마지막에는 일기를 쓴다

시간을 최대한 활용하려면 어떻게 해야 할까? 이 문제에 관해서라면 보통 사람보다 훨씬 많은 일을 처리해야 했던 엘리너 루스벨트에게 조언을 얻을 수 있겠다.

> 이 문제를 해결할 수 있는 세 가지 방법이 있다. 첫째는 마음을 차분하게 가라앉혀서 주변에서 무슨 일이 일어나든 동요하지 않고 일하는 것이다. 둘째는 당면한 문제에 집중하는 것이고, 셋째는 특정한 시간에 특정한 활동을 할당하는 하루 일정을 정해 반드시 해야 하는 일을 사전에 계획해 두는 것이다. 하지만 그와 동시에 예기치 못한 일을 처리할 수 있는 여지도 남겨두어야 한다.

전통적인 의미에서 루스벨트는 예술가가 아닐지도 모른다. 하지만 낙관주의와 실용주의, 완고함, 끈기, 부단한 노력을 총동원해 사회적 변화를 주도한 선도자였음은 분명하다. 미국에서 가장 오랫동안 영부인으로 활동했던 루스벨트는 매달 순회강연을 떠났고, 주간 라디오 방송을 했으며, 정기적으로 여성 저널리스트들 앞에서 기자회견을 했다. 1936년부터는 신문 칼럼 「나의 하루」를 한 주에 6일 동안 쓰기 시작해 거의 26년 동안 하루도 빼먹지 않았다. 1945년에 남편이 사망한 후에는 새로 설립된 유엔의 첫 국가대표가 되었고, 이듬해에는 유엔 인권위원회 의장이 되어 1948년 세계 인권선언 작성에 크게 기여했다. 또한 몇 권의 책을 집필했고, 엄청난 수의 서신을 처리했다. 자서전에 따르면 루스벨트는 하루에 100여 통의 편지를 받았고, 그 모든 편지에 답장을 보냈다. 그중 대부분은 루스벨트의 조수 세 명이 답장을 썼지만 루스벨트도 하루에 10통 정도는 직접 답장을 써서 보냈다.

루스벨트의 하루 일정은 온갖 활동으로 빡빡하게 짜여 있었다. "하루 일정에서 조용히 보내는 시간은 대체로 많지 않아요." 루스벨트는 보통 아침 7시 30분에 일어나 새벽 1시에 잠자리에 들기까지 계속 일했다. 「나의 하루」 쓰기는 하루 일정에서 제일 마지막에 하는 일이었다. 루스벨트는 밤 11시 이후에 침대에서 칼럼을 구술했다. 루스벨트의 오랜 친구는 이렇게 말했다. "루스벨트는 대여섯 시간 동안 숙면을 취했어요. '피로'라는 말의 의미를 모르는 게 분명해요."

루스벨트는 고무적인 본보기였지만 그의 조수들에게 루스벨트를 보좌하는 일은 너무 힘든 일이었다. 루스벨트의 딸 안나는 어머니의 직업윤리가 소름끼칠 정도였다고 회상했다.

"엄마가 밤 11시 30분에 비서에게 '칼럼을 써야 해요.'라고 말하는 소리를 듣고 가끔씩 움찔하곤 했어요. 그러면 그 지치고 또 지친 비서는 타자기 앞에 앉았고, 엄마는 칼럼 내용을 구술했죠. 두 사람 모두 무척이나 피곤했어요. 한번은 비서가 목소리를 높여 이렇게 말했던 게 기억나요. '더 크게 말씀해주세요. 안 들려요.' 그때 엄마는 이렇게 대답했죠. '내 이야기에 귀를 기울이면 완벽하게 잘 들을 수 있을 거예요.'"

엘리너 루스벨트Eleanor Roosevelt(1884~1962)

미국의 여성 사회운동가이자 정치가. 남편인 프랭클린 루스벨트의 정치 생활을 지원하면서 여성문제 인권문제 등 폭넓은 분야에서 활동했다. 저서로는『나의 이야기』,『스스로의 힘으로』가 있다.

마리 바시키르체프

수년 동안의 반복적 하루

"무엇이든 중간은 싫어요. 끝없는 흥분이 들끓는 삶이나 절대적으로 평온한 삶 중 하나를 원하죠." 바시키르체프는 끊임없이 일하는 삶을 선택해서 수년 동안 똑같은 일정에 따라 움직였다. 바시키르체프는 러시아 태생 화가이자 조각가로, 열세 살 때부터 스물다섯 살에 결핵으로 사망하기 직전까지 일기를 썼다. 이 시기에는 파리에서 미술을 공부했고, 재능 있는 젊은 화가로 자리를 잡아나갔다. 아침 6시에 일어나 8시부터 12시, 1시에서 5시까지 드로잉을 하거나 페인팅을 했고, 그 사이에 한 시간 동안 식사를 했다. 이어서 목욕을 하고 옷을 갈아입은 다음, 저녁식사를 하고, 밤 11시까지 독서를 하고 잠자리에 들었다. 때로는 한 시간쯤 작업을 연장해서 저녁식사 전, 이른 저녁에 등불을 켜놓고 그림을 그렸다. 가끔씩 끝없는 일정으로 피로해졌지만 "일하지 않고 하루를 보내면 가장 끔찍한 후회에 사로잡힌다."고 말했다. 결핵에 걸려서 요절할 가능성이 있다는 사실을 알았을 때 바시키르체프의 결심은 더욱 확고해졌다. "일을 제외한 모든 것이 하찮고 시시해 보였죠. 그리하여 인생은 아름다운 건지도 몰라요."

마리 바시키르체프Marie Bashkirtseff(1858~1884)

스물다섯 살에 결핵으로 짧은 인생을 마감한 화가. 프랑스에서 그림을 공부했고, 전시를 시작하며 주목할 만한 작품들을 계속 만들어냈다. 가장 잘 알려진 작품인 「모임」은 파리 오르세 미술관에 전시되어 있다.

엘사 스키아파렐리

초 단위까지 시간을 지킬 것

파리 패션계의 정상에 우뚝 선 디자이너 스키아파렐리는 자수성가한 수많은 여성들처럼 일 중독자였다. 팔머 화이트Palmer White는 1986년도 자서전에서 스키아파렐리의 일상을 아래와 같이 요약했다.

엘사는 전날 밤에 몇 시에 잠들었든 매일 아침 8시에 일어나 레몬주스와 물, 커피 한잔을 마시면서 신문을 읽고, 사적인 서신들을 살펴보고, 전화를 걸고, 요리사에게 그날의 메뉴를 전달했다. 날씨가 좋으면 종종 걸어서 출근했다. '항상 늦지 않게 5분 일찍'이 엘사의 좌우명이었다. 세계 어디에 가든 초 단위까지도 정확하게 시간을 지켰고, 다른 누가

> 1분이라도 지각하면 격노했다. 엘사는 여름이나 겨울이나 항상 정각 10시에 사무실에 도착했다. 그리고는 단추가 두 줄로 달려 있는 하얀색 겉옷을 스커트와 블라우스, 혹은 심플한 드레스 위에 걸치고, 저녁 7시까지 넘치는 에너지를 발산하며 그 누구보다 더 열심히 일했다.

스키아파렐리는 스튜디오에서 오랜 시간을 보냈지만 그녀의 디자인은 사실 다른 곳에서 솟아났다. 화이트는 이렇게 말했다. "엘사는 대체로 머릿속으로 디자인을 했다. 회사로 걸어가다가, 시골에서 혼자 지내다가, 운전을 하다가, 나중에는 내부가 백송으로 처리되어 있고 바가 있는 운전사 딸린 고급차를 타고 가다가 디자인을 했다. 천성적으로 모든 종류의 제약을 싫어했던 반항아였기 때문에 벽과 벽 사이에 갇혀서는 생각을 잘 하지 못했다."

엘사 스키아파렐리Elsa Schiaparelli(1890~1973)

이탈리아 출생의 복식 디자이너로 파리의 패션계에서 활약했다. 대담한 칼라나 기발한 버튼 등 파격적인 디자인을 선보였으며 초현실주의 예술가들과 협업하면서 자신만의 독창적이고 예술적인 작품 세계를 만들어나갔다.

매기 햄블링

루틴이 변하지 않으면 용감해진다

영국의 화가 햄블링은 1970년대 이후로 매일 같은 일정에 따라 움직였다. "제 인생에서 일보다 더 큰 흥분이나 슬픔을 안겨주는 것은 없어요. 하루하루의 생활 방식이 변하지 않기 때문에 용감해질 수 있고, 위험을 감수할 수 있고, 미지의 영역으로 탐험하는 작품을 시도할 수 있죠."

햄블링은 매일 아침 5시에 '낙관주의에 가득 젖은 채로' 잠에서 깨어난다. 그러고 나서 차 한잔을 마시고 곧장 스튜디오로 향한다. 하지만 스튜디오에 들어가자마자 낙관주의가 시들기 시작한다. "햄릿이 그랬듯이 곧장 불안에 잠식당하기 시작하죠. 의혹은 영원한 제 동반자예요. 제가 매일 제일 먼저 하는 일은 촉감을 새롭게 일깨우려고 스케치북에 그림을 그리는 겁니다. 피아니스트가 음계를 연습하는 것처럼 말이죠." 그 이후에 진한 커피를 마시면 언제 찾아올 지 모르는 변덕스러운 뮤즈를 맞이할 '준비를 하는 데' 도움이 된다. "다 포기해버릴까 하고 진지하게 며칠 고민한 끝에야 비로소 뮤즈가 찾아오는 건 우연의 일치가 아닐 거예요." 햄블링은 이렇게 말했다. 햄블링은 조각가 브랑쿠시Brancusi의 명언을 다르게 바꿔 말하기 좋아했다. "작품 하나를 완성하는 건 어렵지 않다. 그 일을 해낼 수 있는 올바른 상태가 되는 게 어렵다." 햄블링은 커피 외에도 어린 시절부터 연을 맺었던 담배에 의지해서 작품 활동을 한다.

아침 9시에는 '토 나올 정도로 맛없는 건강식 뮤즐리와 비타민 12알'로 간단하게 요기를 한다. 이어서 오후 1시에는 점심을 먹고, 티베탄테리어 룩스를 잠깐 산책시키러 나간다. 그러고는 테니스 경기를 시청한다. 또 다른 애청 프로그램은 드라마 「코로네이션 스트리트」다. 오후 6시쯤에는 '위스키의 유혹에 빠진다.' 그러고는 무엇이든 작업하고 있는 작품과 '대화하려고' 스튜디오로 돌아간다. "잠깐은 만족할 수 있어요. 하지만 다음 날 아침에는 그 이유를 알 수가 없죠." 햄블링은 상당히 많은 작품들을 나이프로 찢고 남은 것들을 모닥불에 태워 파기한다(그 순간 기분이 어떠냐고? 체념과 안도에 사로잡힌다). 햄블링은 60년 동안 꾸준히 작품 활동을 했음에도 끊임없이 그 과정에 엄청난 불안을 느낀다. 하지만 그게 좋은 징조라고 생각한다. "모든 것이 실험 단계에 있어봐야 해요. 그렇지 않으면 죽은 것과 같아요."

매기 햄블링Maggi Hambling(1945~)

영국의 화가이자 조각가. 북해 시리즈와 초상화 시리즈로 자신만의 스타일을 확고히 했다. 잘 알려진 조각품은 런던 중심가에 설치된 「오스카 와일드와의 대화」와 올드버러 해변에 설치된 4미터 높이의 「가리비」로, 두 작품 모두 큰 논란을 일으켰다.

샬럿 브레이

아침에 가장 창의적인 작곡가

베를린에서 활동하는 영국인 작곡가 브레이는 보통 아침 7시에 일어나 커피를 마시고 아침식사를 한다. 그 식후에 집 안에 꾸며놓은 사무실에서 일을 시작한다. 2017년에 브레이는 이렇게 말했다. "전 아침에 가장 창의적이에요. 그래서 아침에는 작곡 이외의 다른 일을 하지 않으려고 하죠." 그러자면 여러 날 동안 의식적으로 의지를 끌어모아야 한다. "작곡을 해야 할 때는 일부러 다른 일을 하지 않아요. 처음 몇 분 동안은 악보를 가만히 바라보기만 해야 할 때가 자주 있죠. 그렇게 해서 머리를 비우려는 거예요." 일반적으로 브레이는 점심시간인 오후 1시쯤까지 작곡을 한다. 마감이 닥쳐오거나 작업이 특별히 잘 풀릴 때는 점심시간 이후까지도 일을 더 한다. 하지만 오후에는 보통 아침에 생각조차 하지 않으려고 했던 행정 잡무를 처리한다. 특히 작곡하는 동안 쌓이게 놔두었던 이메일을 확인한다.

작곡을 할 때 브레이는 피아노와 자신의 주 악기인 첼로, 책상 사이를 왔다 갔다 하고, 책상에서는 보통 손으로 아이디어들을 써둔다. 작업의 3분의 2 정도가 완성되기 전까지는 결과물을 컴퓨터에 옮기지 않는다. 여행을 다닐 때가 아닌 한, 일주일에 6일 내내 아침에 작업을 한다. 작업이 막히거나 진전이 없는 경우는 별로 없는데도 새로운 작곡 과정은 천천히 진행된다. 아침 작업이 잘 되면 30초당 1분 분량의 음악이 나올 수도 있지만 이후 며칠은 그 내용을 검토하고 미세하게 다듬는 데 보낸다(20분짜리 첼로 협주곡을 완성하는 데 약 6개월이 걸린다). 브레이는 질서 있게 체계적인 작업을 하지만 그 작업이 간단한 것 같지는 않다고 말했다. "제게는 틀이 필요해요. 그 틀은 직접 만들어야 하죠. 원하는 결과가 저절로 나타날 것 같지는 않으니까요."

샬럿 브레이Charlotte Bray(1982~)

버밍엄 콘서바토리에서 첼로와 작곡을 공부했고 뛰어난 재능을 인정받으며 수석으로 졸업했다. 세계적인 오케스트라가 브레이의 곡을 연주하고 있다.

도로시 톰슨

종이를
손에서 놓지 않은
저널리스트

톰슨은 「온 더 레코드」라는 칼럼을 쓰는 독선적이고 무례한 미국인 저널리스트로 유명했다. 이 칼럼의 독자는 전 세계적으로 수백만 명에 달했다. 전기 작가 피터 커스Peter Kurth는 톰슨이 그 칼럼을 아래와 같은 방식으로 썼다고 기록한다.

> 대부분 아침에 침대에 누운 채로 정오까지 칼럼을 썼다. 그와 동시에 신문을 읽고 친구들과 전화통화를 하고, 메일에 답장을 쓰고, 블랙 커피를 마시고, 카멜 담배를 연이어 피웠다. 비서 한 명이 언제든지 구술을 받아쓸 수 있게 상시 대기했다. 그러다가 마음에 쏙 드는 글이 나왔다 싶을 때 침대에서 일어나 방 안에 있는 아무한테나 큰 소리로 읽어주

었다. 칼럼 하나를 끝내고 나면 빠르게 타자를 친 다음 배달원을 통해 『헤럴드 트리뷴』 사무실로 보냈다. 그러면 그곳에서 명예훼손 여부와 문법적 오류를 확인해서(이외에는 거의 편집하지 않고) 항공우편이나 전신으로 전국 각지의 구독 신문에 보냈다. 그 후에야 도로시는 침대에서 일어나 옷을 갈아입고 노란색 종이묶음을 한 손에 꽉 움켜쥔 채 하루 종일 아파트 안을 돌아다녔다. 아이디어가 떠오르는 즉시 쉽게 기록해두려고 종이묶음을 손에서 놓지 않았다. 대형 인쇄용지인 풀스캡과 파커 펜, L.C. 스미스 타자기 다수가 집 안 곳곳에 흩어져 있었다. 톰슨이 언제 '호기심에 사로잡혀서' 뭔가에 관해 써야 할지 모르기 때문이었다. 톰슨은 친구들이 술을 마시러 찾아오는 시간이 될 때까지 계속 글을 쓰고 주석을 달고 전화를 하고 논의를 했다.

톰슨의 칼럼은 한 편당 천 단어 정도였다. 1938년에 도로시는 그런 칼럼을 132편 썼다. 그 밖에도 장편의 잡지 기사 10여 편, 50편 이상의 연설문과 잡다한 기사를 썼고, 수없이 많은 라디오 방송을 했으며, 그 시대의 피난민 위기를 다룬 책을 냈다. 도로시는 이 모든 일을 다 해냈는데, 덱세드린과 의사의 처방을 받은 다른 자극제를 꾸준히 복용한 덕분이기도 했다. 하지만 진짜 의욕 자극제는 인류의 만성적인 어리석음과 더불어서 바닥이 보이지 않는 좌절의 우물이라고 믿었다. "전 분노에서 직접 걸러낸 상당히 많은 아드레날린을 복용하며 살고 있어요. 타협하는 사람들, 이 애처로운 세상에 아직도 존재하는 무기력하고 무관심하고 어리석은 사람들에게 느끼는 분노에서 얻은 것들이죠!"

도로시 톰슨Dorothy Thompson(1893~1961)

뉴스를 얻기 위해서는 상상할 수 없는 위험도 무릅쓰는 미국의 저널리스트. 사회개혁 단체에서 일하다가 국제 이슈에 관심을 갖게 되어 영국으로 건너가 연이어 특종을 터뜨렸다. 1931년 아돌프 히틀러와의 인터뷰로 명성이 높아졌다.

엘리자베스 배럿 브라우닝

일부러 고독을 만들어낸 시인

1845년, 그해에 영국 문학 사상 가장 유명한 연애가 시작되었다. 로버트 브라우닝Robert Browning이 엘리자베스 배럿의 시에 반해서 편지를 보낸 것이다. "친애하는 배릿 양, 제 온 마음을 다 바쳐 당신의 시를 사랑합니다." 이렇게 시작된 로버트의 편지는 엘리자베스에 대한 사랑을 고백하면서 끝났다. 이 두 사람은 직접 만난 적도 없었지만 그 후로 몇 달 동안 많은 편지를 주고받았고, 이듬해에 결혼했다. 마거릿 풀러Margaret Fuller는 배릿 브라우닝의 전기에서 1852년부터 1853년까지 유난히 조용하고 창의적이었던 브라우닝 부부의 작업 일정을 아래와 같이 묘사했다.

엘리자베스와 로버트는 둘 다 아침 7시에 일어나 옷을 입고

9시에 아침식사를 했다. 두 시인은 3시에 점심을 먹을 때까지 '눈부시게 빛나는 오전 시간' 내내 글을 썼다. 로버트는 작은 거실에서, 엘리자베스는 응접실에서. 거실과 응접실 사이에는 식당이 있었는데 식당 문은 꽉 닫혀 있었다. 로버트는 책상에 앉아서 시구를 썼고, 엘리자베스는 안락의자에 앉아 발을 올려놓은 채 수년 동안 고심했던 장편 산문시 「오로라 리」를 썼다. 두 사람은 그날그날의 결과물을 서로에게 보여주지도 않았고, 그에 관한 이야기를 나누지도 않았다. 엘리자베스는 그 점에 있어서 확고한 생각을 갖고 있었다. 아무리 친한 사이라도 친밀함이 작품에 영향을 미쳐서는 안 된다는 것이었다. "예술가가 좋은 작품을 창작하려면 고독을 찾아내거나 만들어내야 한다고 생각해요."

오후 3시 식사는 대개 간식에 더 가까웠다. 전기 작가 줄리아 마르쿠스Julia Markus는 이렇게 말했다. "브라우닝 부부는 시인 전용 식품군을 선호해서 커피와 빵 약간, 견과류, 포도로 연명하는 것 같았다. 두 사람은 한때 비둘기 고기를 나눠먹기도 했다!" 이후에는 휴식을 취하거나 산책을 했고, 차 마시러 온 방문객들을 맞이했다(작업 시간에는 방해를 받지 않으려고 오후 3시 이전에는 방문객을 들이지 말라고 하녀들에게 지시해두었다). 저녁이 되면 로버트는 종종 바깥에 나가 사교생활을 즐겼지만 엘리자베스는 집에 머물렀다. 어려서부터 몸이 약했기 때문이었다. 십대 시절에 원인 모를 극심한 두통과

척추 통증에 시달리기 시작했고, 이후에는 폐도 나빠졌는데 아마도 결핵 때문이었던 것 같다. 엘리자베스는 그 때문에 만성 기침에 시달렸다. 열다섯 살에는 매일 아편팅크를 복용하기 시작했다. 당시의 빅토리아 시대 영국에서는 알코올에 녹여 먹는 아편팅크가 인기 있는 만병통치약이었다. 엘리자베스는 주로 밤에 잠을 자려고 아편팅크를 복용했는데 '짜증이 나서 마음을 진정시키고 싶으면' 낮에도 복용했다. 1845년에는 아편팅크를 하루에 40방울 복용했다고 했다.

로버트가 엘리자베스에게 아편팅크를 끊으라고 했지만 엘리자베스는 그냥 신경계의 균형을 맞추려고 먹는 거라고 고집을 부렸다. "맥박이 펄떡펄떡 뛰거나 약해지지 않게 아편을 먹는 거예요. 흔히 그런 것처럼 '영혼'을 위해 복용하는 게 아니에요. 그런 생각은 하지도 말아 주세요." 엘리자베스는 글을 쓰려고 아편을 복용한 것이 아니라고, 자신의 시에는 아편이 필요 없었다고 주장했다. "살아 있어야 글도 쓸 수 있는 것 아니겠어요? 모르핀의 도움을 받지 않았더라면 전 살아남지 못했을 거예요. 이게 진실이죠." 엘리자베스는 이렇게 말했다.

엘리자베스 배릿 브라우닝Elizabeth Barrett Browning(1806~1861)

빅토리아 시대에 대단한 인기를 누렸던 시인. 남편 로버트 브라우닝을 향한 애정을 솔직하게 노래한 시 「포르투갈인의 연가」와 사회문제를 다룬 시 「오로라 리」가 유명하다.

줄리아 울프

아침,
작업하기
가장 좋은 시간

뉴욕에 기반을 두고 활동하는 작곡가 울프의 이상적인 하루는 아침 7시 30분에서 8시에 시작된다. 그때 일어나 집에서 키우는 개를 데리고 허드슨강으로 산책을 나간다. 그러고 나서 아침을 먹고 커피를 마신 후 일을 하러 간다. 마감이 닥쳤을 때는 밤낮으로 새로운 작곡에 몰두하고, 잠잘 시간인 오후 11시나 자정까지도 일한다. 작업하기 가장 좋은 시기는 아침이라고 생각한다. "그냥 마음이 맑아지는 것 같아요. 아침에 머리가 멍해지는 그런 유형은 아니에요. 몸은 찌뿌드드해서 운동을 하고 싶지는 않아요. 하지만 머리를 쓰기에는 아침이 가장 좋은 시간이죠."

울프는 다른 일이 없으면 아침 9시쯤부터 이른 오후까지 작곡을 한다. 울프의 스튜디오에는 업라이트 피아노 한 대와 커다란 컴퓨터 모니터가 놓인 작은 책상 하나, 악보와 음악책, CD, 공책들이 꽂인 책장들이 있다. 울프는 작업하고 있는 곡에 관한 아이디어를 그 공책들에 기록한다. 보통은 한 곡에 오래 몰두하기 좋아하기 때문에 한번에 한 곡만 작업한다. 데스크톱 컴퓨터로는 이메일에 접속하지 않는다. 스튜디오에 있는 노트북으로 이메일을 확인할 수 있어서 종종 이메일을 확인하지만 가능하면 늦게까지 그 일을 미루려고 한다.

울프는 뉴욕 대학교 스타인하트 예술대의 작곡 교수라서 오후에는 학생들을 가르치기도 한다. 때로는 늦은 오후에 산책을 나가는데 이러한 산책은 울프의 작품에 좋은 영향을 미친다. 물론 산책도 좋지만 울프의 작품 활동에 가장 중대한 영향을 미치는 요소는 아마도 뱅온어캔 멤버들과 함께 일상적으로 주고받는 피드백일 것이다. 이들 세 사람은 습관적으로 서로의 음악적 아이디어들을 나누고, 때로는 전화기를 컴퓨터 스피커에 연결해서 뭔가를 연주해 들려주고는 즉석에서 의견을 구한다. 이보다 더 긍정적인 강화는 없다. 이 세 명의 작곡가들은 각자의 의견을 서슴없이 말하고, 서로를 조금도 쉽게 봐주지 않는다. 울프는 그래서 이 관계가 소중하다고 말했다. "상당히 정기적으로 아주 거친 대화가 오가죠. 사실 전 그걸 소중히 여겨요. 그런 대화가 내면의 불꽃을 지펴준다고 생각하거든요."

줄리아 울프Julia Wolfe(1958~)

작곡가이자 뉴욕대학교의 음악 교수. 작곡가 마이클 고든, 데이비드 랭과 현대 클래식 음악 그룹 「뱅온어캔」을 만들어 전 세계에 투어를 다니며 활발하게 활동하고 있다.

아름답고 지독한
글쓰기의 감옥

수전 손택

스스로를
거세게
몰아붙이는 일

손택은 끝이 없어 보이는 에너지 덕분에 성공했나. 1959년에 남편과 결별하고 뉴욕에 도착한 순간부터 모든 책을 읽고, 모든 영화를 보고, 모든 파티에 참석하고, 모든 대화를 나누고 싶어 했다. 손택의 한 친구는 반 농담으로 손택이 "일주일에 일본 영화 20편을 보고, 프랑스 소설 5편을 읽었다."고 했다. 또 다른 친구는 손택에게는 "하루에 책 한 권 읽기가 그렇게 큰 목표가 아니었다."고 했다. 손택의 아들 데이비드 리프David Rieff는 훗날 이렇게 썼다. "이 세상에 존재하는 어머니의 방식을 한 마디로 묘사해야 한다면 그건 '열의'였어요. 어머니가 보고 싶지 않거나 하고 싶지 않고, 알고 싶지 않은 게 없었죠." 손택 자신도 그런 열의의 가치를 인정했다. "삶이란 에너지 수준의 문제라는 사실을 그 어느 때보다 지금 다시 한 번 실감한다.” 1970년도 일기에 이렇게 썼고, 후에 몇 구절을 덧붙였다. “내가 원하는 것은 에너지, 에너지, 또 에너지다. 고귀함과 평온함, 지혜를 갈구하지 마라, 이 멍청이들아!”

손택은 끝없는 호기심 덕분에 빽빽한 참고문헌과 확고한 권위를 자신의 글에 넣을 수 있었다. 하지만 바로 그 때문에 자리에 앉아서 글을 쓰기가 어려웠다. 매일 글을 쓰는 일이 가장 좋다고 생각했음에도 그렇게 할 수가 없었다. 대신 ‘매우 오랫동안 집중해서 강박적으로’ 열여덟 시간이나 스무 시간, 혹은 스물네 시간 동안 글을 썼다. 극히 소홀히 했던 마감시한을 더 이상은 무시할 수 없어서 글을 쓰기 시작하는 경우가 흔했다. 손택은 거의 견딜 수 없는 수준까지 압박감이 높아져야 마침내 글을 쓰기 시작할 수 있었던 것 같다. 손택에게는 글쓰기가 지독하게 어려웠기 때문이었다. “전 아주 쉽게 빠르게 글을 쓰고, 조금만 수정하거나 바꾸는 그런 작가가 아니에요. 내게 글쓰기는 무척 힘들고 고통스러워요. 초고는 대체로 끔찍하죠.” 손택은 초고를 완성하는 게 가장 힘든 부분이라고 했다. 초고를 수도 없이 수정해서 열 번에서 스무 번까지 다시 썼다. 그러다 보니 보통 한 편의 에세이를 완성하기까지 몇 달이 걸렸다. 게다가 시간이 흐를수록 속도가 점점 더 느려지기만 했다. 자신의 대표작인 1977년도 작품 『사진에 관하여』에 수록할 에세이 여섯 편을 완성하는 데 5년이 걸렸다.

손택에게 또 다른 장애물은 혼자가 되는 것이었다. 손택은 대화를 좋아하고, 고독한 생활에는 전혀 흥미가 없는 굉장히 사교적인 사람이었다. 이러한 성격이 작가에게는 좋지 않다는 사실을 손택 자신도 잘 알고 있었다. 1987년에는 이렇게 말했다.

> 카프카는 어느 건물 지하에 가게를 차려놓고, 하루에 두 번 누군가가 문 밖에 갖다놔주는 음식을 먹고 생활하는 환상을 품고 있었다. 카프카는 혼자 지내는 시간이 충분하지 않으면 글을 쓸 수 없다고 했다. 글쓰기는 열기구와 우주선, 잠수함, 옷장 속에 들어가 있는 것과 같다고 생각한다. 사람들이 없는 어딘가, 완전히 집중해서 자신의 목소리를 들을 수 있는 어딘가가 필요하고, 전화를 받을지 아니면 외식을 하러 나갈지는 자신의 선택에 달린 문제다. 내 내면을 깊이 파고들어야 한다. 사실 난 은둔자 같은 사람이 아니다. 사람들과 어울리기 좋아하고, 혼자 지내는 것을 그다지 좋아하지 않는다.

물론 손택이 일을 처음 시작했을 때는 혼자가 아니었다. 첫 소설과 초기 에세이를 집필했을 때는 여러 직장을 전전하면서 어린 아들을 홀로 키웠고, 수차례 연애도 했고, 문화생활도 활발하게 즐겼다. 그 모든 일을 어떻게 다 해냈을까? 전통적인 엄마의 의무 몇 가지를 도외시하는 것이 하나의 방법이기도 했다. 손택은 엄마로서의 의무를 우선시한 적이 한 번도 없었다. "데이비드에게 요리를 해주지 않았어요. 그냥 음식을 데워줬죠." 나중에는 이런 일도 있었다.

“『후원자』의 마지막 페이지를 쓸 때는 며칠 동안 먹지도, 자지도, 옷을 갈아입지도 않았어요. 마지막에는 담배에 불을 붙일 수도 없었죠. 그때 데이비드가 제 곁에 서 있다가 계속 실패하는 저 대신 담배에 불을 붙여줬어요.” 작가 시그리드 누네즈Sigrid Nunez는 이렇게 덧붙였다. “손택이 책의 마지막 페이지를 쓰고 있었을 때는 1962년이었고, 그때 데이비드의 나이는 열 살이었다.”

손택은 작가에게 이로운 약물을 개방적으로 받아들였다. 잡지 인터뷰에서 마리화나에 의지해 글을 쓴 적이 있었냐는 질문에 손택은 이렇게 대답했다. “전 스피드를 먹고 글을 써요. 스피드는 마리화나와 정반대되는 약물이죠.” 약의 효과가 어떠했냐는 질문에는 이렇게 대답했다. “먹고, 자고, 소변을 보거나 다른 사람들과 이야기하고 싶은 욕구가 감소하죠. 한 자리에서 20시간 동안 앉아 있어도 외롭거나 피곤하거나 지루하지 않아요. 엄청난 집중력을 가져다주죠. 말이 많아지기도 해요. 그래서 스피드를 복용하고 글을 쓸 때는 복용량을 제한하려고 하죠.”

손택은 보통 침대에서 손으로 초고를 쓰고, 그 후에 책상으로 자리를 옮겨 타자기로 연이어 원고를 작성했다. 훗날에는 컴퓨터를 사용했다. 손택에게 글쓰기는 체중감량과 요통, 두통, 손가락과 무릎의 통증을 뜻했다. 육체적으로 힘이 덜 드는 방식으로 일하고 싶다고 이야기했지만 자신의 집필 습관을 바꾸려고 진지하게 시도하지는 않았다. 손택은 약간 자기파괴적인 상황에 처해야 글을 쓸 수 있었다. “글을 쓰는 것은 자신을 소모시키고, 자신을 건 도박을 하는 거다." 1959년도 일기에 손택은 이렇게 썼다. 손택은 오랜 시간 동안 자기 자신을 몰아붙여야 최상의 아이디어를 얻어낼 수 있다고 생각했다. 그뿐만 아니라 어느 순간에는 그 모든 것에 "흥분이 치솟는다."고 인정했다. 손택은 노엘 카워드Noël Coward의 명언을 즐겨 사용했다. "일이 놀이보다 더 재미있다."

수전 손택Susan Sontag(1933~2004)

미국의 소설가이자 수필가, 예술평론가, 극작가, 연극연출가, 영화감독, 사회운동가. 1966년 평론집『해석에 반대한다』를 통해 문화계의 중심에 섰다.

마거릿 미첼

소설 쓰기가 제일 어려운 소설가

미첼은 1928년경에 첫 소설『바람과 함께 사라지다』를 쓰기 시작해서 1935년 가을에야 편집자에게 원고를 넘겼다. 소설가로 전향하기 전에는 성공한 저널리스트였지만 소설은 유난히 쓰기가 어려웠다. "전 글을 편하게 쓰지 않아요. 제가 쓴 글에 만족한 적도 없어요." 미첼은 한 편지에 이렇게 썼고, 한 인터뷰에서는 다음과 같이 말했다. "글쓰기는 힘든 작업이에요. 밤마다 글을 쓰고 또 써도 겨우 두 장을 완성해요. 다음 날 아침에 그 글을 읽고 나서 깎아내고 또 깎아내고 나면 겨우 여섯 줄 남죠. 그럼 다시 시작해야 해요." 미첼은『바람과 함께 사라지다』의 모든 장을 '적어도 20번' 고쳐 썼다고 했다.

> 미첼은 거실에서 뉴스룸 분위기를 조성하기 위해 초창기 경력에 잘 어울리는 초록색 아이섀도를 하고, 남성용 바지를 입은 채 글을 썼다. 글을 쓸 때는 '기이하고 저돌적이고 절박한 뭔가'의 존재감을 느꼈다고 했다. 미첼은 매일 글을 쓰지 않았고, 엄격한 일정표를 따르지도 않았다. 사실 몇 주, 몇 달씩 책을 멀리하는 경우도 흔했다. 주로 다양한 사건들과 질병들 때문이었다(사실상 신체적 질병보다는 정신적 질병이 훨씬 많았다. 미첼은 지독한 건강염려증 환자였다). 일을 할 때는 자신의 사생활 보호에 집착했다. "누구에게도 도움을 청하지 않았고, 친한 친구도 글 한 줄 읽지 못하게 했다." 1936년에 미첼은 이렇게 말했다. 미첼의 많은 친구들은 『바람과 함께 사라지다』가 거의 끝나갈 때까지도 그 작품의 존재를 알지 못했다. 그 책이 출판되기 전까지 줄거리도 몰랐다. 한번은 친구 한 명이 예고도 없이 찾아와 타자기 앞에 앉아 있던 미첼이 깜짝 놀랐다. 그 순간 미첼은 자리에서 벌떡 일어나 수건을 탁자 위로 던졌다.

『바람과 함께 사라지다』가 수백만 부 팔려나가고 영화로 만들어지면서 엄청난 성공을 거두어 1937년에는 퓰리처상까지 수상했지만 미첼은 다른 작품을 쓰고 싶은 생각이 전혀 없었다. "무엇을 준다해도 그 일을 다시 시작하지는 못해요."

마거릿 미첼Margaret Mitchell(1900~1949)

『바람과 함께 사라지다』는 미첼의 대표작이자 유일한 작품이다. 이 작품으로 1937년에 퓰리처상을 받았고, 그해에만 30여 개국에서 번역 출간되었다.

도로시 파커

어느 게으른 작가의 마감 날

"작가가 되고 싶은 열망을 품은 젊은 친구들이 있다면 그들에게 베풀어줄 수 있는 두 번째로 큰 호의는 『글쓰기의 요소』를 보여주는 것이다. 첫 번째로 가장 큰 호의는 당연히 행복에 젖어 있는 지금 그들을 죽이는 것이다." 시인 파커는 농담으로, 혹은 거의 진심으로 이렇게 말했다. 『베니티 페어』와 『뉴요커』에서 높은 보수를 받고 일하는 데다 세간의 이목을 받으며 많은 사람들이 찾는 작가가 됐음에도 파커는 글을 쓰기 싫어했고, 마감에 맞춰 기사를 보내지도 못했다. 하지만 『뉴요커』에서 논평가로 일할 때는 주간 일정을 지켰다. 이 때문에 못마땅해하는 편집자와 작가 사이에서 밀고 당기는 다툼이 있었는데 매리언 미드Marion Meade는 그 사건을 파커의 전기에서 아래와 같이 묘사했다.

거의 처음부터 파커는 『뉴요커』에서 금요일 마감인 기사를 늦게 제출했다. 일요일 아침마다 잡지사에서 누군가가 파커에게 전화를 걸었다. 그러면 파커는 마지막 단락만 끝내면 된다면서 한 시간 내에 보내주겠다고 약속했다. 하지만 하루 종일 그와 똑같은 일이 수차례 반복되었다. 가끔씩 내용이 엉망이라서 찢어버리기도 했다. 그러고는 그때부터 다시 글을 쓰기 시작했다.

도로시는 모든 편집자들에게 그런 식으로 대응했다. 『새터데이 이브닝 포스트』의 편집자는 그 일을 이렇게 회상했다. "가만히 앉아서 도로시가 방금 시작한 일을 끝내기를 기다리는 거예요. 글을 쓰기 시작했다면 말이죠. 시작도 하지 않았을 수도 있어요." 『에스콰이어』의 편집자는 자신이 마치 산부인과 의사가 된 것 같다고 하면서 글을 뽑아내는 과정을 난산에 비유했다. 파커는 편집자들만큼이나 그런 자신의 집필 습관을 싫어했지만 고칠 수가 없었다. 한때 한 인터뷰 기자한테서 재미로 무엇을 하냐는 질문을 받았을 때 파커는 "글쓰기가 아닌 건 다 재미있어요."라고 대답했다.

도로시 파커Dorothy Parker(1893~1967)

미국의 시인, 소설가, 평론가, 영화 각본가. 『뉴요커』에 문학 작품을 발표하며 시인으로 이름을 알렸고, 이후에 할리우드에 입성해 영화 「스타 탄생」의 시나리오를 썼다.

캐서린 맨스필드

하루 정도 쉬는 게 그렇게까지 나쁜 일일까

미루는 버릇 때문에 고생했던 작가가 있다. 단편소설의 대가 맨스필드에 대한 기사들로 미루어보건대 그는 미루는 버릇과 자기 회의, 자기 징벌의 대가이기도 했다. 맨스필드는 매일 글을 쓰려고 노력했지만 그러지 못할 때가 잦아서 자책하기 일쑤였다. 하지만 그러면서도 하루 정도 쉬는 게 정말 그렇게까지 나쁜 일인가 생각하기도 했다. "내가 하루를 빈둥거리며 보냈다는 건 인정해야겠지. 하지만 하나님은 그 이유를 아신다."

> 모든 것을 써야 했지만 나는 그냥 쓰지 않았다. 쓸 수 있을 거라고 생각했는데 차를 마시고 나자 피곤해서 그냥 쉬었다. 이런 행동이 좋은 건가 나쁜 건가? 죄의식이 느껴지기

도 했지만 내가 할 수 있는 최상의 선택이 휴식임을 잘 알고 있다. 할 일은 많은데 내가 하는 게 별로 없다. 해야 하는 일을 하는 척하기만 하면 인생은 거의 완벽해진다. 그렇게 어렵지 않은 일 아닌가? 문간에서 그냥 기다리고 또 기다리고 있는 이야기들을 한번 보라. 왜 그 이야기들을 안으로 들이지 않는가? 결국에는 저 바깥에 숨어서 기회를 노리고 있는 다른 것들이 그 자리를 차지한다.

사실 맨스필드는 대부분의 작가들보다 더욱 그럴듯한 변명거리가 있어서 하루를 쉬었다. 열일곱 살 때 결핵 진단을 받았기 때문에(서른네 살에 결핵으로 사망했다) 쉬어야 했던 것이다. 맨스필드는 또한 글을 쓰지 않는 나날들이 훨씬 더 생산적이었던 날들만큼이나 중요했다는 사실을 마침내 인정했다. 맨스필드는 일기에 이렇게 썼다. "내가 오랫동안 계속 일하기만 한다면, 아주 커다랗고 납작한 돌멩이들을 시냇물에 던지는 것 같은 일이 일어난다. 물론 그 효과가 얼마나 오래 지속될지가 문제이긴 하다. 지금까지는 그 방법이 실패한 적이 한 번도 없어서……."

캐서린 맨스필드Katherine Mansfield(1888~1923)

1911년 첫 소설집 『독일 하숙에서』를 내며 이름을 알렸고 1920년 소설집 『환희』를 통해 당대 최고의 단편소설 작가라는 평가를 얻었다. 결핵과 싸우며 써낸 『가든파티』는 문학적 깊이와 섬세함으로 맨스필드의 대표작으로 남았다.

캐서린 앤 포터

쓰기 위해 은둔하는 삶

포터는 『바보들의 배』라는 소설 한 권을 쓰는 데 20년이 걸렸다. 그에게는 사실 그럴 만한 이유들이 있었다. 첫째, 포터는 삼십 대 초반까지는 진지하게 글을 쓰지 않았다. 그 이전에는 폭력적인 첫 남편을 포함해서 두 번의 결혼 생활에 실패했고, 배우와 가수, 비서, 신문사 리포터, 대필 작가 등 '시시하고 지루한 직업'을 전전했다. 1918년에 스페인 독감이 유행했을 때는 거의 죽을 뻔했다. 훗날 포터는 그때의 경험이 결정적인 전환점이 되었다고 했다. 『파리 리뷰』에서는 이렇게 말했다. "그때 일로 제 인생은 그 이전과 그 이후로 나뉘었어요. 그 이전에는 모든 것이 준비 과정이었고, 그 이후에는 약간 이상하게 변해버렸죠."

포터는 그로부터 4년 후 첫 단편소설을 출간했고, 1930년에는 마흔 살의 나이로 첫 소설집을 펴냈다. 그러나 출판으로는 돈을 많이 벌지 못했기 때문에 강연과 입주 작가, 특별 연구원, 그 밖에 다른 임시직들을 전전하면서 생계를 유지해야 했다. 포터는 바로 이런 이유로 다작을 하지 못했다고 자주 말했다. "제 에너지의 10% 정도만 글쓰기에 쏟아부은 것 같아요. 나머지 90%는 생계를 유지하는 데 썼죠."

외부 사람들이 항상 그런 변명에 수긍한 것은 아니었다. 시인 메리앤 무어Marianne Moore는 포터가 일을 미루는 데 있어서 세계 최악이라고 했고, 트루먼 커포티Truman Capote의 마지막 미완성 소설에는 포터를 얄팍하게 허구화한 인물이 등장한다. 이 인물은 '소수의 결과물로 명성을 얻고는, 경품을 갈취하고 과도한 사례비를 받아내며 입주 작가가 되어 사기를 치고 지원금에 쩔쩔매는 예술가 나부랭이'였다. 포터가 글쓰기에 방해가 되는 것들을 어느 정도 자초한 것은 틀림없는 사실이다. 특히 포터의 인간관계가 그러했다. 포터는 마흔 살 생일 직전에 한 지인에게 네 명의 남편과 서른일곱 명의 연인이 있었다고 말한 적이 있다. 전기 작가 조앤 기브너Joan Givner는 이렇게 말했다. "포터는 일과 자신을 버려야 할 만큼 정신없이 빠져드는 불륜의 유혹에 저항하지 못했다."

포터는 항상 최상의 작품을 내려면 오랜 기간이 필요했다고 변명했다. "사실 글 쓰는 시간은 오래 걸리지 않아요. 글은 최고 속도로 쓸 수 있지만 구상은 아주 천천히 떠오르기 때문에 공백 기간이 긴 거죠. 완전히 준비가 되기 전까지는 글을 쓰지 않아요." 1969년 인터뷰에서 포터는 이렇게 말했다. 단편소설을 쓸 때는 이런 방식이 아주 효과적이었다. 대개 아무런 방해도 받지 않는 곳에서 방을 빌려 한 주 정도 바짝 집중해 글을 썼기 때문이다. 하지만 소설을 쓸 때는 그렇게 할 수 없었다. 그런 탓에 『바보들의 배』를 쓰기 시작해서 끝내기까지 20년이 걸린 것이다. 포터는 코네티컷의 조용하고 외진 집을 3년 동안 빌린 끝에 그 책을 완성했다. 그곳에서는 포터답지 않게 매일 헌신적으로 글을 썼다.

> 나는 거의 3년 동안 시골에서 지냈고, 장소를 가리지 않고 어디서든 매일 3시에서 5시까지 글을 썼다. 아, 물론 가만히 앉아서 다음에 뭘 쓸지 구상하는 시간도 끔찍하게 길었다. 무척 다루기 까다로운 책이라서 등장인물도 엄청나게 많았다. 하지만 코네티컷에서 지낼 때는 언제나 자유롭게 일할 수 있었다. 전화기도, 방문객도 없었으니까. 아, 진짜 은둔자처럼 살았다. 창살 사이로 식사를 받아먹는 것만 안 했을 뿐이다! 하지만 예이츠가 말했듯이 글쓰기는 '고독하게 앉아서 하는 일'이다. 그 밖에 정원 일도 많이 했고, 요리도 직접 해서 먹었으며, 음악을 들었다. 당연히 독서도 했다. 정말 행복한 시간이었다. 몇 달이라도 고독하게 살 수 있다. 고독한 생활은 내게 득이 된다. 그동안은 일을 할 수 있으니까. 아침 일찍, 때로는 새벽 5시에 일어나서 블랙커피를 마시고 일하러 간다.

포터는 고독한 집필 생활을 즐겼지만 영원히 그렇게 살 생각은 조금도 하지 않았다. 포터의 글은 삶에서 나왔다. 포터는 장기간 고립된 생활을 하는 작가들을 멸시했다. "사회와 고립되는 것은 어떤 형태든 사망과 다름없어요. 다락방에서 살아도 좋은 친구가 생길지도 모르죠. 하지만 그 전에 먼저 인간이 되어야 해요."

캐서린 앤 포터Katherine Anne Porter(1890~1980)

90세로 세상을 떠나기까지 채 30편이 안 되는 소설을 남겼지만 동시대 작가들에게 찬사를 받았고, 소설집 『캐서린 앤 포터』로 1966년 퓰리처상과 전미도서상을 수상했다.

브리짓 라일리

지루함은 중요한 신호이다

"새가 노래해야 한다고 느끼는 것처럼 예술가는 살아 있는 것 자체에 대해 '뭔가를 해야 한다'고 느낀다." 영국의 화가 라일리는 1998년에 이렇게 말했다. 그렇다고 해서 라일리의 예술 작품이 즉흥적으로나 감정에 이끌려 완성된 것은 아니다. 사실은 완전히 그 반대다. 라일리는 일명 옵아트로 런던 예술계를 흥분에 빠뜨린 1960년대부터 화법을 갈고 닦았다. 라일리의 비현실적인 흑백의 옵아트 작품들은 감상자의 지각 능력을 갖고 놀다가 때로는 해치기도 한다. 라일리는 사전에 많은 생각과 작업을 하고, 자신의 비평 능력을 발휘해서 작품들을 창작한다. 또한 무엇을 그리든 항상 데생부터 하고, 예비 스케치를 수없이 많이 하면서 시행착오를 거쳐 효과적인 구성을 만들어낸다. "백일몽에 빠져서 내가 하고자 하는 것이 무엇인지, 아니 그보다는 그림을 통해 불러일으키거나 전하고 싶은 감각이 무엇인지 알고 싶은 일종의 갈증에 시달리죠. 그러한 감각을 실체화하는 것이 어려워요. 그게 바로 세잔Cexanne이 말했던 '실현'이죠."

그 과정은 느리지만 라일리는 느린 게 좋다고 생각한다. 라일리는 그림에 대해 다음과 같이 말했다.

> 그림 그리기는 시간이 걸리는 일이라 시간이 필요한데 그게 큰 이점이 된다. 예술가에게는 생각하고, 수정하고, 다양한 방향을 탐색하고, 변화를 꾀하고, 기반을 다질 수 있는 충분한 시간이 필요하다. 작업 일정을 세워야 하고, 스스로도 놀라운 일을 할 수 있어야 하고, 무엇보다 실수를 할 수 있어야 한다. 당신이 화가라면 운이 좋은 사람이다. 그림을 그리면서 앞서 말한 모든 것을 할 수 있으니까.

"지루함은 굉장한 지표예요. 에너지가 사라지고 가라앉죠. 그럼 아무것도 할 수가 없어요. 그건 아주 두려운 일이지만 뭘 하고 있든 뭔가가 잘못됐다는 신호이기 때문에 무시하지 말아야 해요. 하던 일을 약간만 수정하거나 좀 더 극단적인 조치를 취해야 할 수도 있죠." 라일리는 무엇보다 자신의 직감을 믿는 법을 배웠다. 그림을 그리는 실질적인 작업은 대체로 조수들을 고용해서 시켰기 때문에 자기 작품을 지켜보는 관객이 되어 그 이점을 얻을 수 있다고 생각했다. "작업 과정에서 자유로워지고 싶은 생각은 전혀 없어요. 오히려 그 반대죠. 일정한 거리를 두면 훨씬 더 깊이 몰입할 수 있어요. 제 조수 한 명은 한때 이렇게 말했어요. '저희는 즐거운 일을 하고, 선생님은 어려운 작업을 하죠.' 결정을 내리는 일, 그러니까 거절하고 수락하고 변경하고 수정하는 과정에서 한층 더 깊이 내재된 예술가의 진짜 개성이 나오는 것 같아요."

브리짓 라일리Bridget Riley(1931~)

런던에서 태어나 골드스미스 미술학교와 왕립미술학교에서 수학했다. 무채색인 점과 곡선으로 긴장감이 있는 착시 회화를 그려서 옵티컬 아트의 대표적 작가가 되었다.

엘리자베스 비숍

아주 천천히 쓰는 시인

"며칠 동안은 글만 쓰다가 몇 달 동안은 글을 아예 쓰지 않는다." 미국 시인 비숍은 1978년에 이렇게 말했다. 비숍의 친구이자 동료 시인인 프랭크 비다트Frank Bidart도 그 사실에 대해 거들었다. "비숍은 (내가 아는 한) 글을 규칙적으로 쓰지 않았다. 시에 관한 아이디어가 떠오르면 그 조각들이 완성될 때까지 최대한 오랫동안 품고 다녔다." 비숍의 시 「무스」는 완성하기까지 20년이 걸렸다.

비숍은 종종 작품을 많이 내지 않아서 죄의식을 느꼈다. 평생 동안 창작한 시가 100여 편에 불과했기 때문에 더 많은 작품을 썼다면 좋았을 거라고 생각했다. 1950년대 초반에는 잠깐 흥분제의 힘을 빌어서 창작 속도를 높이려고 시도했다. 비숍이 연인인 건축가 로

타 데 마세도 소아레스Lota de Macedo Soares와 함께 지내려고 미국에서 브라질로 온 지 얼마 되지 않은 시기였다. 하지만 새로운 보금자리에 정착하자마자 만성 천식이 악화되었다. 비숍은 천식을 잡으려고 코르티손을 복용하기 시작했는데 그 약물의 부작용이 작가에게는 상당히 유익하다는 사실을 발견했다. 코르티손 부작용으로 불면증이 생기고 일종의 창의적 희열을 느꼈는데 그것이 시 창작과 당시에 시도했던 단편소설 창작에 도움이 될 것 같았다. "처음에는 그 효과가 진짜 굉장했어." 비숍은 서로의 비밀까지 털어놓는 절친한 시인 로버트 로웰Robert Lowell에게 이렇게 말했다.

> 밤새도록 앉아서 타자를 쳐도 다음 날 기분이 상쾌해. 덕분에 한 주에 이야기를 두 편이나 썼어. 모든 일을 적절하게 잘 처리하면 실망감 따위는 문제가 되지 않아. 하지만 그러지 못하면 아무 이유도 없이 하루 종일 눈물이 쏟아지지. 이번에는 끝낼 수 없었던 그 마지막 시를 완성해서 H. 미플린(비숍의 출판인)에게 보낼 수 있으면 좋겠어……. 너도 코르티손을 한번 써봐. 어디에든 다 효과가 있는 것 같아.

하지만 이렇게 얻은 희열감은 그 수명이 짧았다. 비숍은 약물 부작용으로 자신의 정서가 망가질까 봐 점점 두려워져서 복용을 중단했다. 시간이 지나면서 띄엄띄엄 천천히 글을 쓰는 자신의 방식을 받아들이게 된 것 같았다. 비숍은 폴 발레리Paul Valery의 명언을 즐겨 인용했다. "시는 결코 마무리되지 못한다. 다만 버려질 뿐이다."

엘리자베스 비숍Elizabeth Bishop(1911~1979)

철학적 깊이를 내포하고 있는 냉담한 스타일의 시를 창작했다. 1956년에 퓰리처상, 1970년에 전미도서상을 수상했다.

조지 엘리엇

시골에
숨어든 작가의
은둔적 삶

엘리엇의 대표작 『미들마치』는 버지니아 울프가 '어른을 위해 쓰인 훌륭한 소설'이라고 감탄했을 정도로 널리 인정받았다. 그런 엘리엇에게도 글쓰기는 조금도 쉽지 않았다. 매번 새로운 소설을 쓸 때마다 창작욕에 빠져 자기 자신을 내던졌고, 전작의 수준에 가까운 작품을 내놓지 못할 거라고 생각했다. 엘리엇은 『미들마치』와 씨름을 하는 동안 1866년에 자신이 쓴 소설 『펠릭스 홀트』를 다시 읽으면서 오랜 친구 조지 헨리 루이스George Henry Lewes에게 "다시는 그런 작품을 쓸 수 없어. 지금 내가 쓰는 원고는 포도주통 속의 찌꺼기 같아!"라고 말했다.

이때가 1872년이었다. 그해 여름, 루이스와 엘리엇은 방해받지 않고 글을 쓰고 싶어서 런던에서 시골 지역으로 이사를 갔다. 이사 간

곳의 주소는 엘리엇의 치과의사와 절친한 친구 한 명을 제외한 다른 모든 사람들에게 비밀로 했다. 과거에는 이런 은둔 전략이 효과가 있었다. 시골에서 엘리엇은 대체로 오전 내내 글쓰기에 전념했고, 오후에는 루이스와 산책을 했다. 이렇게 고통스러운 글쓰기 작업은 꾸준히 진행되었다. 하지만 엘리엇의 건강 상태가 나빠지면 이런 방법도 도움이 되지 않았다. 어쩌면 글쓰기 작업 때문에 엘리엇의 건강이 나빠지는지도 몰랐다. 『미들마치』를 집필할 때도 엘리엇은 심각한 치통과 잇몸 통증으로 고생했다. 1876년 작품『다니엘 데론다』를 쓸 때 엘리엇의 증상은 우울증에 가까웠다. "그 책을 쓰는 동안 거의 하루도 건강하게 보내지 못했다." 엘리엇은 이렇게 썼다. 엘리엇이 거의 지속적인 고통 속에서도 소설 작품들을 완성했다는 것은 엘리엇의 끈기와 루이스의 한결같은 영향력을 보여주는 증거였다. 루이스는 엘리엇에게 소설을 써보라고 처음으로 권한 사람이었고, 엘리엇에게 글쓰기 좋은 환경을 조성해주려고 무진 애를 썼다. "우리는 사랑과 방해받지 않는 동반자 관계에서 크나큰 행복을 느끼기 때문에 비참한 우리 몸뚱이가 숙명적인 질병을 안고 있다는 사실을 받아들여야 하죠."

조지 엘리엇George Eliot(1819~1880)

본명은 메리 앤 에번스. 빅토리아 시대를 대표하는 작가로, 『아담 비드』, 『플로스강의 물방앗간』, 『사일러스 마너』, 『미들마치』 등을 썼다. 대부분 영국의 시골을 배경으로 한 작품으로, 사실성과 심리적 통찰이 뛰어나다.

패니 허스트

작가의 일은 끝이 없다

"작가들은 치아처럼 앞니와 어금니 부류로 나눠진다." 19세기 영국인 저널리스트 월터 배젓Walter Bageho은 한때 이렇게 썼다. 허스트는 단연코 후자에 속했다. 평생 동안 300편 이상의 단편소설을 썼을 뿐만 아니라 소설 19권과 연극 몇 편을 써서 20세기에 가장 널리 알려진 여성 작가이자 가장 높은 보수를 받는 미국인 작가들 대열에 들었다. 그럼에도 허스트는 집필이 자신과 궁합이 맞는다고 생각한 적이 한 번도 없었다. '아이디어가 글로 쓰이기까지의 고집스러운 간극'에 대해 허스트는 자서전에 이렇게 언급했다. "그 개념은 마음속에서 생생하게 들끓고, 글은 천천히 고통스럽게 조금씩 종이 위로 흘러나오며, 그 부적당한 글을 보면 마음이 괴롭다. 그 모든 세월 동안 골치 아픈 과정에서 한시도 벗어나지 못했다. 글을 쓰고 싶은 충동과 그 고통스러운 과정이 충돌했다." 허스트는 그러한 고통에도 불구하고 성인이 된 후로 거의 매일 몇 시간씩 글을 썼다. "오랜 세월 동안 책상 앞에 앉아 다섯 시간이나 여섯 시간, 혹은 일곱 시간씩 글을 쓰는 작업 일정을 지켰다. 여자들의 일처럼 작가의 일도 끝이 없다."

패니 허스트Fannie Hurst(1885~1968)

허스트는 감상적이고 낭만적인 주제와 여성의 권리와 인종 같은 당대의 사회적 이슈를 결합한 소설을 썼다. 알려진 작품으로는 『굼벵이』, 『나를 해부하다』, 『삶의 모방』 등이 있다.

여자들은 대체
어떻게 해냈을까

아녜스 바르다

아이를
키우면서
영화를 만든다는 것

뉴웨이브 영화의 거장 바르다가 영화 「5시부터 7시까지의 클레오」 시나리오를 쓰기까지는 7년이 걸렸다. "제가 여자라서가 아니라 재정적으로 지원받기 어려운 영화를 쓰고 있었기 때문이었다."고 바르다는 그 이유를 설명했다. 바르다는 다른 남성 지배적인 업계에서처럼 영화계에서 여성들이 직면하는 어려움에 대해서도 목소리를 높였다. "두 가지 문제가 있어요. 그중 하나는 모든 업계에서 남성과 동등한 수의 여성이 승진해야 한다는 문제고, 다른 하나는 아이를 갖고 싶어 하는 여성들이 어떻게 자기가 원하는 바를 성취할 수 있을지, 그런 여성들이 아이를 키울 수 있도록 어떻게 도와줄 수 있을지에 대한 문제죠. 제게는 한 가지 해결책밖에 없고, 그건 바로 '슈퍼우먼'이 되어 한번에 몇 가지 삶을 동시에 사는 거예요. 제 인생에서 가장 어려운 게 그거죠. 한번에 몇 개의 삶을 살면서 포기하지도, 그중 어느 것도 버리지 않는 거요. 아이들도, 영화도, 좋아하는 남자가 있다면 그 사람도 포기하지 않는 거예요."

1974년, 독일의 한 방송에서 바르다에게 1년 내에 새 영화를 제작하는 조건으로 전권을 위임했다. 하지만 그때 바르다는 둘째 아이를 출산한 지 1년밖에 되지 않았고, 경험상 영화 세트장에서 아이를 돌보는 일이 얼마나 어려운지 잘 알고 있었다. 바르다는 결국 집에서 새 영화를 제작하기로 결심했다. "전 제가 여성의 창의성을 보여주는 좋은 본보기라고 생각했어요. 그 창의성이 항상 가정 생활과 엄마 노릇에 가로막히고 억눌렸지만요." 바르다는 1975년에 이렇게 말했다.

> 이런 제약에서 뭐가 나올지 궁금했다. 이러한 한계를 안고도 내 창의성을 다시 끌어낼 수 있을까? 그래서 대부분의 여성들이 집에 갇혀 지낸다는 사실에 착안해 나를 집에 묶어놓았다. 나에게 새로운 탯줄이 생겼다고 상상하고, 우리 집 두꺼비집에 특별한 80미터짜리 전선을 연결해놓았다. 그러고는 그 전선 안쪽 공간에서만 촬영을 하기로 마음먹었다. 그 전선 너머로는 갈 수 없었다. 그 공간 안에서 필요한 모든 것을 찾아냈고, 그 바깥으로 나가지 않았다.

이 계획은 성공했다. 바르다는 동네 상인들의 일상을 영화화한 다큐멘터리 「다게레오타입」을 만들었다. 이것은 상당히 전형적인 바르다의 작업 과정이다. 바르다는 빠르게 일하는 걸 좋아했다. 아이디어가 떠오르는 즉시, 아직 상상의 진통이 가라앉지 않았을 때 영화를 만든다(바르다는 1965년에 만든 영화 「행복」의 대본을 3일 만에 썼다). 그럼에도 바르다는 영감이라는 개념을 부정한다.

> 잘 알겠지만 예술가들은 늘 영감과 뮤즈에 대해 이야기한다. 뮤즈라! 흥미롭지 않은가! 하지만 필요한 것을 때맞춰 불러내는 것은 뮤즈가 아니라 창의적 힘과의 관계다. 그러므로 자유 연상 및 공상과 공조하고, 우연한 만남과 사물, 추억을 따라가야 한다. 나는 30년 동안 영화를 제작하면서 몸에 익힌 엄격한 자기수양을 수많은 뜻밖의 순간과 우연의 진동과 조화시키려고 애쓴다.

나이가 들면서 생기는 한 가지 이점은 자신의 경력이 점점 안정되어간다는 느낌이라고 바르다는 말했다. 바르다는 더 이상 아직 하지 못한 일을 생각하며 긴장하지 않았다. 자기 안에 누구도 건드릴 수 없고, 누구도 파괴할 수 없는 뭔가가 있다는 특권을 즐겼다. 그러다가 새로운 영화를 제작할 기회가 왔을 때 엄청난 에너지를 발산하며 행동에 나섰다. "제가 극히 빠르게 일을 처리하고, 요구하는 게 많아서 팀원들을 지치게 만드는 경향이 있죠. 전 새벽 5시에 일어나 대사를 써요. 다른 사람들이 나오기 한 시간 전에 상황을 점검하러 세트장에 가죠. 마지막 순간에 떠오른 아이디어를 바로 적용하고 싶어 하기도 해요. 통할지 말지도 확실하지 않은 터무니없는 요구들을 하기도 하죠."

아녜스 바르다Agnès Varda(1928~2019)

남성 중심적이던 20세기 프랑스 영화계에서 입지를 굳힌 최초의 여성 감독. 「5시부터 7시까지 클레오」, 「방랑자」, 「라 푸앵트 쿠르트로의 여행」, 「바르다가 사랑한 얼굴들」 등이 대표작이다.

스텔라 보엔

그 남자를 돌보지 말았어야 했다

런던에서 그림을 공부하던 호주인 보엔은 소설가 매덕스 포드와 1918년에 결혼했다. 그때 보엔의 나이는 스물네 살, 포드의 나이는 마흔네 살이었다. 포드가 소설을 쓰는 동안 보엔은 딸을 돌보고, 그보다 훨씬 더 피곤한 남편 뒤치다꺼리를 하면서 그림 그릴 시간을 내려고 애썼다. 훗날 보엔은 "포드는 일을 망쳐버리는 데 천부적인 재능이 있었고, 그 결과를 처리하는 일을 끔찍하게 두려워한다."고 썼다. 보엔은 남편의 충격을 완화시켜주는 역할을 했다. 생활비를 다 책임졌음에도 빚이 얼마나 많은지를 남편에게 알리지 않았고, 예민한 작가 남편이 방해받지 않고 일할 수 있도록 뒤에서 도왔다. 포드가 아침에 집필 작업을 끝내기 전에는 포드에게 말을 거는 사람이나 우편물을 건네는 사람이 없어야 했다. 포드는 그런 아내의 배려도 모른 채 아내가 왜 자신처럼 꾸준히 작업을 하지 않는지 의아해했다. 보엔은 자신의 회고록에 이렇게 남겼다.

> 남편은 내가 자기와 함께 있을 때 왜 그렇게 그림을 그리기 어려웠는지 이해하지 못했다. 그림을 그릴 의지가 부족하다고 생각했다. 그것도 틀린 생각은 아니지만 포드는 내게 그런 의지가 있었다면 내 인생이 완전히 달라졌을 거라는 사실을 깨닫지 못했다. 매일 창작의 부담감에 시달리는 남편을 돌봐주지 말았어야 했다. 남편이 원할 때마다 함께 걷고 이야기해주지도, 남편과 그 주변 환경 사이에서 남편의 방패막이가 되지 말았어야 했다. 예술을 추구하는 것은 단순하게 그럴 시간을 내느냐 마느냐의 문제가 아니다. 자유로운 영혼을 가지느냐 마느냐의 문제다. 세월이 좀 더 흐르고 여유가 조금 생겼을 때도 나는 포드와의 관계에 얽매인 채 여전히 노예처럼 살았다. 포드는 다른 사람들의 에너지를 바닥내는 사람이었다. 나는 사랑에, 행복에 빠져 있었다. 하지만 독립적인 자아를 돌볼 여지가 없었다.

파리에서 지내는 동안 보엔과 포드는 복층 스튜디오를 함께 쓰면서 서로에게 이롭게 작업을 할 수 있었다. 포드는 2층에서 글을 쓰고, 보엔은 아래층에서 그림을 그렸다. 이 시기에는 다섯 살 난 딸이 파리 외곽에서 떨어진 집에서 가정교사와 함께 머물고 있었다.

주중에는 그곳에서 학교를 다녔고, 주말에는 엄마 아빠와 함께 지냈다. 보엔은 딸이 끔찍하게 그리웠지만 그런 생활이 모두에게 이로웠다. 하지만 이처럼 평화로운 공동작업 시기는 막간극에 불과했다. 얼마 후, 보엔은 포드가 서른네 살의 젊은 작가와 외도하고 있다는 사실을 알아차렸다. 결국 1928년, 보엔과 포드는 결별했다. 그 후 많은 복잡한 절차가 뒤따랐지만 보엔은 마침내 그림에 집중할 수 있었다. 포드와 결별한 지 3년이 흐른 후, 보엔은 최초의 단독 전시회를 열었다. 하지만 안타깝게도 여러 문제가 발생해서 보엔은 아주 오랫동안 그림에 집중할 수 없었고, 초상화 의뢰를 받을 수밖에 없었다. 1940년에 회고록을 집필했을 무렵, 보엔은 화가로서 경력을 쌓아나갈 수 있어서 만족했지만 자신이 다른 이들의 욕구를 보살피느라 너무 많은 에너지를 쓰지 않았다면 더욱 많은 것을 성취했을 거라는 생각을 지워버릴 수 없었다. 보엔은 이렇게 기록했다. "만약 당신이 여성이고 당신 자신만의 삶을 살고 싶다면 열일곱 살에 사랑에 빠져 유혹당하고 버림받고, 아기의 죽음까지 겪는 것이 어쩌면 더 나을지도 모른다. 그 모든 것을 겪고도 살아남는다면 더욱 멀리 나아갈 수 있을 테니까!"

스텔라 보엔Stella Bowen(1893~1947)

스무 살에 태어난 호주를 떠나 런던으로 향했다. 웨스트민스터 예술학교에서 공부했으며 제2차 세계대전 때 전쟁 예술가로 활동하며 알려졌다.

케테 콜비츠

예술과 결혼이 양립할 수 있을까

미술을 공부하던 콜비츠는 단단히 착각하고 있었다. 예술가와 아내의 역할을 동시에 해낼 수 있을 거라고 믿은 것이다. 콜비츠가 1889년에 의대생과 약혼한 사건은 예술과 결혼은 양립불가라고 생각하는 뮌헨여성예술학교 학생들 사이에서 작은 스캔들로 치부되었다. 콜비츠는 일기에 이렇게 속마음을 털어놓았다. "모순되는 마음들이 크게 충돌했죠. 결국에는 충동에 굴복하고 그냥 뛰어들었어요. 어떻게든 헤엄쳐나갈 수 있을 거라고 생각했죠."

결혼 직후, 콜비츠 부부는 베를린의 노동자계층 거주구역으로 이사를 갔다. 그곳에서 콜비츠의 남편은 모퉁이 공동주택 2층에 병원을 차렸다. 콜비츠의 스튜디오는 그 옆 사무실이었다. 콜비츠는 스튜디오가 딸린 아파트에 살 수 없다는 사실을 알고 화가가 되겠다는 오랜 꿈을 버렸고, 그 대신 지금껏 주력했던 좀 더 작은 크기의 소묘와 판화에 전념했다. 곧이어 콜비츠는 계획에 없었던 임신을 하고 아이를 낳았다. 콜비츠 부부는 여력이 생기자마자 입주 하녀를 고용해 대부분의 집안일과 양육을 맡겼다. 중산층 독일 가정에서는 흔한 일이었다. 콜비츠에게도 결정적인 중재안이었다. 덕분에 콜비츠는 돌볼 가족이 점점 불어나는데도 꾸준히 작업을 할 수 있었다. 전기 작가 마사 컨즈Martha Kearns는 이렇게 말했다.

> 콜비츠는 학생시절에 몸에 익혔던 엄격한 자기관리를 계속 유지해서 아침 일찍 작업을 시작하고 오후 늦게까지 작업을 중단하지 않았다. 소묘를 계속 했고, 판화도 더 잘 하려고 노력했다. 집중을 하려면 조용한 환경이 필요했기 때문에 작업할 때는 가족들에게 조용히 해달라고 했다. 그 바람에 가끔씩 독재자로 불리기도 했다. 하지만 대체로 옆 사무실에서 기다리고 있는 갓난아기와 어린이, 엄마, (남편의) 환자들 때문에 조용하게 작업하기가 힘들었다. 그런데 그런 환자들이 콜비츠의 눈에는 화폭에 담을 가장 아름다운 대상으로 보였다. 조용하게 작업하지 못하는 시간이 생기면 옆 사무실로 가서 남편을 기다리고 있는 가난한 여자들을 그렸다.

1890년대 후반 무렵, 콜비츠는 노동계층 여성들과 아이들을 강렬하게 그려낸 소묘로 독일에서 가장 유명한 예술가가 되었고, 작품들은 베를린과 드레스덴의 주요 전시회에 진열되었다. 그럼에도 콜비츠의 아들 한스는 이렇게 말했다. "어머니는 우울증으로 작업을 하지 못하는 긴 시기와 겨우 작업을 시작해 작품을 완성하는 비교적 짧은 시기를 끊임없이 오락가락했다. 공허함에 시달리는 시기에는 끔찍하게 고통스러워했다. 어머니는 수차례 일기장에다 그러한 주기를 그래프로 그려놓고 어떤 시기가 언제 다가올지를 예측하려고 했다. 하지만 그래봤자 아무런 소용이 없었다. 기운이 새롭게 솟아나기를 기다리는 수밖에 없었다." 연륜이 생기면서 콜비츠의 그러한 창작 습관도 나아지는 것 같았다. 적어도 생산적이지 못한 시기가 짧아지기는 했다. "내게 중요한 뭔가를 하고 있을 때보다 더 죽음이 가깝게 느껴지거나 탐탁지 않게 느껴질 때는 없다. 그럴 때는 시간을 아주 알차게 보낸다. 하지만 작업을 할 수 없을 때는 매사에 게을러지고 시간을 낭비한다. 이때는 오래 살 수 있기를 바란다. 그래야 작품을 끝낼 수 있을 테니까!"

케테 콜비츠Käthe Kollwitz(1867~1945)

독일의 화가, 판화가, 조각가로 표현주의 영향을 받았다. 가난한 노동자들과 함께 생활하면서 비극적이고 사회주의적인 테마의 연작을 발표하여 20세기 독일의 대표적 판화가가 되었다.

리 크래스너

악명 높은 예술가 남편과의 결혼 생활

미국의 화가 크래스너는 한때 예술을 위해 바친 가장 큰 희생이 무엇이었느냐는 질문에 "아무것도 희생하지 않았다."라고 대답했다. 그 대답을 믿기 어려워하는 논평자들이 많았는데 그 이유는 크래스너가 잭슨 폴록Jackson Pollock의 아내였기 때문이다. 크래스너는 고등학교 시절부터 그림을 공부하기 시작했고, 20대 중반에 전업 예술가가 되었고, 말년에는 추상표현주의의 선구자로 널리 인정받았다. 하지만 폴록과 결혼 생활을 유지하는 14년간 남편이 화가로서 이룬 성취와 남편의 악명 높은 자기파괴 성향에 가려 크래스너의 경력은 묻혀버렸다. 1956년에 폴록이 음주운전 사고로 사망하면서 그 악명도 막을 내렸다. 그럼에도 크래스너는 폴록과 자신의 관계가 동등했고, 폴록이 언제나 자신의 작품을 "적극적으로 지지해주었다."고 주장했다. "폴록은 격동적인 남자라서 그와 함께하는 삶은 결코 평온하지 않았죠. 하지만 제가 그림을 그려야 하는지, 그리지 말아야 하는지 같은 문제는 절대 거론하지 않았어요. 전 제 그림을 벽장 안에 숨겨두지 않았죠. 제 그림은 그의 작품 옆에 걸려 있었어요."

두 사람이 만나 연인이 되었던 뉴욕시를 떠나자고 부추긴 사람은 크래스너였다. 크래스너는 폴록의 화랑 주인이자 후원자인 페기 구겐하임Peggy Guggenheim에게 2000달러를 빌려 롱아일랜드 동쪽 어촌 마을의 난방도 되지 않는 낡은 농장을 사들였다. 폴록은 그 농장의 헛간을 자신의 스튜디오로 개조했고, 크래스너는 위층의 작은 침실을 자신의 스튜디오로 삼았다. 스프링스에서 폴록은 정오까지 잠을 잤고, 오후 늦게까지 빈둥거리다가 헛간으로 들어가 그림을 그리기 시작했다. 반면 크래스터는 아침 9시나 10시에 일어나 위층에서 작업을 했다.

> 내게는 아침이 가장 작업하기 좋은 시간이었다. 스튜디오에서 한창 일하고 있으면 남편이 일어나 움직이는 소리가 들렸다. 그럼 다시 아래층으로 내려가 남편은 아침을, 나는 점심을 먹었다. 우리는 초대받지 않고는 서로의 스튜디오에 들어가지 않기로 했다. 가끔씩, 일주일에 한 번쯤 폴록이 "뭔가 보여줄 게 있어."라고 말했다. 혹은 "잘 돼가?"라고 묻거나 내 작품을 보고서 "그거 괜찮네."나 "그건 통하지 않겠어."

라고 평가했다.

시골 생활은 두 사람에게 좋은 영향을 미쳤다. 적어도 처음에는 그랬다. 두 사람은 집안일을 다소 공평하게 나눠서 크래스너는 요리를 맡았고, 폴록은 빵을 구웠다(크래스너가 말하기로는 아주 맛있는 빵과 파이였다). 정원 일과 잔디밭 가꾸기도 두 사람이 나눠서 했다. 폴록은 함께 다닐 뉴욕 친구들이 없어서 처음에는 술을 적게 마셨고, 그 몇 년 동안 자신의 성숙한 스타일을 특징적으로 보여주는 드립 페인팅(물감을 흘리거나 튀겨서 그리는 기법)을 개발했다. 크래스너는 자신만의 창의적인 돌파구를 찾아나갔다. 몇 년 동안 꽉 막혀 헤어나지 못하는 끔찍한 기분에 사로잡혀 그림을 그리고 또 그리고 나서야 마침내 한 비평가가 '회색 패스티 파이 껍질'이라고 묘사했던 「리틀 이미지」 시리즈를 만들었다. 크래스너 자신만의 드립 페인팅 기법으로 창조한 몇몇 추상적 상징들로 캔버스를 겹겹이 메운 이 시리즈는 1970년대에 이르러서야 그 중요성을 인정받기는 했지만 크래스너의 가장 성공적인 작품이 되었다.

폴록의 사망 이후에는 롱아일랜드와 맨해튼을 왔다 갔다 하며 지냈다. 맨해튼 집의 침실은 스튜디오로 개조했고, 작은 손님용 침실에서 잠을 잤다. 덕분에 불면증에 시달릴 때는 한밤중에 일어나 그림을 그리기 쉬웠다. 크래스너는 자신의 작업 일정을 '매우 과민한 페인팅 주기'라고 묘사했다. "전 아주 철저하게 작업 시간을 비워둬요. 진짜 본격적인 작업에 돌입하면 사교 모임을 피하고 완전히 고립되어 그림만 그리죠." 크래스너는 이러한 집중적인 작업 시기 사이사이의 공백기를 견디기 힘들어했다. 언제나 페인팅에 다시 몰두할 수 있기를 열렬히 바랐지만 그게 강압적으로 되는 일이라고는 생각하지 않았다. "주기에 귀를 기울여야 한다고 생각해요. 강요하지 않고 듣는 거죠. 작업이 전혀 진척되지 않을 때는 견디기 힘들어도 기다려요. 앞으로 무슨 일이 일어날지 두고 보는 거죠. 다시 작업을 시작할 수 있다면 내가 살아 숨 쉬고 있음을 느낄 수 있을 거예요. 또 한 번 격하게 몰입해서 작업을 할 수 있다면 말이죠."

리 크래스너Lee Krasner(1908~1984)

미국의 2세대 추상표현주의 화가. 남편 잭슨 폴록의 죽음 이후 그림에 전념한 그는 정교하면서도 분석적인 독특한 화법으로 자신만의 작품 세계를 구축했다.

앨리스 닐

여자들이 마주하는 세상

역사상 더없이 위대한 20세기 초상화 화가 닐은 수십 년 동안 무명으로 살다가 육십 대에 들어서서야 인정받기 시작했다. 두 아들을 혼자 키워야 하는 가난한 살림이었지만 매일 상당 시간 동안 그림을 그렸고, 다양한 정부 보조금을 받아 생계를 이어나갔다. 처음에는 공공사업진흥국 화가로 월급을 받으면서 그림을 그렸고, 그 프로그램이 종료됐을 때는 복지 보조금을 받아 살았다(닐의 가족들은 닐이 평생 동안 가게 물건을 훔쳤다고도 했다). 한 인터뷰 기자가 집에서 두 아이를 키우며 어떻게 그림을 그렸는지 물었을 때 닐은 처음에는 아이들이 잠든 밤에 일했고, 나중에는 아이들이 커서 학교에 갔을 때 일했다고 대답했다. 그림을 중단해야겠다고 진지하게 고려한 적은 한 번도 없었다. "아이를 낳았다고 작업을 쉬어야겠다고 결심하면 영원히 포기하게 되죠. 그게 아니면 그냥 아마추어 화가로 전락하고 말아요. 아, 물론 몇 달 동안 그림을 중단할 수는 있겠죠. 하지만 몇 년 동안 그림 그리기를 중단하고 다른 일을 하기로 마음먹을 수는 없을 것 같아요. 그러면 그림과 이별하게 될 테니까요." 닐은 이 문제뿐만 아니라 다른 모든 문제에서 타협을 거부했다. 이기적인 것은 예술가의 특권이라고 생각했기 때문에 조금도 죄의식을 갖지 않았다. 특히 남성 예술가들이 아무런 이의 없이 그러한 특권을 당연시했을 때는 더더욱 그랬다. 1972년도 강연에서는 학생들에게 이렇게 말했다. "여자는 항상 남자를 돕고 자신의 성취를 추구하지 않는 따분한 삶을 살아요. 하지만 전 제가 예술가가 되고 싶었어요! 제게 좋은 아내가 있었으면 더욱 많은 것을 성취할 수 있었을 거예요. 물론 이건 남성 우월주의자들이 할 법한 생각이죠. 하지만 그게 제가 마주한 세상이었어요."

앨리스 닐Alice Neel(1900~1984)

굴곡진 삶을 살다간 미국의 화가. 초상화를 주로 그렸으며 그간 인물화에서 다뤄지지 않았던 주변의 평범한 사람들과의 공감을 소재로 삼았다.

줄리아 워드 하우

제일 힘든 일로 하루를 시작한다

시인 하우의 딸 모드Maud는 늘 궁금했다. '엄마는 어떻게 그토록 많은 일을 해냈을까?' 하우는 시집과 연극 몇 편을 썼는데 그중 많은 작품들은 남편이 문학 활동을 반대하는데도 굴하지 않고 여섯 아이를 키우면서 쓴 것들이었다. 하우는 노예제도 폐지론과 여성의 참정권, 다른 사회적 개혁 문제를 부르짖는 지칠 줄 모르는 운동가였다. 하우가 91세의 나이로 사망하고 1년이 지난 후, 모드는 하우의 말년 생활을 회고록으로 엮어 출판했다. "어머니는 처음부터 끝까지 항상 일하고, 또 일했어요. 만물이 움직이는 것처럼 잠시도 쉬지 않고, 꾸준히 일했어요. 빈둥거린 적이 한 번도 없었죠. 서두른 적도 없었고요." 이 사실은 하우의 하루 일정에서 분명하게 드러난다. 하우는 일과 여가의 균형을 이상적으로 맞추었다. 하우는 아침 7시에 일어나 즉시 냉수 목욕을 했다(말년에는 미지근한 물로 목욕을 했다). 그러고 나서 가족과 함께 아침식사를 했는데 이때는 대개 활기가 넘쳤다. 식사를 하면서 마시는 차 한잔은 저녁식사 시간에 마시는 와인 한잔과 더불어 하우의 유일한 자극제였다. "엄마는 기분이 아주 들떠서 삶의 환희로 넘쳐흐르는 것 같았기 때문에 다들 엄마를 '가족 샴페인'이라고 불렀어요."

하우는 아침식사를 마치자마자 즉시 편지와 신문을 읽었다. "그러고 나서 아침 산책을 하고, 체조를 하거나 구기게임을 했죠. 그 후에는 본격적으로 진지하게 일을 하기 시작했어요. 10시 정각에는 책상에 앉았죠." 하우는 '정신에 활력을 불어넣으려고' 제일 힘든 일로 하루를 시작했다. 독일 철학책과 (50세에 독학으로 그리스어를 익힌 이후부터) 그리스극 및 역사책을 읽는 것이었다. 그 뒤에는 작업하고 있는 작품으로 돌아가 20분간의 낮잠 시간을 빼고 점심시간까지 '강철을 모루 위에 내려놓고 망치로 내리치듯' 일했다.

점심식사 후, 하우는 책상으로 돌아가 아침에 쓰던 글을 계속 쓰고, 편지에 답장을 보냈고, 마지막으로 이탈리아 시와 여행서, 혹은 프랑스 소설 같은 가벼운 책을 읽었다. 해가 진 후에는 절대 일을 하지 않았다.

하우가 노년 생활을 즐긴 게 분명하다면 그것은 불행했던 결혼생활 때문에 성인기 초기를 거의 즐기지 못했기 때문일 것이다. 하우는 스물네 살에 결혼해서 결혼에 대한 남편의 견해가 자신과 다르다는 사실을 재빨리 알아차렸다. 부부가 서로의 지적 활동을 지지해주는 비교적 대등한 관계를 원했던 하우와 달리 하우의 남편은 대가족을 원했고, 자신이 자유롭게 글을 쓸 수 있게 아내가 가정을 돌봐주기를 바랐다. 하우는 그러한 남편에게 모멸감을 느꼈다. 결혼 후 처음 몇 년 동안은 "몽유병에 걸려서 주로 소화 작용과 수면, 아기들에게 집착했다."라고 하면서 그러한 생활은 "실명 상태, 죽음, 아름답고 좋은 모든 것들로부터 추방당한 상태 같았다."고도 했다. 하우는 처음에는 소극적으로 그러한 제약에 맞섰지만 점점 더 대담해져서 마침내는 남편 몰래, 혹은 남편 허락 없이 시집 (1853년 작품 『시계꽃』)을 출판해 남편의 분노를 샀다. 이후에도 수년 동안 더욱 많은 책을 출판해서 남편의 성질을 거듭 건드렸다. 1876년에 남편이 사망한 이후, 하우는 그 당시에 이미 상당히 높아져 있던 명성과 유명세를 마음껏 즐길 수 있었다. 그러니 하우가 말년에 몇십 년 동안 그토록 환희에 젖어 있었던 것도 놀랄 일이 아니다. 하우의 딸은 엄마의 임종을 앞두고 '이상적인 삶의 목표'가 무엇인지를 물어보았다. 그때 91세의 하우는 잠시 숨을 고르고는 단 한 문장으로 대답했다. "배우고, 가르치고, 봉사하고, 즐기는 거란다!"

줄리아 워드 하우Julia Ward Howe(1819~1910)

미국의 시인이자 작곡가. 「공화국 전투찬가」의 가사를 붙인 것으로 이름을 알렸다. 경제력을 잃은 여자들이 교육, 직업, 경제 분야에서 동등한 기회를 누릴 수 있도록 하는 데 앞장섰다.

루스 아사와

예술이란 일상의 일부

아사와는 제2차 세계대전 당시에 포로수용소에서 그림을 배웠던 일본계 미국인 예술가다. 1940년대에는 노스캐롤라이나에서 블랙마운틴 칼리지를 다니며 나선 모양 철사 조각의 독특한 스타일을 만들었다. 그곳에서 남편 앨버트 러니어Albert Lanier를 만났다. 1949년에는 샌프란시스코에서 건축가로 일하고 있는 러니어와 살림을 합쳤고, 1950년과 1959년 사이에 태어난 여섯 아이를 키우면서 조각 실험을 계속했다. 아사와는 캘리포니아에 사는 일본계 이민자의 일곱 아이 중 넷째로, 대가족에서 태어났다.

아사와는 자신의 아이들을 작품 활동의 방해물로 생각한 적이 한 번도 없었다. 그보다는 오히려 예술이란 일상 생활의 일부여야 한다고 느꼈다. 그래서 다른 집안일을 하다가 틈이 날 때마다 아이들을 곁에 둔 채 조각을 했다. "제 재료는 간단했어요. 자유 시간이 날 때마다 자리에 앉아서 작업을 약간씩 했죠. 조각은 농사와 같아요. 계속 꾸준히 하면 상당히 많이 할 수 있죠."

루스 아사와Ruth Asawa(1926~2013)

전선으로 만든 조각품으로 명성을 얻었으며 아사와의 작품은 구겐하임 미술관과 휘트니 미술관에 영구 전시되어 있다.

클라라 슈만

작곡가 남편의 대단한 착각

클라라는 독일인 피아노 신동으로 처음에는 고향인 라이프치히에서, 이후에는 유럽 전역에서 유명세를 떨쳤다. 유럽에서는 왕족을 위한 공연에 초대받았고, 언론과 공연장에 몰려든 열광하는 관객들의 격찬을 받았다. 젊은 연주가 클라라는 그러한 성공의 부담감에도 의연하게 대처했다. 하지만 1840년에 작곡가 로베르트 슈만Robert Schumann과 결혼하면서 그녀의 경력에 차질이 생겼다. 로베르트가 자신이 작곡할 때 조용히 해달라고 요구했기 때문이었다. 결국 클라라는 남편이 영감에 사로잡혀 지내는 며칠이나 몇 주 동안 피아노 연습을 할 수 없었다. 작곡가가 되겠다는 야망을 좇을 수도 없었다. "피아노 실력이 떨어지고 있어요. 로베르트가 작곡을 할 때는 항상 이래요. 하루 동안 단 한 시간도 제 자신을 위해 쓸 수가 없어요!" 1841년 6월에 클라라는 이렇게 불평했다. 결국 클라라는 로베르트가 매일 습관적으로 동네 술집에 맥주를 마시러 가는 오후 6시에서 8시 사이에 연주를 할 수밖에 없었다.

로베르트는 자기 때문에 아내가 힘들어하는 걸 알았지만 그건 안타까워도 어쩔 수 없는 일이라고 생각했다. "클라라는 제가 제 능력을 최대한 발휘할 수 있어야 한다는 걸 알아요. 한창 혈기가 왕성한 지금은 제 능력이 최고조에 달해 있죠. 예술가들이 결혼을 하면 그렇게 되어야 하고, 두 사람이 서로를 사랑한다면 아주 만족스럽죠." 로베르트는 집안일을 하겠다고 생각한 적이 한 번도 없었다. 이 부부는 하인을 고용했는데도 항상 처리할 집안일이 많았다. 1841년에 클라라는 첫 아이를 낳기 시작해 여덟째까지 낳아 길렀다. 아이들을 돌보고, 조용한 생활을 원하는 남편의 요구까지 들어주면서도 클라라는 공연 경력을 계속 유지해나갔다. 결혼 생활 14년 동안 클라라는 최소 139번의 공공 연주회를 열었다. 이것은 클라라의 자제력과 집념을 보여주는 증거였다. 게다가 클라라의 공연은 가족의 중요한 수입원이었다. 하지만 클라라에게 돈은 편리한 도구에 불과했다. "창의적 활동을 능가할 수 있는 것은 아무것도 없다. 그 시간 동안에는 자신을 잊은 채 소리의 세계에서만 숨 쉰다 하더라도 말이다."

클라라 슈만Clara Schumann(1819~1896)

독일의 피아니스트. 5세 때부터 피아노를 시작하여 9세 때 데뷔했다. 남편 로베르트 슈만이 죽은 뒤에도 연주 투어를 계속하여 명연주가로 칭송받았으며 슈만 및 브람스의 해석자로도 유명하다.

메리 셸리

가사노동의 틈바구니에서 쓴 대작

소설 『프랑켄슈타인』은 셸리의 데뷔작이었다. 1816년 6월에서 1817년 3월까지 9개월 만에 쓴 작품이다. 데뷔작으로서는 놀라운 성공이었고, 그 당시에 셸리가 1816년 12월에 출산한 임산부였다는 사실을 감안하면 더더욱 놀라운 일이었다. 셸리는 낭만파 시인인 남편 퍼시 비시 셸리Percy Bysshe Shelly의 도움을 받아 글을 썼다. 퍼시는 빈틈없는 편집자였고, 소설의 플롯과 형식에 관한 긴 토론에 기쁘게 참여했다. 그 결과물들은 "많은 산책과 많은 드라이브, 많은 대화에서 나왔다."라고 셸리가 1831년 개정판 서문에 썼다. 하지만 퍼시의 도움이 아기 돌보기, 집안 하녀들 감독하기, 혹은 손님들 챙기기까지 미친 것은 아니었다. 전기 작가 샬럿 고든Sharlotte Gordon은 퍼시가 "집안일을 도와주겠다고 제안한 적이 단

한 번도 없었고, 천재 투숙객처럼 밤낮 가리지 않고 집을 들락거렸다."고 했다. 반면 셸리는 항상 아침에 글을 쓰고, 오후에 산책하고 집안일을 하거나 심부름을 하고, 저녁에 책을 읽는 일정을 엄격하게 지켰다. 그럼에도 셸리는 퍼시의 자기중심적인 무관심에 관대한 것 같았다. 1822년에 퍼시가 사망한 이후, 셸리는 남편과의 결혼 생활이 전원생활을 공유한 삶이었다고 회상했다. "지금은 다시 한 번, 내 흉측한 아이가 성장하고 번영하기를 바란다. 행복했던 시절의 산물이었기 때문에 그 아이에게 애착이 간다." 메리는 『프랑켄슈타인』 개정판 서문에서 자신의 창조물 프랑켄슈타인에게 이렇게 말했다.

메리 셸리Mary Shelley(1797~1851)

오늘날 SF소설의 선구가 된 소설 『프랑켄슈타인』으로 유명한 영국 소설가. 1851년 뇌종양으로 사망할 때까지 공상과학 소설, 역사 소설 등 다양한 작품을 발표했다.

릴라 캐천

주당 40시간을 사수하다

조각가 캐천은 수많은 방해물을 물리치고 자신의 시간을 사수하는 데 능했다. 이 방법은 캐천이 어렸을 때부터 익힌 것이었다. 예술학교 수업을 들을 형편이 되지 않았을 때는 엄마와 계부와 함께 살면서 낮에는 일했고, 밤에 야간수업을 들었다. 훗날 캐천은 그 시절을 이렇게 회상했다. "계부가 낮에는 작업을 해서는 안 된다고 단호하게 선을 그었기 때문에 계부가 잠들고 나서야 작업 준비를 해서 새벽 3시까지 그림을 그렸다. 작업을 끝내고 나면 모든 도구를 다 치우고 환기를 하고 나서 잠들었다."

캐천은 열아홉 살에 결혼했고, 대학교를 졸업하고 나서 남편과 함께 볼티모어로 이사를 갔다. 캐천이 예술가로서 자리를 잡기 시작했을 때는 어린 두 아이의 엄마이자 주 양육자였다. 당시에 캐천은 집 2층을 스튜디오로 사용했고, 아이들이 낮잠을 잘 때나 밤에 잠들고 난 후에 작업을 했다. 저녁 8시에서 새벽 2시까지 꼬박 일했다.

> 주당 40시간 동안 작업을 하고 싶기 때문에 작업 일정을 세운다. 처음에는 힘들었지만 작업할 수 있는 시간을 짜내는 데 익숙해졌다. 이번 주에는 8시간을 했다. 작업 시간은 좀 늘었지만 진척이 전혀 없다. 나는 아무것도 하지 못해도, 그냥 가만히 앉아 있기만 해도, 혹은 엉망인 작품들이 나오거나 그런 작품들을 다 부숴버려도(실제로 아무것도 하지 않은 채 내가 만든 많은 작품들을 부수는 의식을 행해도) 전혀 상관하지 않고 그 시간만큼은 스튜디오에서 보내겠다고 마음먹었다. 이것이 내 작업 방식이다.

일하고 있을 때 아이들이 잠에서 깨서 뭔가 조치를 취해야 했을 때 캐천은 이렇게 소리를 질렀다. "여기 크레용이랑 종이 있다!" 그러고는 크레용과 종이를 아래층으로 던졌다.

릴라 캐천Lila Katzen(1925~1998)

브루클린 태생의 조각가. 화가로서 경력을 쌓기 시작하다가 3차원 작품 창작에 뛰어들어 플라스틱과 물, 형광등으로 둘러싸인 환경을 창조했다.

패니 트롤럽

수많은
책임을 지고도
유쾌하게

영국인 트롤럽은 서른 살에 결혼해서 이후 9년에 걸쳐 네 아들과 세 딸을 낳았다. 남편은 처음에는 변호사, 이후에는 농부로 일하다가 연이어 실패했고, 결국 가정의 재정 상태가 악화되었다. 트롤럽은 파산을 막으려고 남편과 함께 어린 세 아들을 데리고 미국으로 떠나 신시내티에서 고급 수입품을 거래하는 상점을 열었다. 하지만 그 모험으로도 돈을 벌지 못했고, 결국에는 3년 후에 영국으로 돌아가야 했다. 그런데 그 미국 여행은 보다 더 수익성 높은 사업의 씨앗이 되었다. 미국에 머물던 시절에 영국 시민들이 신세계에 사는 '아주 괴이한' 사람들에 관한 이야기를 즐겨 읽을 거라고 직감하고 여행기로 남길 만한 글을 썼던 것이다. 트롤럽의 직감은 정확하게 들어맞았다. 1832년에 출판된 『미국인들의 가정 관습』은 베스트셀러가 되었다.

트롤럽의 아들 또한 커서 작가가 되었다. 앤서니 트롤럽Anthony Trollope은 많은 단편소설, 전기 등을 출판하며 빅토리아 시대 최고의 소설가가 되었다. 앤서니는 또한 중앙우체국에 출근하기 전에 매일 아침 세 시간씩 글을 쓰는 근면함으로 유명했다(작업 중에 책 한 권을 다 마무리하면 그 즉시 깨끗한 새 종이를 꺼내 다음 책을 쓰기 시작했다). 하지만 이러한 습관은 높은 기준을 세웠던 어머니를 모방한 것에 불과했다. 앤서니는 자신의 자서전에 이렇게 썼다. "유쾌함과 근면함이 뒤섞인 어머니의 성격은 과장해서 묘사할 수가 없어요. 근면성은 어머니 자신만 알고 있는 거였어요. 함께 사는 사람들은 어머니의 그런 모습을 알아차리지도 못했죠. 어머니는 새벽 4시에 일어나 탁자에 앉아서 세상이 깨어나기도 전에 글쓰기를 끝냈어요." 이렇게 글쓰기를 끝내고 나서 트롤럽은 가장으로서의 의무를 다했다. (하인 두 명의 도움을 받아서) 집을 관리하고, 남편과 아이들을 보살폈다. 수많은 책임을 지고 있음에도 언제나 유쾌한 표정을 지었다고 앤서니는 말했다. "어머니에게는 고통스러운 일이 엄청, 아주, 매우 많았죠. 넘쳐나는 요구사항 때문에 많이 힘드셨어요. 그래도 제가 아는 모든 사람들 중에서 가장 유쾌하고 즐겁게 사는 사람은 바로 어머니예요."

패니 트롤럽Fanny Trollope(1779~1863)

『미국인들의 가정 관습』으로 베스트셀러 작가가 되었다. 이 책은 19세기 여행기의 걸작으로 평가받는다.

해리엇 호스머

낭만적인 관계는 해롭다

조각가로서의 삶에 헌신하기로 한 호스머는 젊은 나이부터 그 어떤 낭만적인 관계도 맺지 않기로 마음먹었다. 그런 관계가 여성 예술가에는 지나치게 해롭다고 믿었기 때문이다.

> 전 독신을 충실하게 숭배하는 유일한 사람이에요. 독신을 유지할수록 그 생활이 점점 매력적으로 느껴져요. 설령 마음이 끌린다 해도 예술가는 결혼해서는 안 돼요. 남자라면 결혼해도 괜찮을지 몰라요. 하지만 여자는 결혼하면 남자보다 더욱 무거운 의무를 져야 하고, 돌봐야 하는 일이 더욱 많아지죠. 이건 도덕적으로 잘못된 일이에요. 결국 결혼한 여자는 일과 가족 중 하나를 등한시할 수밖에 없어요. 좋은

> 아내와 어머니가 되거나 훌륭한 예술가가 되거나 둘 중 하나죠. 제 야망은 후자예요. 그래서 부부의 연을 맺는 일을 영원히 적대시하는 거죠.

"난 벌집에 모여든 모든 벌떼만큼 바쁘다. 벌 한 마리로는 내가 하는 모든 일을 표현하기 역부족이다." 호스머는 1870년에 로마의 스튜디오에서 이렇게 썼다. 열여덟 어린 나이에 부지런한 도제로 로마에 정착한 이후, 호스머는 거의 대부분의 나날 동안 새벽부터 저녁까지 조각을 하면서 끊임없이 일했다. 호스머의 친구 코넬리아 카르Cornelia Carr는 이렇게 회상했다. "호스머는 절대 빈둥거리지 않았어요. 바쁘게 돌아가는 호스머의 머리는 좋아하는 디자인을 끊임없이 구상해냈어요. 호스머는 미래를 계획하면서 행복해했죠."

해리엇 호스머Harriet Hosmer(1830~1908)

19세기에 활동한 미국의 조각가. 최초의 여성 조각가로 알려져 있다. 인간 신체를 공부하기 위해 해부학 수업을 배웠고, 예술 공부를 위해 로마로 떠난 뒤 스튜디오를 운영하며 자신의 사업을 운영했다.

페넬로페 피츠제럴드

글 쓰는 시간을 되찾기까지

피츠제럴드는 시를 쓰고 싶어 하는 어느 여성에게 조언을 해주었다. "철저하게 무자비해져야 해요. 최고의 타자기를 구하고, 찾아오는 친구들, 여자들, 회원들을 무시해야 해요. 그렇지 않으면 글을 쓸 수가 없죠."

피츠제럴드는 개인적인 경험을 토대로 글을 썼다. 1930년대에 옥스퍼드 대학교의 최우수 학생이었고, 놀라운 경력을 이어나갈 인물로 큰 기대를 받았다. 하지만 쉰여덟 살에 전기를 출판할 때까지 단 한 권의 책도 출판하지 못했다. 소설책 9권과 전기 두 권을 합쳐 총 11권이 넘는 책은 그 후 20년에 걸쳐서 나왔고, 마지막 소설 『푸른 꽃』으로 80세의 나이에 예상치 못한 문학적 명성을 얻었다. 피츠제럴드의 재능이 세상에 나오기까지 왜 그렇게 오랜 시간이 걸렸을까?

옥스퍼드 재학 시절부터 데뷔작이 나오기까지 피츠제럴드의 삶은 가족의 위기와 재정적 압박, 고된 일의 연속이었다. 그 오랜 시간 동안 피츠제럴드는 대체로 자신의 야망을 성취하지 못할 거라고 체념하고 살았다. "예술을 가장 중요하게 생각했지만 예술에 평생을 바치지 않은 것을 후회하지는 않았다." 1969년에 피츠제럴드는 이렇게 말했다.

초기에 피츠제럴드의 작가로서의 미래는 밝아 보였다. 졸업 후, 피츠제럴드는 영화 및 도서 비평가이자 BBC 각본가로 일했고, 남편과 함께 월간 문화 잡지 『월드 리뷰』의 공동편집자가 되어 많은 사설과 에세이를 썼다. 하지만 잡지가 폐간했고, 미뤄두었던 법조계 경력을 다시 쌓아보려던 남편의 시도가 흐지부지됐으며 그사이에 남편은 술을 많이 마시기 시작했다. 이 무렵, 피츠제럴드에게는 어린 세 아이가 있었고, 가족들은 분수에 넘치는 생활을 하고 있었다. 머지않아 피츠제럴드의 가족은 가난 속으로 돌진했다. 1960년에는 템스강에 정박해 있는 곧 부서질 것 같은 주거용 보트로 이사 갔다. 살 만한 곳이 아니었지만 런던에서 가장 싼 값에 머물 수 있는 곳이었다. 배 안은 서늘하고 눅눅했다. 밀물이 들어오면 물이 새어 들어왔고, 썰물에는 배가 진흙 둔덕에 올라앉았다. 종국에는 그 배도 가족들의 소유물 대부분과 함께 가라앉고 말았다.

피츠제럴드의 가족이 주거용 보트로 이사를 갔던 그 해에 피츠제럴드는 돈을 벌기 위해서 학생들을 가르치기 시작했고, 70세가 될 때까지 26년 동안 그 일을 계속했다. 교육받은 중산층 여성이 할 만한 일은 뻔했다. "별 볼 일 없는 대본에 파묻혀서 시간을 낭비하는 것 같았어요. 하지만 그런 걱정을 하기에는 너무 늦었죠." 피츠제럴드는 편지에 이렇게 썼다. 실제로 피츠제럴드는 그 편지 내용처럼 절망적인 상태는 아니었다. 아니 적어도 항상 그런 것은 아니었다. 새로운 경력을 쌓기 시작한 지 몇 년이 흐른 뒤, 피츠제럴드는 조금씩 글을 쓰기 시작했다. 학생들 보고서 뒷면이나 시험지 여백에 글을 끄적였고, '피로와 걱정, 비난이라는 기류가 흐르는 작고 시끄러운 교무실에서 쉬는 동안' 짬을 내서 글을 썼다.

피츠제럴드가 정식으로 자신의 문학적 경력을 쌓을 수 있었던 것은 마흔네 살 때였다. 막내아들은 집을 떠났고, 말도 많고 탈도 많았던 결혼 생활은 다정한 동반자 관계로 굳어졌다. 수십 년 만에 처음으로 피츠제럴드는 글을 쓸 수 있는 시간과 정신적 여유를 찾았다. 피츠제럴드는 일을 마친 후 저녁마다 빅토리아 시대 화가 에드워드 번 존스Edward Burne-Jones에 관한 조사를 시작했고, 더 오랜 시간 동안 일할 수 있는 에너지를 내지 못한다고 자신을 질책했다. "저녁에 일을 더 많이 할 수 없어서 짜증이 나는구나. 깜빡깜빡 조는 것도 그만해야 되는데. 바깥 외출도 거의 하지 않으니 일을 더 많이 할 수 있어야 하는데. 사람은 자신의 존재 이유를 증명해야 한단다." 피츠제럴드는 1973년에 딸 마리아에게 이런 편지를 보냈다.

피츠제럴드가 에드워드 번 존스의 전기를 끝내기까지 4년이 걸렸다. 하지만 그 이후로 오랫동안 지연되었던 작품들이 쏟아져 나왔다. 이후 5년 동안 피츠제럴드는 6권의 책을 더 출판했고, 그중에는 사라질 운명의 주거용 보트에서 살았던 이야기가 담긴 『강가에서』도 있다(이 작품은 부커상을 받았다).

피츠제럴드는 자신의 잠재력을 한껏 발휘하며 살았다고 느끼지 못했을지도 모른다. 그렇다 해도 자신이 소설가로서 적절한 소재를 찾았다는 사실은 알고 있었다. 피츠제럴드는 1998년에 이렇게 말했다. "신념에 충실했어요. 패배자의 운명을 가진 이들의 용기, 강자의 약점, 오해의 비극, 놓쳐버린 기회들을 희극으로 표현하려고 최선을 다했어요. 그렇게 하지 않는다면 그 모든 일을 어떻게 견뎌낼 수 있겠어요?"

페넬로페 피츠제럴드Penelope Fitzgerald(1916~2000)

영국의 소설가이자 시인, 수필가. 『푸른 꽃』, 『더 북샵』, 『골든 차일드』 등의 작품을 남겼으며 『강가에서』로 부커상을 수상했다.

마거릿 워커

30년 동안 쓴 소설 한 편

"흑인 여성이 작가의 삶을 선택하려면 불리한 조건을 극복하기 위해서 무모한 용기, 뚜렷한 목적, 글쓰기에 대한 헌신, 의지와 완전무결함으로 무장해야 한다. 흑인 여성 작가에게는 모든 것이 불리하다. 하지만 주사위가 던져진 이상 돌아갈 길은 없다." 1980년대 초반에 워커는 이렇게 썼다. 워커는 아무리 헌신을 다해도 가망이 거의 없는 자신의 미래를 잘 알고 있었다. 1934년 가을, 노스웨스턴 대학교 졸업생이었던 워커는 열아홉에 첫 소설 『주빌리』를 쓰기 시작했고, 그로부터 30여 년이 흐른 1965년 4월에 소설을 완성했다. 그 세월 동안 석사 학위를 땄고, 시집을 출판해 찬사를 받았고, 대학교 강의 경력을 쌓기 시작했으며, 결혼을 하고 네 아이를 키웠다. 하지만 그 동안에도 첫 소설은 워커의 마음속에 자리해 있었다. 워커는 할 수 있을 때마다 조사하고 글을 쓸 시간을 내려고 애썼지만 쉽지 않았다. 7년 동안은 한 단어도 쓰지 못했다. "가족을 돌보고 교사로 일하면서 어떻게 글 쓸 시간을 냈냐고 다들 제게 물어보죠." 수년 후 워커는 이렇게 썼다.

> 시간을 내지 못했다. 그래서 그렇게 오랫동안 『주빌리』를 붙들고 있었다. 작가는 매일 일정 시간 동안 글을 쓸 수 있어야 한다. 특히 소설가에게는 글을 쓸 시간이 절대적으로 필요하다. 시를 쓰는 것은 다를 수 있다. 하지만 소설은 매일 일정하게 오랜 시간을 투자해야 완성할 수 있다. 한 여성이 아내이자 엄마, 정규직 교사로 살면서 글을 쓰는 것은 인간의 힘으로는 불가능한 일이다. 주말과 밤, 휴가를 모두 독서에 바쳐도 글을 쓰기에는 부족하다.

워커는 남편과 아이들을 일시적으로 떠나 아이오와 대학원에 가서 논문을 대체할 소설을 쓰겠다고 계약을 맺으면서 그 소설을 다시 쓰기 시작했다. 그 이후로 빠르게 작업했고, 막바지에 다다를수록 더욱더 오랜 시간 동안 글을 썼다. 이듬해 봄, 워커는 아침 7시부터 11시까지 작업을 하고 나서 점심을 먹었다. 점심식사 후에는 다시 타자기 앞으로 돌아가 저녁시간이나 4시에 차 마시는 시간까지 일했고, 저녁식사 후에도 밤 11시까지 글을 썼다. 워커는 훗날 오랜 구상시간이 여러모로 보아 책의 성공에 필수적인 요건이었다고 인정했다. 그렇게 오랜 세월 동안 한 작품과 더불어 살아가는 느낌이 어떠했냐는 질문에는 이렇게 대답했다.

> 그냥 제가 그 소설의 일부가 되고, 그 소설이 제 일부가 되는 거죠. 일하고, 가족을 돌보고, 그 모든 것들이 그 작품의 일부가 되는 거예요. 일상에 사로잡혀 있어도 『주빌리』에 관한 것들을 생각했죠. 그 책을 끝낼 수 없을 거라는 끔찍한 느낌이 들곤 했어요. 글을 쓸 시간이 났을 때도 제가 원하는 대로 쓸 수 있을지 확신이 들지 않았어요. 그 작품과 함께 살아온 오랜 시간은 고통의 세월이었죠. 그럼에도 『주빌리』는 성숙한 한 사람의 소산물이에요. 제가 그 책을 쓰기 시작했을 때는 지금 인생에 대해 알고 있는 것의 반도 몰랐죠. 그 30년 동안 제가 배운 것들…… 그게 바로 뭔가를 쓰는 것과 뭔가와 함께 살아가는 것의 차이죠. 전 그 둘 다를 해냈어요.

마거릿 워커Margaret Walker(1915~1998)

미국의 시인 겸 작가. 시카고의 흑인문학 운동의 중심인물로 활동했다. 대표작으로는 남북전쟁 당시 남부를 배경으로 한 소설 『주빌리』와 시집 『내 사람들을 위해』가 있다.

니키 드 생팔

뼛속 깊이 상처가 된 한마디

1959년 봄, 생팔 부부는 두 아이를 데리고 화가 조안 미첼Joan Mitchell과 그녀의 동반자 장폴 리오펠Jean-Paul Riopelle과 함께 일주일 동안 휴가를 떠났다. 당시에 스물여덟 살이었던 생팔은 아이들을 돌보면서 그림을 그렸고, 남편 해리 매튜스Harry Mathews는 데뷔 소설을 쓰고 있었다. 반면에 미첼과 리오펠은 이미 자리를 잡은 기성 예술가들이었다. 휴가를 보내던 어느 날 밤 저녁 식사 시간에 미첼이 생팔에게 이렇게 말했다. "그러니까 당신이 작가 남편을 둔 그림 그리는 여자들 중 하나군요." 수년 후 생팔은 그 말에 "뼛속 깊이 상처를 받았고, 내 영혼의 연약한 부분이 화살에 꿰뚫리는 것 같았다."고 썼다.

파리로 돌아간 생팔은 예술가로서 진지하게 대우받고 싶다면 좀 더 극단적으로 일에 헌신해야겠다고 마음먹었다. 열여덟 살에 매튜스와 결혼한 생팔은 모델로 일하면서 연극 학교를 다녔고, 신경쇠약에 걸렸다가 예술에 대한 재능과 열정을 발견했다. 하지만 모든 에너지와 관심을 한 가지 일에 쏟아부을 기회가 없었다. 1960년에는 여전히 미첼의 말에 받았던 쓰라린 상처가 가시지 않아 결국 남편과 아홉 살, 다섯 살인 두 아이를 두고 떠났다. 생팔은 "남편과 아이들, 일 사이의 완벽한 균형을 맞추지 않으니 본격적인 예술적 모험을 할 수 있었다."라고 말했다. 생팔은 혼자 지내려고 했지만 머지않아 스위스인 예술가 장 팅겔리Jean Tinguely와 사귀기 시작해서 1991년에 팅겔리가 사망할 때까지 함께했다. 하지만 생팔이 진짜로 헌신한 대상은 일이었다.

> 질투심 많은 은밀한 내 연인(내 일)은 언제나 그 자리에서 나를 기다린다. 그이는 키가 크고 우아하고, 드라큘라 백작처럼 검은 망토를 걸친다. 내가 해야 할 일을 할 수 있는 시간이 많이 남지 않았다고 내 귀에 속삭인다. 그이는 내가 그이와 보내지 않는 모든 순간을 질투한다. 내 침실 방문이 닫혔다고 질투하기까지 한다. 때로는 한밤에 커다란 박쥐의 모습으로 변해 내 방의 열린 창문으로 날아 들어온다. 그가 두 날개로 나를 품을 때 온몸이 떨린다. 순간 긴 하얀색 셔츠를 걸친 나 자신을 보호한다. 그의 이가 내 영혼을 파고든다. 나는 그의 것이다.

예술적 모험을 시작한 지 겨우 2년 만에 생팔은 '사격회화'로 유명해졌다. 사격회화는 페인트 주머니나 통을 모아서 붙여놓고 엽총과 권총, 혹은 소형 대포로 쏘아 물감을 튀겨서 작품을 창작하는 것이었다. 그로부터 몇 년 후, 생팔은 주로 조각가로 일하기 시작했고, 1978년에는 타로 공원을 만들기 시작했다. 타로 공원은 생팔이 20년에 걸쳐서 토스카나에 조성한 기념비적인 조각 공원이다. 생팔은 그 공원에서 가장 큰 조각품인 집 한 채 크기의 여성 조각상을 완성한 후, 조각상의 가슴 한쪽은 침실로, 다른 한쪽은 부엌으로 바꾸었다(두 개밖에 없는 창문은 조각상의 유두 부분에 만들었다). "전 수도승 같은 삶을 즐겼지만 그게 항상 즐겁지는 않았어요." 훗날 생팔은 조각상 앞에서 생활했던 7년에 대해 이렇게 기록했다. "바닥에 커다란 구덩이가 있어서 거기에 식료품들을 보관했어요. 후덥지근한 밤마다 잠에서 깨어나 보면 습지에서 날아 들어온 벌레들이 떼를 지어 주변에서 윙윙거렸어요. 마치 어린 아이의 악몽에 나오는 것처럼 말이죠."

생팔의 부유한 친구들이 타로 공원 부지를 제공해주었지만 그 건축물을 유지하는 것은 언제나 힘든 투쟁이었다. 그래서 생팔은 향수를 판매하는 등 다양한 방법을 모색했다. 한편으로는 무보수로 도와주는 많은 사람들에게 의지하기도 했다. 그들은 생팔이 막강한 개인적 카리스마를 휘둘러 그 프로젝트에 끌어들인 사람들이었다. 생팔은 자신이 다른 사람들에게 어떤 영향을 미치는지 잘 알고 있었고, 그러한 영향력을 자기에게 유리하게 사용했다. "열정은 바이러스예요. 제가 아주 쉽게 퍼뜨릴 수 있는 바이러스죠. 열정이 있으면 아무리 어려워도 제가 원하는 걸 무엇이든 할 수 있거든요." 생팔은 이렇게 썼다. 자신의 친구들과 협력자들에게 이익이 되는 일인지 아닌지는 관심 밖의 일이었다. "사람들은 아주 중요해요. 사람들이 반드시 필요하기는 하지만 가장 중요하지는 않아요. 가장 중요한 것은 작품이자 완전한 집념이고, 바이러스죠."

니키 드 생팔Niki de Saint Phalle(1930~2002)

프랑스의 신사실주의 조각가. 1961년 전시장에서 관객에게 총으로 캔버스 위에 매단 물감 주머니를 쏘게 하여 무작위적인 추상화를 연출하는 작업을 했다.

셜리 잭슨

저한테는 글쓰기가 휴식이에요

"가족들이 글을 쓰라고 격려해주었나요?" 1962년 9월, 『뉴욕포스트』의 한 기자가 잭슨에게 물었다. 잭슨은 "가족들은 절 막을 수 없었어요."라고 대답했다. 잭슨은 여섯 권의 소설과 십여 편의 단편소설을 썼고, 그중에서 조용한 뉴잉글랜드 마을에서 벌어지는 돌팔매 의식을 그려낸 『제비뽑기』가 가장 유명하다. 잭슨은 글을 쓰면서도 부산스러운 집 안을 관리하고, 네 아이와 애완동물들을 키우고, 20세기 중반 미국인 아버지의 전형적인 양육 방식대로 가정을 돌보지 않는 남편을 돌봤다. 남편이 문학 평론가이자 잡지 편집자, 교수로 일하는 동안 잭슨은 가정을 돌보면서 양육과 집안일을 하는 틈틈이 시간을 짜내어 글을 썼다. 1949년 인터뷰에서 잭슨은 이렇게 말했다. "제 인생의 절반을 아이들을 목욕 시키고, 옷을 입히고, 요리하고, 설거지하고, 빨래하고, 수선하는 데 쏟아붓고 있어요. 모두가 잠들고 나면 타자기 앞으로 가서 다시 창작열을 불태우려고 노력하죠."

잭슨은 때때로 두 가지 역할을 조화시키기 어렵다고 불평했지만 루스 프랭클린Ruth Franklin이 전기 『셜리 잭슨: 고뇌에 시달리는 인생』에서 썼듯이 잭슨은 오히려 "그러한 제약에서 잭슨의 상상력이 파생되어 나오는 것 같았다."

아침에서 정오까지 아이들이 유치원에 간 사이에, 아이가 낮잠을 자는 사이에, 혹은 아이들이 잠든 후에 틈틈이 글을 쓰려면 엄청난 자제력이 필요했지만 잭슨에게는 딱 맞는 일이었다. 잭슨은 요리하고 청소하거나 그 밖에 다른 일들을 하면서 계속 스토리를 생각했다. "침대를 정리하고, 설거지를 하고, 무용화를 찾으러 시내로 운전해가면서 항상 혼잣말로 스토리를 중얼거려요."

그러나 잭슨은 아이들이 성장해서 더 많은 여유 시간을 갖게 됐을 때에도 하루 종일 타자기 앞에 앉아 있는 작가는 되지 못했다. 책상에서 일어났다고 글쓰기가 끝난 것이 아니듯 책상에 앉았다고 글쓰기가 시작된 것도 아니었다. "작가는 항상 단어들의 옅은 안개를 헤쳐 나가며 모든 것을 쓰고, 보고, 눈에 보이는 모든 것을 재빠르게 묘사하고, 언제나 주시한다."

게다가 집안일에 비하면 글쓰기는 재미있었다. "남편은 글과 싸우죠. 남편에게는 글쓰기가 일이에요. 적어도 남편은 그렇게 부르죠. 하지만 저한테는 글쓰기가 휴식이에요. 제가 자리에 앉아 있을 수 있는 유일한 시간이니까요. 이야기가 전개되는 걸 보면 기뻐요. 그 모습이 너무나 만족스러워서 포커 게임에서 연승하는 것 같다니까요." 1949년에 잭슨은 이렇게 말했다.

셜리 잭슨Shirley Jackson(1916~1965)

인간의 평범한 행동 속에서 악의와 광기를 짚어내는 작가. 특유의 기괴한 필치로 호러와 서스펜스를 포함한 문학 전반에 많은 영향을 끼쳤다. 『제비뽑기』, 『힐 하우스의 유령』, 『우리는 언제나 성에 살았다』 등을 썼다.

좋은 날에도 나쁜 날에도
그냥 쓸 것

버지니아 울프

극히 조용하고 규칙적인 삶

"좋은 날도, 나쁜 날도 있지만 계속 글을 쓴다." 울프는 1936년에 자신의 일기에 이렇게 적었다. "나처럼 글쓰기로 고통받는 사람은 거의 없을 수도 있다. 아마 그런 사람은 플로베르Flaubert밖에 없을 거다." 울프는 플로베르처럼 규칙적이고 질서 정연한 집필 습관을 유지했다. 거의 평생 동안 아침 10시부터 오후 10시까지 매일 글을 썼다. 진행 상황을 매일 일기에 기록했고, 생산적으로 일하지 못한 날에는 자신을 채찍질했다. 전기 작가 헤르미온 리Hermione Lee는 이렇게 썼다. "울프는 자신에게 필수적인 일정을 세워서 집필 활동을 구조화했죠. 글쓰기(소설이나 리뷰)는 아침에 제일 먼저 했고, 점심식사 직전이나 직후에 원고를 수정했죠(아니면 산책을 하거나 인쇄를 했어요). 차를 마시고 나서는 일기나 편지를 썼고요.

저녁에는 독서를 했어요(아니면 사람들을 만났죠).” 울프는 밤에는 글을 쓰지 않았다. 밤에 작업하는 일에 대해서는 이렇게 말했다. “훌륭한 작가들이 어떻게 밤에 글을 썼는지 모르겠어요. 저도 시도해봤는데 폭삭 늙는 것 같았죠. 머릿속이 베개 솜으로 가득 차고 뜨거워지면서 뒤죽박죽이 돼요.”

울프의 남편 레너드Lenard는 울프의 규칙적인 생활을 전폭적으로 지지했는데 그가 한결같은 평온한 삶을 좋아하는 또 다른 이유가 있었다. 울프가 1912년에 레너드와 결혼한 직후에 오랫동안 끔찍한 정신쇠약에 시달렸기 때문이었다. 이런 일은 한번으로 그치지 않았고, 그때부터 레너드는 아내의 수호자이자 보모 노릇을 자청하며 아내를 설득해 의사의 지시를 따르게 했다. 울프의 사교생활을 감시하는 것은 물론 식습관, 집필 습관, 심지어는 생리주기도 관리했다. 또한 여러 의사들과 울프의 자매 바네사 벨과 상의한 후에 아이를 갖지 않기로 결정했다. 울프가 임신을 했다가는 그렇지 않아도 약한 정신건강이 완전히 망가질지도 모른다고 생각했기 때문이다. 많은 전기 작가들은 레너드가 과도한 통제광이었다고 평가했지만 레너드가 울프의 재능을 믿고 글 쓰기 좋은 환경을 조성해준 것만은 의심할 여지가 없는 사실이다. 울프는 한 편지에 이렇게 썼다. “레너드는 제가 쓴 글이 저의 가장 좋은 일부분이라고 생각해요. 그래서 우리는 아주 열심히 일할 거예요.” 두 사람은 정말로 열심히 일했다. “우리 둘 중 누구도 너무 아파서 일하지 못하거나 허가받은 정기 휴가를 떠나지 않는 한 단 하루도 쉬지 않았어요. 일주일에 7일, 1년에 거의 11개월 동안 매일 아침 일하지 않으면 뭔가 잘못됐다 싶거나 기분이 찜찜해야 마땅했죠." 레너드는 이렇게 적었다.

이렇게 규칙적인 생활이 울프의 정신건강에 반드시 필요했는지는 모르겠지만 울프의 소설 집필에는 이상적이었다. 울프는 어느 정도 몽상을 계속해야 글을 쓸 수 있다고 생각했다. "소설가의 주된 열망은 가능한 한 무의식적인 상태가 되는 것이다. 이게 무슨 전문적인 비밀은 아니었으면 좋겠다." 1933년 연설에서 울프는 이렇게 말했다.

> 그는 자기 자신을 영원한 무기력 상태로 만든다. 그는 극히 조용하고 규칙적인 삶을 살아가고 싶어 한다. 글을 쓰는 동안 항상 같은 얼굴을 만나고, 같은 책을 읽고, 매일, 매달을 똑같이 보내고 싶어 한다. 그래야 그 무엇도 그가 살고 있는 환상을 깨뜨릴 수 없을 테니까. 그래야 그 어떤 것도 환상에 젖은 수줍은 상상력의 갑작스러운 발견과 솟구침, 돌진, 그에 관한 신비로운 소리와 느낌을 방해하거나 어지럽힐 수 없을 테니까.

울프가 이러한 상태로 빠져들기 위해서는 걷기와 목욕이 필수였다. 런던에서 울프는 거리 활보하는 취미에 빠져들었고 시골에서는 "언덕을 걸어 다니는 게 아주 행복했다. 내 마음을 꺼내 펼쳐놓을 수 있는 공간을 갖고 싶었다."라고 말했다. 목욕도 울프의 창작 과정에 한몫을 했다. 울프의 하녀 루이는 울프가 아침식사 후 목욕을 하면서 혼잣말을 했다고 회상했다. "쉬지 않고 계속 이야기하고 또 이야기했어요. 자기가 묻고 자기가 대답했죠. 그 안에 두세 명은 더 있는 것 같다고 생각했어요."

큰 방해 요소는 손님들이었다. "사람들이 찾아오는 걸 좋아하기는 하지만 사실 그들이 떠나는 걸 더 좋아한다." 울프는 이렇게 썼다. 울프의 친구들은 울프가 무뚝뚝하고 아슬아슬하게 무례한 집주인이었다고 했다. 소설가 E.M.포스터E. M. Forster는 이스트서식스에 있는 울프의 시골 은거지인 몽크 하우스에서 손님으로 지낸 경험을 이렇게 회상했다. "혼자 해야 하는 게 너무 많아서 짜증이 났죠. 우리가 함께 있었지만 레너드는 『옵저버』를, 버지니아는 『선데이 타임스』를 읽었고, 그 후에는 문학연구를 시작해 점심때까지 글을 썼어요." 울프는 현명하게도 작업 시간을 방해받지 않게 잘 보호했다. "나는 한결같이 살짝 떨리는 기쁨을 안고 깨어난다. 맑고 깊은 물이 가득한 주전자를 들고 정원을 가로지르다가 다 엎지르고 만다. 다가오는 누군가에게 부딪혀."

버지니아 울프Virginia Woolf(1882~1941)

20세기 영국문학의 대표적인 모더니스트로서 뛰어난 작품 세계를 일군 선구적 페미니스트. 『댈러웨이 부인』, 『등대로』, 『세월』, 『자기만의 방』 등의 소설과 에세이를 출간했다.

해리엇 마티노

자리에 앉은
첫 25분은
무조건 써라

글 쓸 기분이 들 때까지 기다리는 이들에게 작가 마티노는 확실한 조언을 해준다. 자리에 앉은 첫 25분 동안 무조건 쓰라는 것. 마티노는 그 첫 25분 동안 억지로라도 글을 쓰면 '글 쓸 기분을 끌어내기보다 그런 기분이 들 때까지 기다리는 많은 작가들을 괴롭히는 당혹감과 우울'을 피할 수 있다는 사실을 발견했다. 그 이후로는 마음만 먹으면 언제든지 글을 쓸 수 있었다. 마치 마티노는 창작의 장벽에 부딪혀 고생한 적이 없는 것 같아 보인다. 하지만 실은 그 반대다. 장벽에 가로막힌 수많은 경험이 있었기에 그 끔찍한 상태를 극복하는 법을 깨달았고, 그 덕분에 글을 그렇게 많이 쓸 수 있었다. "오랜 경험을 했기에 그 문제에 대해 조금의 의혹 없이 말할 수 있다." 마티노는 자서전에 이렇게 썼다.

나는 다른 작가들처럼 나태와 우유부단, 작품에 대한 염증, '영감'의 부재 등 그 모든 것을 경험했다. 마지못해 자리에 앉아서 손에 펜을 들어도 완전히 몰두하지 못한 채로는 25분이 흘러도 글 한 줄 쓰지 못한다는 사실도 깨달았다. 경험 부족에 글을 써야 할지 말아야 할지 고민하고 의심하고 주저하는 그 25분은 시간 낭비다. 시간 낭비에 그치는 것이 아니라 더 나쁘게는 에너지 낭비다. 그런데 내 기억으로는 할 수 없다는 이유로 글을 쓰지 않았던 적이 내 평생 한 번도 없었다. 병에 걸렸던 단 한 번을 제외하면 말이다.

최초의 여성 사회학자로 불리는 마티노는 글쓰기만으로도 충분히 생계를 이어나갈 수 있었는데 이는 빅토리아 시대 영국에서 여성으로서는 흔치 않은 성공이었다. 그런 만큼 당연히 지독하게도 열심히 일했다. "열다섯 살 때부터 지금 글을 쓰고 있는 이 순간까지 너무 열심히 일한다는 꾸중을 어떤 식으로든 듣고 살았다." 마티노는 자신의 자서전에 이렇게 기록했다. 하지만 사실 지적 노동에 관해서는 '선택의 여지가 없었기 때문에' 그럴 수밖에 없었다고 덧붙였다. "즐거움이나 돈, 명예를 바라거나 다른 어떤 이유가 있어서가 아니라 글을 쓰지 않을 수 없기 때문에 글을 쓴다. 모든 것들이 나에게 말을 하라고 압박했다."

마티노의 루틴에 관해 말하자면 마티노는 (당연하게도) 아침형 인간이었다. "하루도 글을 쓰지 않고 보낸 적이 없어요. 글쓰기는 언제나 아침에 하고요." 런던에서는 아침 7시나 7시 30분에 일어나 커피를 마시고 즉시 글을 쓰기 시작해서 오후 2시까지 계속 일하는 게 일상이었다. 이후에 마티노는 두 시간 동안 집에 찾아온 손님들을 맞이하고 나서 한 시간 동안 산책을 했다. 집에 돌아가서는 이브닝드레스로 갈아입고 신문을 읽었다. 이어서 친구의 마차가 마티노를 저녁식사와 한두 군데 저녁 모임에 데려가려고 도착한다. 마티노는 편지에 답장을 쓰거나 책을 읽으려고 밤 12시나 12시 30분까지는 집에 돌아오려고 했다. 그러고 나서 새벽 1시나 2시에 잠자리에 들었다. 이런 일정으로 보아 마티노는 하루에 평균 다섯 시간 반이나 여섯 시간 동안 글을 썼고, 그와 비슷한 시간 동안 잠을 잤다. 하지만 아침에 커피를 마시고 나면 하루 동안은 더 이상 다른 중독성 있는 카페인 음료를 마시지 않았다. 카페인이나 알코올, 혹은 아편에 의지해 작업 시간을 늘린다는 작가들의 보편적인 생각을 경멸했기 때문이다. 신선한 공기와 차가운 물이 마티노의 자극제였다.

해리엇 마티노Harriet Martineau(1802~1876)

종종 최초의 여성 사회학자로 불리는 마티노는 최초의 여성 저널리스트이기도 했다. 경제학과 사회이론에 관한 수많은 에세이를 출판했고, 여행기와 자서전, 소설 몇 권도 집필했다. 『디어브룩』이 가장 알려진 작품이다.

니키 조반니

압박감을 느끼지 않는 비결

나이가 칠십 줄에 들어선 작가 조반니는 요즘 일주일에 이틀간 학생들을 가르치고, 기분이 내킬 때 글을 쓴다. 조반니는 하루에 두 시간씩 죽어라 글을 쓰는 작가가 아니다. "그런 시간을 가져본 적이 없어요. 제가 블랙 파워(흑인 인권 향상을 꾀하는 운동 – 역주) 세대라는 걸 잊지 말아주세요. 우리 세대는 항상 바쁘게 일했어요. 언제나 해야 할 일이 있었고, 가야할 곳이 있었죠. 그래서 글도 꾸준히 계속 쓰는 게 익숙했죠."

조반니는 아침 6시나 7시에 일어난다. "맨 처음에는 그냥 집에서 빈둥거려요. 아이디어가 있거나 머릿속에서 뭔가가 떠오르면 커피를 마시고 컴퓨터 앞에 앉아 빈둥거리죠." 조반니는 이렇게 말했다. 하지만 여러 날 글을 쓰지 않아도 걱정하지 않는다. "제가 매일 하는 일은 독서예요. 만화책이라도 꼭 읽죠. 학생들에게도 말해두는데 글을 쓰는 것보다 뭔가를 읽는 게 더 중요하다고 생각해요." 조반니는 하루하루를 보내면서 메모를 자주 하고, 종종 메모에서 글이 나온다. "글을 써야 한다는 압박감은 전혀 느끼지 않아요. 그냥 흥미가 생기죠. '오, 이거 아주 멋진데. 어떻게 될지 한번 볼까?'하는 느낌이 들 때 컴퓨터 앞에 앉아요." 다만 파고들 가치가 있는 것과 없는 것을 구별하고, 가치가 없는 것을 쓸지도 모른다는 걱정을 하지 않는 게 어렵다. "잘 풀리지 않는 것은 그냥 흘려버려요."

조반니는 어느 때나 글을 쓸 수 있지만 밤에 글이 가장 잘 나온다고 생각한다. "모든 조건이 같을 경우에 전 야간형 인간에 가까워요. 밤에는 조용하고, 아무 일도 일어나지 않으니까요. 개들도 잠드는 시간이죠. 그래서 제 방식대로 할 수 있다면 저녁 10시나 11시, 혹은 새벽 2시까지 글을 쓰죠. 뭔 그런 식이에요." 창작의 장벽에 부딪힌 적 있냐는 질문에는 웃으면서 "그런 적 없다."고 대답했다. "장벽에 부딪힌다면 글을 충분히 읽지 않기 때문이에요. 충분히 생각하지 않고요. 사실 장벽 같은 건 없어요. 그냥 할 이야기가 없는 거죠. 그런 시기는 모두에게 있기 때문에 그냥 받아들여야 하죠." 할 이야기가 없는 시기를 자주 겪느냐는 질문에는 또다시 웃으면서 이렇게 대답했다. "좀처럼 없긴 해요."

니키 조반니Nikki Giovanni(1943~)

대학에 다니던 시절부터 본격적으로 글을 쓰기 시작해 졸업 이후에 『검은 감정』, 『검은 이야기』라는 시집을 출판해 좋은 반응을 얻었다. 시인이자 운동가로 활동하며 버지니아 공대의 교수로 일한다.

줄리 머레투

대개 그냥 일을 시작해요

에티오피아에서 태어나 미시간에서 성장한 머레투는 칼라마조 대학과 로드아일랜드 디자인 학교에서 예술을 공부했고, 1999년에 뉴욕으로 떠났다. 추상적인 건축 설계도, 손 글씨를 빼곡하게 겹겹이 채운 그림이 머레투의 대표적인 작품이다. 머레투는 118번가에 살면서 26번가에 있는 스튜디오에서 일하기 때문에 매일 웨스트사이드 고속도로를 왔다 갔다 한다. “강을 따라 운전해 가는 길은 작업을 시작하는 과정의 일부예요. 그러고 나서 다시 집으로 돌아가는 길은 스튜디오에서 일상생활로 풀려나는 과정과 같죠.” 머레투는 아침 9시와 9시 30분 사이에 스튜디오에 도착하려고 한다. 스튜디오에 도착하면 제일 먼저 이메일을 확인하지만 반드시 답장을 하지는 않는다(“전 이메일을 끔찍하게 꺼리는 사람이에요." 머레투는 이렇게 말했다). 그 후에는 헤드폰을 끼고 보통 팟캐스나 오디오북을 듣는다. 그와 동시에 스튜디오 안을 돌아다니면서 작업 중인 그림을 바라보며 '진입 지점'을 찾으려고 한다. 그 후에는 "대개 그냥 일을 시작해요."라고 머레투는 말했다. 머레투는 점심때까지 일하다가 보통 스튜디오에서 조수들과 함께 식사를 했다. 점심 식사 후에는 다시 헤드폰을 쓰고 계속 그림을 그리거나 의자에 앉아서 30분에서 1시간 동안 책을 읽는다. 오후 5시 30분이나 6시에는 스튜디오를 나서려고 한다. 그래야 잠자리에 들기 전에 어린 두 아들과 몇 시간을 함께 보낼 수 있으니까. 예전에 머레투는 훨씬 더 오랫동안 일했지만 아이를 갖고 나서 실제로 더욱 생산적으로 일하게 됐다고 생각한다. "제 시간을 훨씬 현명하게, 더욱 효율적으로 사용할 수 있어요. 시간을 많이 낭비하지 않아요." 머레투는 가끔씩 두 아들을 재우고 나서 스튜디오로 돌아갈 때도 있지만 되도록이면 그러지 않으려고 노력한다. 저녁에 재충전을 해야 낮에 최대한 집중해서 작업할 수 있기 때문이다.

> 스튜디오에서 보내는 시간이 빠르게 흘러가는 것 같은 날들이 있다. 하지만 순조롭게 흘러가지 않고 지루하게 느껴지는 날들도 있다. 가끔씩 반나절이나 한나절 동안 그냥 그림만 바라보고 또 바라봐도 진입 지점을 찾지 못할 때가 있다. 그럴 때면 산책을 하고, 갤러리나 박물관 전시회를 찾는다. 하지만 스튜디오에 그냥 머물러 있는 게 가장 생산적일

때도 자주 있다.

머레투는 그림을 '시간에 기반을 둔 매체'라고 하면서 감상자들이 시간적 여유를 갖고 그림을 감상해야 한다고 강조한다. 각각의 그림이 제 기능을 할 수 있게 하려면 빠르게 한번 훑어보는 것만으로는 충분하지 않다고 말한다. 머레투는 '많은 시간'을 들여서 자신의 그림들을 살펴보고, 그동안은 '그림과 자기 자신을 분리하려고' 애쓴다. 가끔은 머레투의 머릿속 생각들이 방해물이 되어 모든 것을 엉망으로 만들기 때문이다. 그렇기 때문에 머레투는 일상적인 생각들을 치워버리거나 억눌러야 작업에 몰입할 수 있다. 지름길은 없다. "첫 아이를 가졌을 때 스튜디오에 있으면서도 일은 하지 않았어요. 그냥 그림을 보기만 했는데 죄의식이 들었죠. 하지만 그때 그것도 작업 과정의 중요한 부분이라는 사실을 깨달았어요. 작품과 이어지는 과정에서 많은 것이 나와요. 그건 작품에 관한 이성적인 지식이 아니에요. 작품과 소통하는 경험은 아주 편안하게 느껴지죠."

줄리 머레투 Julie Mehretu(1970~)

미국에서 활동하는 비주얼 아티스트. 추상적인 건축 설계도, 손 글씨를 빼곡하게 겹겹이 채운 그림이 머레투의 대표적인 작품이다.

캐럴 킹

걱정하지 않아야 잘 풀린다

미국의 싱어송라이터 캐럴 킹은 뼛속까지 아침형 인간이다. "야행성 인간이 질색하는 남을 배려할 줄 모르는 아침형 인간이 저예요." 킹은 2012년 회고록 『진짜 여자』에서 이렇게 썼다. "옆방에서 누가 자고 있을지도 모른다는 생각은 하지도 못한 채 시리얼 상자를 흔들고 숟가락을 달그락거리면서 차를 휘젓고 꾸물거리는 아이에게 소리를 꽥 지른다. '버스 놓치겠다, 서둘러!'" 하지만 싱어송라이터로서는 좀 더 느긋해지고, 모든 과정이 각각의 일정대로 진행되게 내버려두는 법을 배워야 했다. 1989년 인터뷰에서 킹은 창작의 장벽에 가로막히지 않는 비결을 밝혔다.

창작의 장벽에 대해 영원히 걱정하지 않는 게 장벽을 피하

> 는 열쇠라는 사실을 알아냈다. 자리에 앉아 뭔가를 쓰고 싶은데 아무것도 떠오르지 않는다면 일어나서 뭔가 다른 일을 한다. 그러고 나서 다시 돌아와 글쓰기를 시도한다. 다만 느긋한 상태를 유지해야 한다. 찾는 것이 반드시 나타날 거라고 믿는다. 한번이라도 찾아낸 적 있는 것이라면 다시 나타날 것이다. 항상 그러니까. 그게 나타나지 않을까 봐 걱정되는 것이 유일한 문제다.

킹은 경험상 창의성 통로는 대체로 한 시간쯤 후에 다시 열린다고 덧붙여 말했다. 하지만 때로는 하루나 일주일, 심지어는 몇 달이 걸리기도 했다. 시간이야 얼마나 걸리든 킹은 그 문제에 대해 걱정하지 않았다. 킹이 회고록에서 밝혔듯이 킹의 비결은 '자아가 통제력을 장악하려고 하지 않고 잠재의식이 그 문제를 해결해나가게 두는' 것이었다. "자아가 주도권을 잡으면 그때는 '당신으로부터' 작품이 나와요. 그래도 여전히 좋은 작품이 나올 수는 있지만 자아는 의심이 슬금슬금 피어오르게 놔두죠. 이와는 반대로 당신이 창조하는 것이 '당신을 통과해서' 나올 때는 훨씬 더 나은 작품이 나온답니다."

캐럴 킹Carole King(1942~)

백 개가 넘는 팝 히트송을 작사하거나 공동 작사했고, 그중에서 1971년도에 발표한 앨범「태피스트리」는 큰 사랑을 받았다.

그레이스 페일리

이야기하고 싶은 처음의 충동을 기억하라

페일리는 정치 운동가이자 교사, 작가다. 미국 소설 분야에서 그 어떤 작품과도 다른 극히 생생하고도 간결한 단편소설 세 권과 시, 에세이를 집필했다. 1976년 인터뷰에서 정치 활동과 교직 생활, 다른 책임들을 다 하면서 어떻게 그처럼 놀라운 작품을 쓸 수 있었냐는 질문을 받았을 때 페일리는 이렇게 대답했다. "언젠가 그런 질문을 받은 적이 있었죠. 그때 전 평소처럼 현명하게 그냥 되는 대로 한다고 대답했죠."

> 날 잡아당기는 힘이 많아야 흥미로운 삶을 살고 있다고 생각한다. 그러한 힘에 이리저리 끌려다니는 것이 자연스럽게 느껴진다. 아이가 생기면 그 아이를 그냥 누군가에게 넘겨

> 주고 싶지는 않다. 아이가 어떻게 자라고, 아이에게 너무 많은 것을 주었을 때 나의 무엇을 잃게 되는지 알아보는 게 흥미롭다. 그렇다고 자유를 원치 않는다는 말은 아니다. 다만 전부 다를 원할 뿐이다. 하지만 또다시 어떤 힘에 끌려간다. 맙소사, 삶은 오직 하나뿐인데 말이다. 사람은 가능한 한 많은 일을 할 수 있는 특권을 타고났다. 나는 그중 어떤 것도 포기하지 않을 것이다. 나는 여성단체 사람들과 이에 관한 많은 이야기를 나누었다. 무엇을 얻든 모든 것, 바로 이 세상을 얻어야 한다고 생각하니까. 아무것도 포기해서는 안 된다. 바람직하지만 지독한 탐욕이 생에 다가가는 방법이라고 생각한다.

"내 이야기는 주로 등장인물과 배경을 암시해주는 '깊이 공감 가는' 단 한 문장으로 시작된다."고 페일리는 말했다. 하지만 거기서부터는 진행 속도가 느려진다. "전 거의 언제나 한 쪽이나 한 단락을 끝내고 나서 막혀버려요. 그때는 그 이야기가 무엇에 관한 것인지 생각해보기 시작하죠. 줄거리와 직접적인 관련이 없는 단락부터 쓰기 시작해요. 제일 먼저 그 이야기의 소리가 들리죠." 이야기를 끝까지 끌고 나갈 수 있게 해주는 것은 압박감이다. 마감이라는 압박감이 아니라 이야기하고 싶은 처음의 충동을 풀어내야 한다는 내적 압박감이다. 페일리는 말한다. "예술은 끝없는 정신적 고통에서 나오죠. 그건 정말로 고통스러워요."

그레이스 페일리Grace Paley(1922~2007)

미국의 정치 운동가이자 교사, 작가. 극히 생생하고도 간결한 단편소설 세 권과 시, 에세이를 집필했다.

레이철 화이트리드

창작에는 마법 공식이 없다

영국인 조각가 화이트리드는 아침 6시 45분쯤 일어나 두 아들을 학교에 보낸 다음, 버스를 타고 3킬로미터쯤 달려 8시에서 9시 사이에 런던의 스튜디오에 도착한다. 그곳에서 혼자, 혹은 일주일에 며칠 찾아오는 조수와 함께 빠르면 저녁 5시, 늦으면 7시까지 일한다. 화이트리드의 작품들은 보통 현장에 있는 물건들을 이용해서 창작한 것이다. 화이트리드의 가장 유명한 작품은 아마 1993년에 런던 동부의 3층짜리 빅토리아풍 테라스하우스 내부를 콘크리트로 만든 「집」일 것이다. 화이트리드는 주로 스튜디오에서 잉크와 종이를 이용해 데생을 하면서 아이디어를 끄집어내고, 구성과 색을 생각한다. 일을 할 때는 거의 항상 BBC 라디오 채널4를 틀어놓는다. 그러다가 점심을 먹으려고 일을 중단하고, 가끔씩 책상에서 좀 떨어진 편안한 의자에 앉아서 한 시간 동안 책을 읽는다(스튜디오에 서재가 있어서 철학서와 심리서, 소설, 시를 모두 조금씩 읽는다). 아무것도 떠오르지 않을 때 그 상황을 극복할 수 있는 마법 공식 같은 것은 없다. "계속 작업을 하고, 데생을 하고, 그냥 그렇게 똑같은 일을 계속 해요. 그렇게 작업을 계속하는 게 중요하다고 생각하거든요. 그렇게 하지 않으면 그 상황에서 빠져나올 수 없어요."

레이철 화이트리드Rachel Whiteread(1963~)

영국의 미술가로, 주로 캐스팅 기법을 통해 조각 작품을 제작한다.
1993년 여성 최초로 터너상을 수상했다.

메리 울스턴크래프트

의분을 기동력으로

영국의 작가이자 여권신장론자 울스턴크래프트는 300쪽 분량의 논문 『여성의 권리 옹호』를 6주 만에 완성했다. 울스턴크래프트는 항상 글을 빨리 써서 대부분의 작품들을 비슷한 시간 내에 완성했고, 때로는 그 때문에 작품의 질이 떨어지기도 했다. 울스턴크래프트의 남편 윌리엄 굿윈William Godwin은 『여성의 권리 옹호』가 "상당히 균일하지 못하고, 방법과 배열에 있어서 부족한 점이 두드러진 작품이 분명하다."고 비평했다. 하지만 울스턴크래프트의 대담성과 의분은 산문의 그러한 단점을 상쇄하고도 남았다. 울스턴크래프트는 1792년에 『여성의 권리 옹호』를 출판해 유럽에서 가장 유명하고, 가장 영향력 강한 인물이 되었다. 하지만 그러한 성공을 만끽하는 여유를 부리는 성격이 아니어서 곧장 다음 작품으로 들어갔다. 한 편지에는 이렇게 썼다. "삶이란 인내하는 노동에 불과하다. 커다란 돌을 계속 언덕으로 굴려 올리는 것이 삶이다. 마침내 돌을 고정시켜놓았다 생각하고 쉴 곳을 찾아 두리번거리는 순간, 돌은 다시 굴러 떨어진다. 그럼 그 모든 고생을 다시 시작해야 한다!"

메리 울스턴크래프트Mary Wollstonecraft(1759~1797)

『여성의 권리 옹호』, 『메리, 하나의 픽션』 등 다수의 저서를 남긴 작가. 페미니즘 선구자로 불리는 여권운동가이며 혁명을 옹호한 급진주의 정치사상가.

나탈리아 긴츠부르그

기분이 글쓰기에 미치는 영향

행복한 상태와 비참한 상태에서의 글쓰기는 어떻게 달라질까? 정치적 망명 생활을 했음에도 아주 행복한 마음으로 소설을 썼던 경험과 이와는 대조적으로 남편이 경찰에게 살해당한 이후 '극히 우울한 상태'에서 소설을 썼던 경험이 있는 긴츠부르그는 에세이에서 그 둘의 차이를 이렇게 이야기한다.

> 두 가지 상태는 모두 다 문학 창작을 곤경에 빠뜨리는 덫이 된다. 행복한 상태에서는 상상력을 발휘해서 자신의 경험을 넘어서는 등장인물과 상황을 창조하기 쉽지만 위대한 문학 작품에 필수적인 연민을 등장인물들에게 베풀지 못할 수 있고, 그렇게 창조된 허구 세계에 '비밀과 그림자'가 부족할

수 있다. 이와는 대조적으로 불행한 상태에서 쓴 작품은 작가가 자신과 너무나 비슷한 상황에 처한 등장인물을 깊이 동정하는 마음에 짓눌릴 수 있고, 작가 개인의 슬픔을 처리하는 도구가 될 수 있다. 글쓰기로 자신을 위로할 수는 없다. 자신의 천직에서 다정한 애무와 자장가를 기대하며 자기 자신을 속일 수는 없는 법이다.

하지만 많은 세월이 흐른 후, 긴츠부르그는 수십 년의 세월을 따라 흐르며 자신의 생각도 약간 달라졌다고 했다. "좀 더 성숙한 어른이 되자 마음 상태가 글쓰기에 그렇게 중요한 영향을 미치지 않는다는 걸 깨달았죠. 삶을 살다 어느 단계에 이르면 너무나 많은 것을 잃어서 마음 깊숙한 곳에는 언제나 불행이 깔려 있어요. 그러다보니 그 영향력도 줄어들죠. 마음 상태가 어떻든 상관하지 않고 글을 쓰는 법을 배우고, 더욱 많이 느껴야 해요. 자신의 생에 초연해진다는 게 아니라 자신의 생을 지배할 준비 태세가 좀 더 잘 갖춰진다고 할 수 있죠."

나탈리아 긴츠부르그Natalia Ginzburg(1916~1991)

시와 소설, 수필과 희곡에 이르기까지 다양한 장르의 작품을 발표하며 전후 이탈리아의 대표적인 작가로 자리 잡았다. 『발렌티노』로 비아레초상을, 『가족어 사전』으로 이탈리아 최고 권위의 문학상인 스트레가상을 받았다.

힐러리 맨틀

오래 생각하고 빨리 쓰는 작가

부커상 수상 작가 맨틀은 소설을 쓰는 것이 진이 쏙 빠지도록 철저하게 예측 불가능한 일이라고 생각한다. "어떤 작가들은 치약을 짜내는 것처럼 일정하게 책 한 권을 뽑아내거나 하루에 몇 피트씩 쌓아 올리는 벽처럼 이야기를 지어낼 수 있다고 한다." 영국인 작가 맨틀은 2016년에 이렇게 썼다.

> 그들은 책상에 앉아 단어를 재빨리 쳐서 할당량을 채우고, 한껏 멋을 부려 차려입고는 여유로운 저녁을 즐긴다. 하지만 내게는 그 모습이 너무나 낯설게 느껴진다. 그들이 마치 나와 완전히 다른 일이라도 하는 것 같다. 창작 강의나 모든 종류의 논픽션 리뷰는 다른 일과 다를 바 없는 것 같다.

시간을 할당하고, 자원들을 총동원해서 그냥 계속 처리해 나가면 되니까. 하지만 소설을 쓸 때면 명확한 시작도 끝도 없고 성취 정도를 평가할 방법도 없는 그 과정의 하인이 되어버린다. 나는 연속적으로 글을 쓰지 않는다. 한 장면을 십여 가지로 다르게 써놓기도 한다. 일주일 내내 이야기를 조금도 진척시키지 않은 채 하나의 이야기를 통해 하나의 이미지를 형성할 수도 있다. 한 권의 책은 미묘하고 깊이 있는 계획에 따라 성장한다. 마지막에야 그 계획을 알 수 있다.

맨틀은 매일 아침 눈을 뜨자마자 전날 밤에 꾸었던 꿈의 잔상이 사라지기 전에 글을 쓴다(가끔씩은 한밤중에 일어나 몇 시간 동안 글을 쓰다가 다시 잠든다). 맨틀의 글쓰기 작업은 두 가지 부류로 나뉜다. 글이 쉽게 술술 잘 나오는 날에는 대여섯 개 작품을 망라하는 수천 단어가 나오고, 글을 쓰다 말다 하는 날에는 자의식이 강해지고 불안에 시달리지만, 나중에는 생산적이고 유용했던 시간으로 밝혀진다. 맨틀은 손으로 직접 글을 쓰거나 컴퓨터를 사용하고, 자기 자신을 '오래 생각하고 빨리 쓰는 사람'이라고 생각한다. 다시 말해 책상에서 떨어져 생각하며 보내는 시간이 많다는 뜻이다. 맨틀은 일단 책상 앞에 앉았다 하면 가끔씩 "온몸이 배배 꼬일 정도로 긴장한다."라고 썼다. "굳은 몸을 풀려면 뜨거운 물로 샤워를 해야 해요. 글이 막혀서 안 나올 때도 서서 샤워를 하죠. 제가 아는 사람 중에 제가 제일 깨끗한 사람일걸요."

맨틀은 다른 작가들에게도 글이 막혀 안 나올 때는 책상에서 벗어나라고 충고한다. “산책하기, 목욕하기, 잠자기, 파이 만들기, 그림 그리기, 음악 듣기, 명상하기, 운동하기 등 뭘 하든지 좋으니 그냥 가만히 앉아서 문젯거리를 노려보는 것만은 하지 마세요. 그렇다고 전화통화를 하거나 파티에 가지는 마요. 그렇게 하면 당신이 놓쳐버린 단어들이 있어야 할 자리에 다른 사람들의 말이 쏟아져 들어와버리거든요. 길 잃은 단어들이 나올 수 있는 틈을 열어두세요. 그 단어들을 위한 공간을 만들어두고 참을성 있게 기다리는 거죠.” 경력을 쌓아나가면서 맨틀은 남다른 인내심을 터득했다. 처음에는 토머스 크롬웰Thomas Cromwell의 삶을 바탕으로 소설 시리즈를 쓸까 하는 생각을 했다. 하지만 그로부터 30년이 지날 때까지도 그 시리즈의 첫 권인 『울프 홀』을 시작하지도 못했다(마침내 그 소설을 쓰기 시작했을 때는 엄청나게 빨리 써서 5개월 만에 400쪽 분량의 책을 완성했다). “사람들은 제게 글을 쓰면 행복한지 물어봐요.” 맨틀은 2012년에 찾아온 리포터에게 이렇게 대답했다.

> 그건 핵심에서 벗어난 질문이라고 생각해요. 글을 쓰면 불안해지고, 계속 마음이 심란해져요. 좀처럼 평온해지거나 안정되지 못하죠. 동화 『빨간 구두』에 나오는 주인공이 된 것 같아요. 그냥 춤을 추고 또 추고 절대 평정을 찾지 못하는 거죠. 글을 쓰면 행복해진다고 생각하지 않아요. 다만 삶에 도움이 된다고 생각해요. 삶이란 본래 불안정한 거잖

아요. 영원한 안정을 누린다면 그건 삶이 끝났다는 거죠.

힐러리 맨틀Hilary Mantel(1952~)

부커상을 두 번 받은 영국 작가. 수상작인 『울프 홀』과 『브링 업 더 바디스』를 비롯해 여러 소설과 회고록을 출간했다. 대부분의 작품들은 영국의 주요 문학상을 수상했다.

주나 반스

그러므로 계속 써야 한다

허드슨강이 내려다보이는 통나무집에서 태어난 반스는 뉴욕에서 잠시 예술을 공부하고 난 후, 신문기자로 일하기 시작해 현재 스턴트 저널리즘이라 불리는 것을 전문적으로 다루었다(한번은 의사들의 강요로 음식을 먹고 그 경험을 기사로 썼고, 그 다음에는 단식투쟁을 하는 여성 참정권 운동가들 때문에 뉴스에 나갔다). 1920년에는 파리로 취재를 나갔고, 이후 20년 동안 거의 대부분을 파리에서 지내며 저널리즘에서 소설로 방향을 틀었다. 반스는 파리 예술가 공동체에서 가장 재치 넘치고 가장 세련된 일원이 되었다. 조각가이자 은필 예술가인 텔마 우드Thelma Wood와 사랑에 빠지기도 했다. 그로부터 8년 후 두 사람의 관계가 깨졌을 때 반스는 그 경험에서 영감을 얻어 대표작『나이트우드』를 펴냈다.

반스는 미국인 상속인 페기 구겐하임이 임대한 영국의 전원 저택 헤이포드 홀에서 1932년 여름부터 1년간 머물며 『나이트우드』의 상당 부분을 쓰고 수정했다. 페기 구겐하임은 반스의 가장 중요한 후원자가 되어 수십 년 동안 반스에게 월급을 주었다. 구겐하임에게 헤이포드 홀을 임대하라고 제안한 사람은 연인 존 페라 홈스John Ferrar Holms였다. 늠름한 사내이지만 알코올 중독자인 영국인 홈스는 밤새도록 술을 마시며 상당히 조예가 깊은 15세기 시와 다른 주제들에 관해 장황하게 이야기하기 좋아했다. 홈스와 구겐하임, 반스, 이 세 사람은 작가 에밀리 콜만Emily Coleman과 안토니아 화이트Antonia White와 함께 헤이포드에 모였다. 구겐하임이 전남편한테서 얻은 두 아이와 화이트의 아들도 헤이포드에서 지냈지만 아이들은 별관에 머물렀다. 늦은 밤까지 술을 마시면서 활기찬 문학 토론에 때로는 자극적인 진실 게임까지 마다하지 않는 어른들이 아침에 숙면을 방해받지 않으려면 상당히 중요한 조치였다.

반스에게는 그런 분위기가 거의 이상적인 글쓰기 조건이었다. 끝없는 문학 토론은 지성을 자극했고, 반스는 대부분의 나날을 침대에 몸을 묻은 채 글을 쓰며 보냈다. 전기 작가 필립 헤링Phillip Herring은 "점심때까지 침대에서 글을 쓰고 나서 독서를 하고, 황무지로 산책을 나가거나 테니스공을 몇 번 치는 것이 헤이포드에서 보내는 반스의 일정이었다."라고 했다. 황무지 산책은 다소 으스스했다. 훗날 반스는 이렇게 회상했다. "헤이포드 홀의 황무지는 뼈다귀와 말의 두개골이 널려 있고, 개가 (아직 온기가 남아 있어서 팔딱거리는) 토끼

시체를 물어 와 가져다주는 곳이다. 너무 무서워서 나중에는 아예 산책을 나가지 않았다." 하지만 그 외에는 불평할 거리가 없었다. 저녁에 반스는 작업 중인 소설을 큰 소리로 낭독했고, 가끔씩 홈스에게 보여주며 편집에 관한 조언을 구했다. 이때만큼 반스가 생산적으로 작업했던 시기는 또 없었다. 반스의 다음 작품인 『안티폰』이라는 시극은 『나이트우드』가 나온 지 22년이 지난 1958년에야 비로소 출판되었다. 시도가 부족해서 그랬던 것은 분명히 아니었다. 반스는 동료 안토니아 화이트를 격려하려고 아래와 같은 글을 썼다.

> 정신이 녹슬기 시작하면 대책 없이 심각해진다. 그렇기 때문에 매일 글을 쓰는 게 중요한 것이다. 더없이 한탄스러운 허튼소리를 쓸 수도 있지만 결국에는 매일 글을 쓰지 않았다면 얻지 못했을 한두 쪽의 글이 나온다. 그러므로 계속 글을 써야 한다. 그것이 레이스 뜨기를 제외한 여성의 유일한 희망이다.

주나 반스Djuna Barnes(1892~1982)

20세기 모더니즘 영문학의 발전에 중요한 역할을 했다. 뉴욕에서 파리로 이주해 당대의 예술가들과 교류하며 『한 권의 책』, 『라이더』, 『숙녀 연감』 등을 출간했다. 대표작은 동성애를 주제로 한 『나이트우드』이다.

프리다 칼로

가혹한 운명과
싸우며
그리다

"내 평생 심각한 사건을 두 번 겪었다. 한 번은 전차에 치였고…… 또 한 번은 디에고에게 치였다." 프리다 칼로는 한때 한 친구에게 이렇게 말했다. 칼로는 1929년에 디에고 리베라Diego Rivera와 결혼했다. 그때 칼로의 나이는 스물두 살이었고, 칭송받는 벽화가였던 리베라는 마흔두 살이었다. 칼로는 척추가 부러지고 골반과 발 하나가 망가졌던 끔찍했던 전차 사고에서 회복되는 와중에 그림을 그리기 시작했다(회복 중에 침대에서 일할 수 있게 특수 제작한 이젤을 이용해 그림 그리는 법을 배웠다). 이후 몇 년 동안 리베라를 따라서 샌프란시스코와 디트로이트, 뉴욕으로 옮겨 다녔다. 그곳에서 리베라는 중요한 벽화 의뢰를 연이어 맡았고, 그동안 칼로는 화가로 계속 성장하면서도 집에 돌아가고 싶어 했다. 1934년에 리베로가 마지못해 동의한 끝에 둘은 멕시코시티로 돌아갔다. 헤이든 헤레라Hayden Herrera는 칼로의 자서전에서 이 예술가 부부가 그곳에서 보낸 일상을 아래와 같이 요약했다.

> 프리다와 디에고의 사이가 좋을 때는 대체로 프리다의 집에서 늦은 아침식사가 오랫동안 이어졌다. 그동안 두 사람은 편지를 읽고, 서로의 일정을 조율했다. 예컨대 누구에게 운전사가 필요한지, 언제 식사를 같이 할 것인지, 점심식사에 누가 올 예정인지에 대해 이야기했다. 아침식사 후, 디에고는 스튜디오에 갔다가 가끔씩 시골로 스케치 여행을 떠나 밤늦게까지 돌아오지 않았다. 프리다는 가끔씩 아침식사 후에 위층의 스튜디오로 올라갔지만 지속적으로 그림을 그리지는 않았고, 몇 주씩 일을 전혀 하지 않기도 했다. 집안일을 끝내자마자 운전사를 대동하고 멕시코시티 도심으로 나가 친구와 하루 종일 시간을 보내는 경우가 잦았다.

칼로의 친구인 스위스 태생 예술가 루시엔 블로흐Lucienne Bloch는 일기에 이렇게 썼다. "프리다는 일을 규칙적으로 하기 힘들어한다. 본격적으로 일을 시작해야 할 때 항상 뭔가 다른 일이 터져서 하루가 날아가버린다고 생각한다." 칼로와 리베라의 평온한 관계는 오래 지속되지 못했다. 끊임없는 재정적 문제들이 있었고 양쪽에서 수많은 불륜이 터져 나왔기 때문이다. 1943년에는 칼로는 리베라의 제

안을 받아들여 실험적이고 새로운 회화 및 조각 학교에서 학생들을 가르치기 시작했다. 칼로는 가르치는 일을 즐겼지만 그 일 때문에 작품 활동에 지장이 생길 수밖에 없었다. 1944년 편지에서 교사와 예술가로 활동하는 자신의 일상을 아래와 같이 묘사했다.

아침 8시에 일을 시작해서 11시에 집으로 출발한다. 학교에서 집까지 30분이 걸려서 12시에 집에 도착한다. 그러고는 대체로 '남부끄럽지 않게' 사는 데 필요한 것들을 정리한다. 음식과 깨끗한 수건, 비누, 식사 준비 등을 하고 나면 오후 2시다. 집안일이 얼마나 많은지! 그렇게 식사를 하고 나면 손과 치아와 입을 씻는다. 오후 시간은 아름다운 그림을 그릴 수 있게 비워둔다. 난 항상 그림을 그린다. 그림 하나를 완성하자마자 팔아야 한 달 지출비용을 충당할 수 있는 돈이 들어오니까. 야행성이라서 늦은 밤에는 영화나 연극을 보러 나갔다가 돌아와서 바위처럼 미동도 않고 잠든다(가끔씩 불면증이 찾아오면 끝장나는 거다).

1940년대에는 전차 사고 후유증으로 의학적 문제와 끝없이 씨름해야 했다. 말년에는 서른 번 넘게 수술을 했고, 1940년부터는 척추를 지지하려고 강철과 가죽이나 석고 코르셋을 입어야 했다. 칼로의 건강이 악화되면서 그림을 그리기가 훨씬 더 어려워졌다. 1940년대 중반에는 오랫동안 앉아 있지도 서 있지도 못했다. 1950년에는 멕시코시티 병원에서 9개월을 보냈고, 그곳에서 뼈 이식 수술을 받았는데 감염되어 후속 수술을 몇 차례 더 받아야 했다. 칼로는 또다시 침대에 누워서 작업할 수 있는 이젤에 그림을 그리면서 쓸 수 있는 시간을 최대한 다 썼다. 의사가 허락하기만 하면 하루에 서너 시간씩 그림을 그렸다. 칼로는 이렇게 말했다. "절대 제 영혼을 잃어버리지 않았어요. 항상 그림을 그렸죠. 데메롤을 먹어서 생기가 돌았고 행복했거든요. 플라스틱 코르셋에 그림을 그렸고 농담을 했어요. 글도 썼고요. 영화도 가져다줘서 봤죠. 병원에서 축제를 즐기는 것처럼 시간을 보냈어요. 불평할 게 없었죠."

프리다 칼로Frida Kahlo(1907~1954)

멕시코 출신 화가. 교통사고로 인한 신체적 불편과 남편의 문란한 사생활에서 오는 정신적 고통을 극복하고 삶에 대한 강한 의지를 작품으로 승화시켰다.

즉흥적으로 움직이는
무계획의 자유

실라 헤티

글쓰기와 삶이 하나가 되기를

"내게는 반복적인 일상의 의식이 없다. 『파리 리뷰』에서 읽었던 다른 많은 작가들처럼 완벽한 일정과 규율에 따라 살아가는 삶을 전혀 살지 못하는 내가 실패했다는 생각을 오랫동안 했다." 캐나다인 소설가이자 단편소설 작가 헤티는 2016년에 이렇게 말했다. "작가가 되려면 규율이 필요하다는 걸 잘 알고 있다. 하지만 나는 운동 일정과 식이 프로그램 등 어떤 한 가지를 아주 오랫동안 고수할 수 있는 유형의 사람이 아니다. 내 열정은 아주 빨리 식어버린다." 하지만 세월이 흐르면서 헤티는 다소 느슨한 자신의 생활 방식을 받아들이게 되었다.

점점 나이를 먹어가면서 나의 글쓰기와 삶이 뒤섞이기를 바란다. 내 책이나 글쓰기 자체가 내가 하는 일과 완전히 동떨어지거나 내가 생각하는 것과 분리되지 않았으면 좋겠다. 내 글은 하루하루의 내 생각과 다를 게 없어야 한다. 내가 다른 세계를 상상할 수 있는 특혜 받은 글쓰기 공간을 분리할 수 없을 것 같아서인지, 아니면 그 반대라서 그런 생각을 하는지는 나도 잘 모르겠다. 어찌 됐든 중요한 사실은 글쓰기와 삶이 구분되지 않고 똑같아져야 한다는 것이다. 그래야 밤낮 상관없이 컴퓨터 앞에만 앉으면 지금 내가 존재하는 곳에서, 지금 내가 생각하고 있는 것에서 글을 뽑아낼 수 있다. 글쓰기와 삶이 하나가 되기를 바란다. 그리하면 글쓰기가 종이 위에서 살아가는 내가 된다. 내가 글을 쓰려고 자리에 앉기 전에 살고 있었던 삶의 연장선이 된다.

헤티는 남자친구와 같이 살고 있는 토론토의 아파트에서 작업을 한다. 두 사람은 엄격한 일정에 따라 움직이지 않기 때문에 아침 7시나 8시, 혹은 9시에 일어나 10시와 자정 사이에 잠자리에 든다. 헤티는 아침에 일어나자마자 즉시 커피 한두 잔을 마신다. 그러고는 남자친구가 일하러 나가는 시간에 맞춰서 남자친구와 함께 시간을 보내거나 컴퓨터를 켜서 작업을 한다. "정오까지는 이메일을 확인하지 않으려고 하지만 거의 매일 그러지 못하죠." 책상이 있지만 전혀 사용하지 않기에 침대나 소파에서 글을 쓴다. 매일, 혹은 최소한 글을 쓰는 날에는 새 문서를 작성하기 시작한다. 때로는 몇 주나 몇 달 동안 글을 전혀 쓰지 못하지만 어떤 달에는 하루에 수천 단어를 쓴다. "일종의 글쓰기 리듬이 있는 것 같지만 그 리듬을 파악할 수가 없어요. 전 생리 주기 중 황체기에 글을 더 많이 쓸 수 있어요. 그러니까 생리 2주 전에 말이죠. 그때 더욱 감정적으로 변해요. 일을 정리하고, 제 자신을 가라앉히고, 엉킨 실타래를 풀죠."

헤티의 글쓰기는 두 가지 범주 중 하나에 속하는 경향이 있다. 그 중 하나는 이따금씩 상상력이 폭발적으로 솟아나는 글쓰기이고, 다른 하나는 헤티가 남은 시간 동안 고집했던 좀 더 일상적인 글쓰기다. 일상적인 글쓰기는 대부분 일기 형태를 띠고, 그런 결과물은 대부분 출판되지 않는다. 집필이 끝나면 엄청난 편집 업무가 시작된다. "저는 두서없이 원고를 쓰기 때문에 편집하고 재배열하는 데 많은 시간을 투자해요. 그래서 책을 쓸 때 가장 어려운 부분은 순서를 정하고, 남겨둘 것과 뺄 것을 구분하는 거죠. 스물여섯 쪽을 써도 결국 한 쪽만 출판될지도 몰라요." 헤티는 절대 장면을 다시 쓰지 않는다. 애초에 좋지 않은 장면은 책에 넣지도 않는다. 문장 하나하나는 많은 시간을 들여서 수정한다. 이 과정에서 헤티는 컴퓨터 파일을 수차례 인쇄소에 보내 스프링 제본을 해서 들고 다니며 여러 장소에서 읽어보고 수정한다. 하지만 언제나 가장 마음에 드는 원본으로 돌아가곤 한다.

실라 헤티Sheila Heti(1976~)

캐나다의 작가. 다수의 소설과 에세이를 펴냈으며 에디터와 인터뷰어로도 활발하게 활동한다. 『마더후드』, 『티크너』 등을 썼다.

엘레나 페란테

구석지고
좁은 장소면
충분하다

"내게는 정해진 일정이 없다." 필명으로 글을 쓰는 이탈리아인 소설가 페란테는 2014년에 집필 습관에 관한 인터뷰 기자의 질문에 이렇게 답했다.

> 나는 내가 쓰고 싶을 때 글을 쓴다. 이야기를 풀어나가려면 많은 노력이 필요하다. 등장인물들에게 일어나는 일은 내게도 일어나고, 등장인물들의 선한 감정과 악한 감정은 내 것이기도 하다. 반드시 그래야만 한다. 그렇지 않으면 나는 글을 쓰지 않는다. 지쳤다 싶을 때는 가장 확실한 방법을 취한다. 글쓰기를 중단하고, 그동안 무시했지만 더 이상 미뤘다가는 제대로 된 삶을 살 수 없는 긴급한 일들을 바쁘게

처리하는 것이다.

페란테는 어디서나 밤낮 가리지 않고 글을 쓴다. 페란테가 요구하는 유일한 조건은 '약간 구석진 어딘가'에 있는 작업할 수 있는 '아주 좁은 장소'다. 사실 이보다 더 중요한 조건은 당면한 프로젝트의 긴급성이다. "급하게 써야 하는 글이 아니라면 날 독점하지 못한다. 그럴 때는 뭔가 다른 일을 하는 걸 좋아한다. 언제나 글쓰기보다 더 나은 일이 있으니까."

엘레나 페란테Elena Ferrante

작품만이 작가를 보여준다고 주장하는 페란테는 어떤 미디어에도 모습을 드러내지 않고 서면으로만 인터뷰를 허락한다. '엘레나 페란테'라는 이름도 필명이고 출생 연도도 정확하지 않다. '나폴리 4부작'으로 베스트셀러 작가가 됐다.

조세핀 맥세퍼

시간의 지배를 받지 않는 직업

"예술가가 되어 가장 좋은 점은 시간을 창조할 수 있고, 시간의 지배를 받지 않는다는 것이다." 맥세퍼는 2017년에 이렇게 말했다. 뉴욕에 기반을 두고 활동하는 독일 태생의 예술가 맥세퍼는 시간을 자기 뜻대로 부리는 오랜 경험의 소유자다. 어렸을 때는 늦잠 자는 걸 좋아해서 아침 10시 전에는 학교에 가지 않으려고 했다. "방문 앞에다 9시 30분 전에는 깨우지 말라고 적어서 붙여놓았어요. 전 항상 제 시간표대로 움직여요."

젊은 시절에 화가로 활동할 때 맥세퍼는 밤에 작업하기 좋아해서 정오나 그 이후에 느지막히 일어났다. 요즘에는 다시 오전 10시에 일어나고 있다. "아침에 최상의 아이디어가 떠올라요. 그 무결점의 순간을 지키고 싶기 때문에 너무 일찍 일어나 현실 세계로 뛰어들고 싶지 않아요." 집에 있을 때는 샤워를 하고 아침을 먹고 운동을 한 다음에 그날 처음으로 에스프레소 두 잔을 마신다. 정오에는 자신의 아파트에서 두 블록 떨어진 맨해튼 로어이스트사이드의 산업 건물 4층에 있는 스튜디오까지 걸어가고, 스튜디오에 도착해서 세 번째 에스프레소를 마신 다음에 조수들한테서 빠르게 보고를 받는다. 그러고는 '자신의 작품 개념화와 창작에 관한 다양한 측면들을 다루기' 시작한다. 크고 작은 설치물과 그림, 사진, 영화를 모두 다루기 때문에 맥세퍼의 업무는 매우 다양하다. 어떤 날 오후에는 3D 모델이나 기술 도안을 살펴보고, 재료 샘플을 분석하고, 제작자와 디자이너, 카메라맨, 혹은 다른 협력자들을 만난다.

오후 2시에는 작업을 중단하고 점심을 먹는다. 점심 메뉴는 언제나 동네 카페에서 자전거로 배달해주는 똑같은 샐러드와 아이스커피다. 점심식사 후에는 오후 8시까지 계속 스튜디오에서 일한다. 1년에 한 번 정도는 휴식이 필요한데 그때는 근처 차이나타운에 있는 공원을 거닐면서 서성거리는 사람들과 배드민턴 치는 사람들, 혹은 전통 춤을 추는 사람들을 지켜본다. 일을 끝내고 나면 친구들과 함께 저녁을 먹고 나서 새벽 1시나 2시에 잠자리에 든다.

맥세퍼가 이런 일정을 유지하려고 애쓰는 것은 아니다. 사실은 그게 정해진 일정이라고 생각하지도 않는다. "저한테는 모든 일이 창의적 과정을 중심으로 돌아가요. 그 반대가 아니라요. 일상적 관례라느니, 일정이니 하는 건 필요 없어요. 아이디어들과 작업이 자동적으로 빈 공간을 메워주니까요." 맥세퍼는 이렇게 말했다. 이와 비슷하게 꽉 막히거나 장벽에 부딪치는 일도 없다. 이보다는 그 반대가 문제가 된다. "종종 아이디어가 너무 많이 떠올라서 제 자신을 억눌러야 특정한 프로젝트를 끝낼 수 있죠." 맥세퍼는 비 오는 날에 가장 생산적으로 일할 수 있는 것 같아서 뉴욕에 비가 더 자주 내리기를 바란다. 그 외에 맥세퍼의 창의적 과정에 필요한 게 딱 하나 있다. "커피를 마시지 않고는 작업을 할 수가 없어요. 하루에 에스프레소를 다섯 잔 정도 마시는 것 같아요. 커피는 활기를 불어넣어주는 동시에 마음을 가라앉혀주죠."

조세핀 맥세퍼Josephine Meckseper(1964~)

뉴욕에서 활동하는 독일인 아티스트. 맥세퍼의 대형 작품과 영화들은 전 세계의 다양한 국제 비엔날레와 갤러리에서 전시되었다.

신디 셔먼

난 루틴을 지키는 예술가는 아니에요

"전 아침 9시에서 오후 5시까지 일하는 그런 예술가가 아니에요." 미국의 살아 있는 가장 중요한 예술가 중 한 명으로 널리 인정받는 셔먼은 이렇게 말했다. 그는 화장과 가발, 의상, 도발적인 배경을 사용해서 자신을 다른 사람으로 변모시키는 작업을 한다. 자기 자신이 피사체가 되어 자기표현과 취약성, 노화, 고독이라는 문제를 파헤쳤고, 미술사와 연예인 문화, 미의 사회적 기준과의 관계도 조명했다. 셔먼은 언제나 혼자 일했다. 친구들과 가족들을 모델로 삼으려고 몇 차례 시도했지만 그들의 요구가 너무 신경 쓰였고, 자신의 작업 과정을 의식적으로 바라보게 되었다고 말했다. "심지어는 조수 앞에서도 그냥 멍하니 있기보다는 바쁜 사람처럼 보이고 싶었죠. 그래서 온라인이나 잡지 이미지를 찾아보거나 뭐든지 아무 일이나 했어요." 게다가 셔먼은 다른 사람들과 함께 일하려고 할 때 그들이 핼러윈을 즐기거나 변장 놀이를 하는 것 같다고 생각하며 재미있게 즐기고 있다는 느낌을 받았다. 그것은 셔먼이 추구하는 바가 절대 아니었다. 2003년 인터뷰에서 셔먼은 이렇게 말했다. "제가 추구하는 수준은 재미있게 즐기는 게 아니에요."

스튜디오에서 셔먼은 거울을 카메라 옆에 두고, 거울을 들여다보면서 '다른 사람이 된다는 것은 최면 상태에 빠지는 것 같다.'고 생각한다. 이것은 일정에 따라 일어나는 일이 아니다. 새로운 사진을 창조할 때 얼마나 많은 시간이 걸릴지 예측할 수 없다. "위험한 도박인 것 같아요. 역사 초상화 가운데 몇 점은 두 시간 만에 뚝딱 만들어 낸 것 같아요. 반면 제가 원하는 게 뭔지 안다고 생각하고 며칠 동안 한 작품을 붙들고 늘어지지만 결코 만족하지 못할 때도 있어요. 이렇게 항상 그때그때 달라지죠." 한때 셔먼은 옛 거장들의 그림들에 비뚤어진 경의를 표하는 시리즈 「역사 초상화」에 대해 이렇게 설명했다.

셔먼은 대개 시리즈가 완벽한지 아닌지를 직감으로 알아차린다. "보통은 '이 정도면 충분해. 이제 지긋지긋해.'라고 말하는 순간이 오죠. 한 시리즈에서 같은 이야기를 반복하는 것 같다 싶을 때가 있어요." 그러면 곧장 시리즈 작품 제작에 들어간다. 보통은 마감시한이 있기 때문에 집중해서 전시회에 필요한 것이라면 무엇이든 다 한다. 그러다가 진이 쫙 빠지거나 산만해지면 스튜디오를 정리하고 물건들을 치워놓는다. 다른 아이디어들을 마음 속 깊이 품고 있다 해도 다시 스튜디오로 돌아가기까지는 2년이 걸릴지도 모른다. 실제로 셔먼의 경력을 살펴보면 사진 시리즈 작품들 사이의 공백 기간이 대체로 몇 년씩 지속된다. 이 기간 동안에는 다른 사진을 촬영하고 싶은 기분이 절대 들지 않는다. 하지만 지금까지는 언제나 뭔가에 이끌려 새로운 작품을 시작했다.

신디 셔먼Cindy Sherman(1954~)

미국의 사진작가 겸 영화감독. 가부장적 남성 사회가 규정한 여성상을 비판하며 여성의 진정한 자아확립과 주체회복에 대한 메시지를 표현했다. 69점의 사진으로 이루어진 「무제 필름 스틸」 시리즈가 대표작이다.

조 앳킨스

빈둥거리는
예열의 시간

극작가 앳킨스는 오랫동안 빈둥거리다가 한 번에 죽죽 글을 쓰는 경향이 있었다. "글을 쓸 때는 아주 빨리 써요. 펜을 들기 전에 특정한 관점을 잡아서 끝까지 빠르게 글을 쓰죠." 앳킨스는 1921년 『뉴욕타임스』 에세이에서 이렇게 설명하며 '오랫동안 앉아서 한번에' 연극의 한 막 전체를 쓴 적이 여러 번이었다고 덧붙였다. 하지만 앳킨스가 글을 쓸 무렵에는 많은 여유가 필요했다. 다시 말해서 최대한 스케줄을 비워두어야 했다.

> 나는 연극이나 이야기의 한 장(章)이나 소설의 한 부분이 일주일 앞서 나오기를 바란다. 그 기간 동안에는 마지막 순간의 내 기분에 따라 모든 약속을 내키는 대로 변경한다. 그

러고 나서 슬렁슬렁 일하며 내 비판 능력을 한껏 발휘해 천천히 글을 쓴다. 하지만 문명화된 삶을 살면서 바쁜 친구들과 어울려 지내는 사람들은 그런 프로그램을 일주일 앞당겨 완성할 수가 없다는 게 끔찍한 현실이다. 물론 주변 환경이 불안정하게 변할 때는 가능하다. 예컨대 낯선 장소에 고립되거나 즐기고 싶은 것을 많이 포기하고, 대부분의 사람들보다 의지가 훨씬 강해서 사교생활을 줄여나간다면 말이다. 나는 특히 그런 의지가 약한 사람이다. 솔직히 말해 사생활에서나 일에서나 어떤 특정한 순서나 방법대로 일을 처리한 적이 한 번도 없다. 결국에는 대부분의 친구들한테서 일을 미루는 게으름뱅이라느니, 내 시간뿐만 아니라 남의 시간까지 낭비한다느니, 가장 믿을 수 없고 실망스러운 동료라느니 하는 소리를 듣는다. 그 모든 말이 다 사실이다. 하지만 아이디어를 품고 여행할 수 있는 공허의 시간을 갖기 위해서 불가피하게 모든 것을 포기하기 쉬워질 때가 언젠가는 반드시 찾아온다. 그 공허의 시간이 닥치면 인생을 즐겁지만 하찮게 만드는 모든 것이 뒷전으로 밀려난다. 이때 개인의 운은 더 이상 중요하지 않다. 예술가의 모험이 시작됐으니까.

조 앳킨스Zoe Akins(1886~1958)

40편 이상의 연극을 쓰거나 각색한 미국의 극작가. 1935년에는 이디스 워튼의 『노처녀』를 각색한 대본으로 퓰리처상을 받았다.

조앤 미첼

슬럼프가 찾아올 때

미국인 화가 미첼은 추상적 작품에서 자연 풍경을 불러내는 놀라운 능력을 개발했다. "그녀의 그림을 보면 거기가 어딘지 모르는데도 어떤 장소가 보이는 것 같아요." 시인 존 애슈베리John Ashbery가 한때 이렇게 말했다. 미첼은 대체로 밤에 형광등 불빛에 의지해 그림을 그렸다. 1950년대에는 뉴욕 이스트빌리지의 방 한 칸짜리 스튜디오에 살면서 오후 늦게까지 일어나지 않았고, 해가 지고 나서야 그림을 그리기 시작했다. 작업을 시작하기 전에는 축음기에 바늘을 내려놓고 클래식이나 재즈를 크게 틀었다. 음악을 들으면 자신을 "좀 더 한껏 이용할 수 있다."고 미첼은 말했다. 음악은 미첼이 '그림 그리기 모드'에 돌입했으니 방해하지 말라고 다른 사람들에게 보내는 신호였다.

미첼은 그림을 그리다 말다가를 반복했다. 몇 차례 단호하게 붓을 놀리다가 캔버스에서 떨어져 스튜디오 저 반대편 끝으로 물러나 자신이 그린 것을 지켜보았다. 그러고는 레코드판을 바꾸고 다시 그림을 좀 더 살펴보다가 마침내 몇 번 더 붓질을 하려고 캔버스로 다가갔다. 혹은 다시 붓을 들지 않는 경우도 있었다. 미첼은 그림을 천천히 그려서 한 작품을 완성하는 데 때로는 몇 달이 걸렸다. "액션 페인팅이라는 건 우스갯소리에 불과해요. 이 과정에는 '액션'이라는 게 없으니까요. 전 그림을 조금씩 그려요. 그러고는 앉아서 때로는 몇 시간 동안 그림을 바라보죠. 결국에는 그림이 제가 무엇을 해야 하는지 알려주거든요."

1959년에 이스트빌리지 아파트 임대가 끝난 후, 미첼은 몬트리올 태생의 화가 장폴 리오펠과 함께 유럽으로 떠났다. 이 한 쌍의 연인은 파리에 정착해 몇 년 동안 살았고, 1967년에 미첼이 할아버지한테서 받은 상당한 유산으로 파리에서 북서쪽으로 56킬로미터쯤 떨어진 작은 마을 베테유에 땅을 샀다(모네가 1870년대에 살았던 곳이기도 했지만 미첼은 그렇게 연관 짓는 사람들에게 분노했다). 미첼과 리오펠, 개 다섯 마리는 1968년에 그곳으로 이사했다. "작업은 어떻게 되고 있나요? 아침에 일어나나요?" 몇 년 후, 미첼을 방문한 한 비평가가 이렇게 물었다. "항상 그렇지는 않아요." 미첼은 웃으면서 이렇게 대답했다. 그러고는 아래와 같이 덧붙였다.

1시에 홀리스(미첼의 조수이자 친구)와 함께나 혼자서 점심을 먹어요. 오후에는 십자말풀이를 하고, 상담 프로그램 몇 개를 들어요. 사람들이 전화를 해서 자기들 문제를 늘어놓는 걸 듣고 있으면 나한테만 그런 문제가 있는 게 아니구나 싶죠. 겨울에는 4시 30분에 해가 떨어져요. 저녁 7시 반에서 9시 사이에는 장폴이 저녁을 먹으러 집에 들어와요. 우리는 같이 식사를 하고, 텔레비전을 보고, 그림을 그리기도 해요. 아니면 텔레비전을 보지 않고 그림을 그리기도 하죠. 전 10시에서 4시까지 그림을 그려요. 뭐 그런 식이죠. 나쁜 시기가 아니라면요.

아무것도 느낄 수 없고, '모든 것이 똑같이 무색인 것처럼 보일 때'가 나쁜 시기라고 미첼은 말했다. "그에 맞서 싸우죠. 나쁜 시기가 주기적으로 찾아오는 건 아니에요. 거기에 시간을 낭비하지는 않아요. 전 음악을 듣고, 활동적으로 움직이려고 애쓰고, 마을로 산책을 가요. 작업을 시작하면 나쁜 시기는 사라지죠. 작업하는 시간은 제가 유일하게 즐길 수 있는 시간이에요. 그 시기가 되면 제 자신에 대해 생각하지 않아요."

1981년에 미첼은 리오펠과 결별했지만 베테유에 혼자 남아 계속 살았다. 미첼은 개들과 함께 지냈고, 미첼의 친구들과 방문객들은 꾸준히 베테유를 드나들었다. 미첼은 사람을 까다롭게 가린다고 악명 높았지만 거의 저녁마다 술을 마시는 만찬을 주최해서 대접하는 걸 좋아했다. 저녁식사 후에는 설거지를 하고, 집 바로 뒤쪽에 오락실로 쓰던 곳에 있는 스튜디오로 걸어가거나 비틀거리며 간다. 이때 미첼은 조니워커 한 병과 시집 두세 권이 든 불룩한 자루를 들고 갔다. 스튜디오는 미첼의 개인적인 안식처였다. 미첼은 스튜디오를 항상 잠가두었고, 스튜디오 열쇠를 베개 밑에 넣고 잠들었다(스튜디오 화장실이 고장 났을 때는 배관공을 스튜디오 안으로 들일 수 없어서 화장실 수리를 계속 연기했다). 미첼의 한 친구는 미첼의 스튜디오가 '동물이 찾아가는 안전한 장소' 같았다고 회상했다. 사실은 완전히 그 반대일 수도 있었다. 스튜디오는 거칠고 호전적인 예술가가 방어막을 푸는 곳이라서 오히려 위험해질 수도 있었다. "자신의 취약점을 드러내지 않고는 아무도 그림을 그리고, 글을 쓰고, 뭔가를 느낄 수 없어요." 한때 미첼은 이렇게 말했다. "자신의 약점을 드러내려면 아주 강해져야 하죠."

조앤 미첼 Joan Mitchell(1925~1992)

미국의 2세대 추상표현주의 화가. 자연에 대한 애정과 연민, 죽음에 대한 두려움을 강렬한 색채의 추상화로 표현했다.

제이디 스미스

글은 쓰고 싶을 때 써야 한다

런던 태생의 소설가 스미스는 오랜 세월 동안 여러 인터뷰에서 자신은 매일 글을 쓰지 않는다고 했다. 가끔씩은 매일 글을 써야 한다는 강박관념이 있으면 좋겠다 싶다가도 글은 쓰고 싶을 때 쓰는 게 가치 있다고 마음을 돌린다. "절박한 심정으로 글을 써야 한다고 생각해요. 그렇지 않으면 글을 읽을 때도 절박함이 느껴지지 않거든요. 그래서 전 진짜 글을 써야겠다 싶을 때가 아니면 글을 쓰지 않아요." 스미스는 절박함을 느낄 때도 아주 천천히 글을 쓴다. 2012년에는 이렇게 말했다. "매일 꾸준히 계속 글을 쓰고 또 써요. 매일 처음부터 제가 써놓은 곳까지 글을 읽어보고 전부 다 편집하고 나서 계속 글을 써요. 끔찍하게도 힘든 일이죠. 장편소설을 끝내는 일은 사실 견딜 수 없을 정도로 힘들어요."

스미스는 또한 디지털 방해 요소가 무한히 많은 세상에서 글을 쓰기가 무척 어렵다고 말하기도 한다. 2012년에 펴낸 소설『런던, NW』의 감사의 말에서는 인터넷 차단 소프트웨어 프리덤과 셀프컨트롤 덕분에 '시간을 만들어낼 수' 있었다고 했다. 스미스는 소셜미디어를 사용하지 않고, 2016년 후반에도 스마트폰을 사용하지 않았으며, 구입할 계획도 없었다. "노트북은 가지고 있어요. 제가 수녀는 아니니까요. 그냥 매순간 이메일을 확인하지 않을 뿐이에요."

제이디 스미스Zadie Smith(1975~)

영국의 소설가. 첫 장편소설인『하얀 이빨』이 즉각 베스트셀러가 되며 화제가 되었고 그해 영국 문단의 최고 이슈로 떠올랐다.『런던, NW』,『온 뷰티』등을 펴냈다.

헤이든 던햄

기분전환을 위한 토닉 한잔

텍사스에서 태어나 로스앤젤레스에서 활동하는 조각가 던햄은 조각 재료들에 매혹되어 작품을 창작한다. 재료가 어떻게 하나의 상태에서 다른 상태로 변하는지, 인간과 어떻게 상호작용하는지에 매혹되어 난해한 방식으로 파헤친다. "바로 그 때문에 물질적 대상을 창조하는 게 흥미로워요. 물체가 에너지를 지닐 수 있고, 인간의 내적 기질을 바꿀 수 있다고 진심으로 믿거든요." 2017년에 던햄이 이렇게 말했다.

던햄의 작업 과정은 매일 다른 자신의 기분에 좌우된다. 보통은 아침 7시쯤에 일어나 7시 30분까지 침대에서 나오지 않는다. 그 후에 스튜디오 겸 거주지로 사용하는 부엌으로 가서 토닉을 만든다. 토닉 재료는 그날그날 필요한 것에 따라 달라진다. "아침에 일어났을 때 마음이 붕붕 뜨는 것 같아서 현실적으로 생각해야 할 필요가 있다면 마음을 가라앉히려고 사과사이다 식초나 야채를 토닉에 넣어요. 반대로 아침에 일어났는데 마음이 무겁게 가라앉아 있다면 뭔가 기분을 가볍게 해줄 음식이 필요하죠. 토닉은 제 마음 상태를 확인해주는 지표 같아요. 제가 어떤 상태인지를 거의 거울처럼 정확하게 보여주죠."

이후에 던햄은 건물 뒤쪽의 작은 마당으로 나가 20분 동안 글을 쓴다. "종이에 펜을 올려두고 제 안에서 뭔가가 흘러나오게 두는 거죠." 그러고 나서 아침식사로 종종 오트밀을 먹고, 옷을 갈아입는다. "일하러 갈 때 항상 옷을 갈아입어요. 일할 때는 절대 운동복같이 편한 옷을 입지 않아요. 하이힐을 신죠. 그런 옷차림이 에너지 전환에 도움이 된다고 생각해요. 그러면 자신의 상태가 지금 어떠한지 확인할 수 있어요. 자신의 감정을 고려해서 어떻게 하루를 가장 잘 보낼 수 있는지에 대해 생각하는 방법이죠." 던햄은 이렇게 말했다.

이어서 던햄은 일을 하러 간다. 이때 처음으로 로스앤젤레스를 헤집고 다니면서 작품에 쓸 물건들이나 재료들을 주웠다가 내려놓았다 한다. 혹은 공급업자들이나 다른 협력자들을 만난다. 실제 제작은 보통 오후 4시경에 시작한다. 이때쯤 던햄은 스튜디오에 돌아와 새로운 조각을 시작하거나 이미 진행 중인 조각을 수정한다. 이쯤 되면 시간적 압박에 짓눌린다. 던햄은 저녁식사 계획을 세워놓기 때문에 늦은 오후는 '초집중 시간'이다. 이때부터 저녁식사를 하러 가기 직전까지 일을 한다. 저녁식사가 끝난 뒤에 종종 다시 일하기도 하지만 이때는 주로 컴퓨터 작업을 한다. 잠자는 시간은 오후 11시 경이다.

던햄은 보통 점심을 거르지만 오후에 스무디 한잔을 마신다. 작업을 하다가 막힌다 싶으면 가끔씩 기분 좋아지는 것으로 기운을 북돋운다. "얼그레이 차를 마시면 기분이 좋아져요. 초콜릿도 좋고, 마시멜로도 괜찮아요." 던햄이 틀에 박힌 상태에서 벗어나는 또 다른 방법은 춤이다. "이상한 기분이 들거나 꽉 막힌 것 같을 때는 춤동작을 따라 해요." 던햄은 운동에는 그다지 관심이 없다. "산책은 하지 않고, 운동도 안 해요. 그런 건 싫어하거든요. 좋아하고 싶은데 그게 안 돼요."

던햄은 일주일에 7일 내내 일하고, 주말을 주중과 별다르게 취급하지 않는다. 가끔씩 며칠 내내 완전히 쉬기도 하지만 그것도 당일 아침에 결정한다. 모든 것을 결정짓는 요소는 던햄의 마음 상태다. 던햄은 '에너지 넘치는 상태'를 유지해야만 창작을 할 수 있다. 궁극적으로는 자신을 조각품의 제조자라기보다 조력자로 본다. "마치 제가 물체를 위해 일하는 것 같아요. 전 그냥 물체가 가능한 한 효과적으로 소통하기 위해 필요한 것들을 지원해주려고 해요."

헤이든 던햄Hayden Dunham(1988~)

현재 미국의 가장 독특하고 재능 있는 멀티미디어 아티스트. 장르를 가리지 않는 프로젝트를 구상하며 활발하게 활동하고 있다.

로레인 한스베리

의무적인 글쓰기의 어리석음

"일정을 세워놓고 무슨 일이 있어도 지켜야 한다고 하죠. 무엇이든 '써야' 한다고요. 하지만 그렇게 앉아서 의무처럼 '글을 쓴다니' 그건 지독하게 어리석은 짓인 것 같아요. 사람들은 그런 집필 습관을 크게 찬사하죠. 그래야 작가가 그렇게 불안정한 인간은 아니라고 할 수 있으니까요."

한스베리는 뉴욕드라마비평가상을 수상한 최연소 극작가가 되었다. 시카고 태생의 작가 한스베리는 그러한 찬사를 만끽했지만 첫 연극의 성공을 또다시 이끌어내지 못해 고심했다. 1960년대 초까지는 자주 창작의 장벽에 부딪혀 고생했다. 1961년 7월 일기에는 이렇게 기록했다. "하루하루가 흘러가는데 아무것도 못하고 있다. 예전에도 이런 적이 있었다. 하루 종일 가만히 앉아 있거나 무의미하게 거리를 배회한다. 그러고는 다시 이 책상에 앉아 담배를 연이어 피워댄다. 글을 쓰고 싶지만 글이 나오지 않아 끔찍하게 괴롭다." 이로부터 몇 달 후, 한스베리는 '얼룩덜룩 흐릿한 나날들'이 다시 찾아와 '끔찍한 멍청이가 된 느낌'에 사로잡혔는데 그것이 작가가 되려면 피할 수 없는 과정이라고 했다.

이듬해에는 사정이 나아졌다. 한스베리가 남편과 함께 그리니치빌리지의 아파트에서 북쪽으로 64킬로미터 정도 떨어진 교외에 집을 산 이후였다. 1962년 가을, 한스베리는 '글을 쓰거나 죽거나' 할 요량으로 그곳에 혼자 갔다. 한스베리는 규칙적인 집필 일정을 따른 적이 한 번도 없었고, 새 거주지에서도 새로운 일정에 따라 움직이려고 하지 않았다. 하지만 한스베리는 적절한 작업 환경을 조성하는 게 집필에 도움이 된다고 믿었다. 전원주택에 정착한 지 5주쯤 지났을 때 한스베리는 자신의 새로운 작업실을 일기에 아래와 같이 묘사했다.

> 레오나르도의 조언대로 작업 공간을 재배치했다. (너무 크지는 않지만) 널찍해서 통풍이 잘 되는 집의 작고 다소 복잡한 작업 공간에는 책상과 기계, 제도판이 날 둘러싸고 있다. 그게 내 마음에 쏙 든다. 내가 바라는 모습 그대로다. 내 앞쪽 벽에는 폴 로베슨Paul Robeson의 사진과 미켈란젤로의 다비드상이 있고, 내 어깨 부근에는 아인슈타인 흉상이, 계단 맨 꼭대기에는 아일랜드 극작가 숀 오케이시가 있다. 이들

이 내 동료들이다!

새로 조성한 작업 공간이 도움이 되는 것 같았다. 그로부터 10일 후, 한스베리는 다시 글을 쓰기 시작했다. “마법 같은 순간이 찾아왔다. 한 시간 전쯤에! 지금껏 내내 쓰려고 애썼던 것들이 몽땅 쏟아져 나왔다. 할 일이 많지만 지금은 내가 무엇을 쓰고 있는지 잘 알고 있다. 그 모든 것이 내가 부엌에 있을 때 한꺼번에 터져 나와 한 시간 만에 14쪽을 썼고, 수정도 거의 할 필요가 없을 것 같다. 감사합니다, 하나님. 감사합니다! 더 이상은 버틸 수 없었을지도 모른다.”

로레인 한스베리Lorraine Hansberry(1930~1965)

미국의 극작가. 흑인 가정을 감동적으로 그린 대표작 『햇볕 속의 건포도』로 뉴욕드라마비평가상을 받았다.

누구에게나
자기만의 방이 필요하다

해리엇 비처 스토

끝이 나지 않는 집안일 사이사이

"글을 쓰려면 나만의 방, 내 방이 있어야 해요." 스토는 '자기만의 방'을 원했던 버니지아 울프보다 거의 1세기 앞선 1841년에 남편에게 보내는 편지에 이렇게 썼다. 당시에 스토는 서른 살이었고, 수년 동안 잡지들에 이야기를 싣고 있었다. 곧이어 스토의 데뷔작인 소설집이 나왔다. 이 무렵, 스토는 네 아이의 엄마였고, 일곱째 아이까지 낳아 길렀다. 신학 교수인 스토의 남편은 그 시대 기준으로는 열려 있는 사람이라서 아내의 글쓰기를 격려해주었고, 자기만의 방을 달라는 아내의 요청도 들어주었다. 하지만 그럼에도 여전히 아내가 집안을 책임지고 아이들을 키우기를 바랐다. 스토는 1850년에 올케에게 보내는 편지에 자신의 전형적인 하루를 아래와 같이 묘사했다.

이 글을 쓰면서 적어도 열두 번은 글쓰기를 중단했어요. 한 번은 생선장수한테서 생선을 사려고, 또 한번은 출판업자를 만나려고, 그다음에는 아이를 돌보려고 글쓰기를 멈췄죠. 그러고는 저녁식사로 차우더 수프를 끓이려고 부엌에 들어갔어요. 지금은 단단히 마음을 먹고 다시 글을 쓰고 있죠. 그런 결심 덕분에 항상 글을 쓸 수 있어요. 이건 마치 물결을 거슬러 올라가는 것 같죠.

놀랍게도 스토는 끝없는 집안일에도 불구하고 매일 세 시간씩 글을 쓸 수 있었다. 스토의 상황은 1852년에 『톰 아저씨의 오두막』을 출판하면서 극적으로 달라졌다. 이 책은 출판 첫 해에 30만 부 이상 팔려나갔고, 스토는 거의 하룻밤 사이에 부유하고 세계적으로 유명한 인사가 되었다. 하지만 스토는 어김없이 또다시 집안일에 치여 글쓰기를 뒷전으로 미루게 되었다. 스토가 『톰 아저씨의 오두막』 후속편을 쓰기 시작했을 때 스토의 남편은 출판업자들에게 "아내의 집안일을 덜어주기 위해 할 수 있는 모든 일을 다 하겠다."고 편지를 썼다.

해리엇 비처 스토Harriet Beecher Stowe(1811~1896)

미국의 소설가. 대표작 『톰 아저씨의 오두막』을 통해 노예제도에 대한 인도주의적인 분노를 표현했다. 강렬한 주제의식이 담긴 이 책은 오늘날 미국문학사의 가장 중요한 업적 중 하나로 꼽힌다.

이사도라 덩컨

안정적인 삶을 거부한 무용수

덩컨은 현대무용계의 세계적인 스타임에도 불구하고 부를 누리지는 못했다. 무용 경력을 키워나가는 내내 생계를 걱정했고, 난방을 할 수가 없어서 얼음장처럼 추운 스튜디오에서 리허설을 하기 일쑤였다. 유럽 투어 중에는 백만장자를 만나는 수밖에 없겠다고 자매에게 농담을 던졌다. 그러다가 파리에서 공연을 마친 다음 날 아침에 진짜 백만장자가 나타났다. 183센티미터의 장신에 턱수염을 기른 금발머리 예술 후원자이자 싱거 재봉틀 회사의 후계자인 패리스 싱거Paris Singer가 덩컨에게 반했고, 덩컨의 마음을 사로잡기 시작했던 것이다. 덩컨도 그런대로 적극적이었는데 얼마 후 싱거가 청혼을 했다. 하지만 결혼은 덩컨이 혐오하는 제도였다. 싱거는 런던과 영국 교외에 있는 자신의 저택에서 위대한 무용

수 덩컨과 함께 살고 싶었다. 덩컨은 흠모하는 군중들을 찾아다니며 순회공연을 하는 게 익숙했기 때문에 그런 정착 생활을 견뎌낼 자신이 없었다. 그동안 뭘 하고 지낸단 말인가? 싱거는 석 달 동안 함께 살아보자고 제안했다. 그래서 그해 여름 덩컨은 싱거와 함께 데번셔로 갔다.

> 그곳에는 베르사유 궁과 트리아농을 본 따 지은 근사한 대저택이 있었다. 엄청나게 많은 침실과 욕실, 스위트룸을 전부 마음대로 쓸 수 있었고, 차고에는 자동차 14대가 있었고, 항구에 요트 한 척이 있었다. 하지만 우기를 예상하지 못했다. 영국에서는 여름 내내 하루 종일 비가 내렸다. 영국 사람들은 그런 날씨에도 아무렇지 않은 것 같다. 아침에 일어나 계란과 베이컨, 햄, 콩팥 요리, 오트밀로 이른 아침식사를 한다. 그러고 나서 코트를 걸치고 눅눅한 시골길로 산책을 나갔다가 몇 코스짜리 점심식사를 하기 시작해 데번셔 크림으로 식사를 끝낸다. 오후 5시에는 차를 마시러 내려와서 엄청나게 많은 케이크와 빵, 버터, 잼을 곁들여서 차를 즐긴다. 그러고 나서 하루 중 가장 중요한 행사가 시작되기 전까지 브리지 카드놀이를 하는 척한다. 마침내 저녁식사 시간이 다가오면 여성들은 어깨가 드러난 이브닝드레스를 한껏 차려입고, 남성들은 빳빳하게 풀 먹인 셔츠를 입고서 20코스짜리 저녁식사를 해치우러 간다. 식사를 마치고

> 나면 떠나야 할 시간이 다가올 때까지 정치나 철학 이야기를 가볍게 나눈다. 내가 이런 삶을 즐길 수 있었겠는가? 한 2주 동안은 좋게 생각해서 될 대로 되라 싶었다.

덩컨은 싱거의 청혼을 거절했다. 아니, 엄격하게 짜인 그런 생활을 다시는 하지 않겠다고 마음먹었다. 그보다는 신체 동작이라는 매개체로 인간의 영혼을 신성하게 표현해주는 춤을 추면서 밤낮 구분 없이 스튜디오에서 오랜 시간을 보내는 걸 선호했다. 아무리 덩컨이라도 매일 예술과 즐겁게 교감할 수 있는 것은 아니었다. 때로는 자신의 삶을 되돌아보고 "극심한 혐오와 절대적 공허만 가득했다."고 했다. 하지만 덩컨은 그것도 예술가의 삶의 일부라고 생각했다. 덩컨은 이렇게 썼다. "많은 예술가들과 지성인, 소위 출세가도를 달린다는 사람들을 만나봤지만 행복하다고 할 수 있는 사람은 한 명도 없었다. 물론 그중 몇몇은 행복하다고 허세를 떨었지만 그 이면을 꿰뚫어보면 별다를 것 없는 불안과 고통을 찾아볼 수 있다."

이사도라 덩컨Isadora Duncan(1878~1927)

창작무용을 창조적 예술의 수준으로 끌어올린 미국의 무용가. 독일에서 활동했으며 러시아에서 젊은 세대에 큰 영향을 끼쳤다.

마거릿 버크화이트

기본적으로 고독한 직업이다

사진작가 버크화이트는 직업의 성격상 정해진 일정을 따를 수가 없어서 당면한 과제에 맞게 일정을 조율하는 데 익숙했다. 글 쓰는 재능 또한 뛰어나 자신의 직업에 관한 책 몇 권을 출판했고, 생생한 자서전『나의 초상』도 냈다. 이렇게 글을 쓸 때는 극히 규칙적인 습관을 따랐다. 사실 버크화이트에게 사진 기술과 글쓰기는 이상적인 짝이었다. “제 인생에 리듬을 갖고 싶었죠. 온갖 흥분과 어려움, 압박감이 가득한 고난도 모험과 거기서 보고 느꼈던 것을 소화시킬 수 있는 평온한 시기, 이 둘의 균형을 맞추고 싶었어요.” 나무에 둘러싸여 고립된 버크화이트의 집은 그런 평온한 시기를 보내기에 완벽한 장소였다.

나는 아침형 작가다. 그래서 가족을 돌볼 의무가 없는 사람만 따를 수 있는 이상한 일정을 세운다. 아침 8시에 일어나 새벽 4시까지 활동하는 것이다. 야외에서 글 쓰고, 잠도 야외에서 자는 걸 좋아한다. 이렇게 기이한 방식으로 드넓은 하늘 아래에서 잠을 자면 그 자체가 글쓰기 경험의 일부이자, 세상과 고립된 내 생활의 일부가 된다.

버크화이트는 야외에서 글을 쓰고 잠을 자려고 '술이 달린 반쪽짜리 차양을 씌운 바퀴 달린 정원용 가구'를 사용했다. "널찍하고 사치스러운 가구였다. 양쪽에 촛불이 일렁이고 가벼운 이불로 덮인 그 가구가 수영장에 비치면 어린아이가 꿈꾸는 공주님 침대처럼 보였다." 밤마다 버크화이트는 그 침대를 매번 다른 곳에 굴려다놓고 해가 지고 반딧불이가 나타날 때 잠든다. 그러고는 떠오르는 햇살과 함께 잠에서 깨어나 글을 쓰기 시작한다. "태양이 떠오를 쯤에는 나만의 행성에 봉인되어 그날 하루의 방해 요소들에 위협받지 않는다."

이 마지막 조건이 결정적인 필수요건이었다. 버크화이트는 방해받지 않는 오랜 고독의 기간이 있어야 글을 쓸 수 있었다. 하지만 주변 사람들이 그런 자신의 사정을 이해하기 어려울 수 있다는 걸 잘 알고 있었다. "제가 철저하게 지키는 고독이 때로는 남에게 상처를 줄까 봐 두려워요. 하지만 제가 글로 풀어내고 있는 세상에 완전히 빠져 지내고 싶다고, 방문객의 목소리를 이틀 동안 듣지 않아야 글 속의 인물들에게 다시 귀를 기울일 수 있다고 설명하면서 어떻게 누군가에게 상처를 주지 않을 수 있겠어요?" 실제로 버크화이트의 친구들과 동료들은 가끔씩 집요하게 작업에 집중하는 버크화이트에게 쫓겨났다. 사진작가 니나 린Nina Leen은 이렇게 회상했다. "버크화이트를 처음 만났을 때 점심을 같이할 수 있는지 물어봤죠. 그때 책을 쓰고 있어서 몇 년 동안은 점심을 같이할 수 없다는 대답을 들었어요."

마거릿 버크화이트Margaret Bourke-White(1906~1971)

미국의 사진작가. 1929년 『포춘』에 입사하여 산업사진에 새로운 면모를 개척하였고 이후 『라이프』 창간호의 표지사진을 찍었다. 1941년에 스탈린을 촬영한 것이 특종이 되었다.

아그네스 마틴

영감을 부르는 물리적 환경

"나는 정확하게 영감이 이끄는 대로 하려고 마음을 비워둔다." 캐나다계 미국인 화가 마틴은 1997년에 이렇게 말했다. 21년 전에도 또 다른 인터뷰에서 거의 똑같은 말을 했다. "깨끗한 마음에서 영감이 나와요. 즉각적으로 떠오르기 때문에 우리가 어떻게 할 수가 없어요." 하지만 마틴에게는 영감이 간단하게 떠오르지 않았다. 어르고 달래야 겨우 영감을 얻을 수 있었고, 영감이 넘쳐날 수 있게 적절한 물리적 환경을 조성하는 것도 필수적인 요소였다.

> 스튜디오를 마련해서 분위기를 조성하고 유지하는 게 가장 중요하다. 어떤 예술가든 스튜디오가 있어야 한다. 음악가

> 가 거실에서 연습해야 한다면 엄청나게 불리하다. 스튜디오에서 모든 감성을 다 끌어 모아야 하고, 그것들을 모두 모았을 때는 어떤 방해 요소도 없어야 한다. 방해 요소와 깨진 스튜디오 분위기 때문에 영감이 얼마나 사라지고 예술작품이 얼마나 손실되는지는 가늠할 수조차 없다.

일단 예술가의 작업 시간은 길어야 했다. 마틴은 그 외의 일정에는 특별히 관심이 없었다. "정확하게 뭘 할지 알게 될 때까지는 아침에 일어나지 않아요. 어떤 때는 아침도 먹지 않고 오후 3시가 다 될 때까지 침대에 누워 있죠. 뭐랄까, 시각적인 이미지는 갖고 있어요. 하지만 뭘 할지 알게 되는 순간부터 시작해서 그 이미지를 정확하게 기록하기까지는 아주 갈 길이 멀죠." 마틴은 이렇게 말했다. 다시 한 번 말하지만 마틴에게 결정적으로 필요한 것은 방해받지 않는 시간과 상충되는 의무의 거의 완전한 부재다. 하지만 그 무엇보다 이웃이나 방문객의 간섭을 받지 않는 것이 가장 중요하다. "다른 사람들과 함께 있을 때는 자기 마음이 자기 게 아니죠." 마틴은 이렇게 말했다.

마틴은 고독을 좋아했다. 성인기의 거의 대부분을 혼자 살았고, 뉴멕시코의 외진 지역에서 몇십 년을 보냈다. 그곳에서 소수의 사람들만 알고 지냈고, 아주 가끔씩 뉴욕의 화랑 운영자를 만났다(이 화랑 운영자는 1970년대까지 마틴의 작품을 대량으로 판매한 사람이었다). 마틴은 생활환경을 가장 원시적인 수준 이상으로 향상시킨 적이 한 번도 없었다. 수년 동안 전기나 수돗물도 사용하지 못하는 스튜디오에서 일했고, 픽업트럭 뒤에 싣고 다니는 캠핑카에서 잠을 잤다. 난방기와 가스레인지, 오븐, 냉장고가 있는 캠핑카였지만 전기나 수돗물은 여전히 공급되지 않았다. 화장실 대신에 요강을 사용했고, 약간 떨어진 곳에 파놓은 구덩이에 요강을 비웠다.

『아그네스 마틴과 나』라는 책에서 마틴의 이웃이었던 사진작가 도널드 우드먼Donald Woodman은 뉴멕시코에서 보냈던 마틴의 일상 생활을 보다 자세하게 묘사했다.

> 내가 아는 한 아그네스의 유니폼은 오버롤즈였다. 아그네스는 날씨에 상관없이 빕 작업복을 입었고, 그 아래에 절연처리 된 긴 소매나 짧은 소매 티셔츠를 입었다. 아그네스의 스튜디오에는 장작 난로가 있었는데 겨울 동안 낮에 몇 시간씩 그림 그리기를 좋아하는 아그네스에게는 필수품이었다. 아그네스는 어느 정도 그림을 그리고 나면 몇 시간씩 흔들의자에 앉아서 캔버스를 응시하며 자기 작품을 평가했다. 작업 중에는 거의 아무도 스튜디오에 들어오지 못하게 했다. 심지어는 벽에 쌓아둔 완성품도 보지 못하게 했다. 아그네스가 캠핑카에 가만히 앉아서 창밖을 내다보는 모습을 자주 목격했다. 보통 새로운 시리즈를 시작하기 전에 그랬다. 아그네스가 열린 창밖으로 이렇게 소리친 적이 한 번이 아니었다. "지금 제가 일을 안 하고 있다고 생각하는 거죠?

하지만 일하고 있거든요! 뭘 그릴지 생각하고 있어요. 지금 명상 중이라고요."

지금까지 설명한 점들로 짐작하고도 남겠지만 마틴은 단순하게 별난 사람이 아니라 그 이상이었다. 평생 동안 수차례 정신분열증을 앓기도 했다. 마틴은 머릿속에서 들리는 환청의 지시대로 그림을 그렸다고 말한 적이 많았다. 하지만 마틴의 그런 상태를 누구보다 직접적으로 목격했던 우드먼은 마틴의 작업을 "환청의 지시대로 그림을 그렸다."는 문장으로 축소시켜 평가할 수 없다고 말했다. "오히려 그 반대예요. 그리고 싶은 것의 핵심에 도달하려면 그 목소리들을 잠재워야 했죠. 그러려면 엄청난 의지가 필요했어요." 마틴 자신도 엄청난 집념이 필요했다고 인정했다. "영원히 궤도에서 벗어나는 거예요. 자기수양과 극심한 실망, 실패를 거듭하면서 반드시 그려야 하는 것을 찾아내야 하죠. 몇 달이 지나도 첫 그림은 아무런 의미가 없어요. 아무짝에도 쓸모없죠. 하지만 그 모든 실망감을 겪고도 계속 그림을 그려야 해요."

아그네스 마틴Agnes Martin(1912~2004)

캐나다 태생의 미국 화가. 구체적인 인간 현실 너머의 초월적이고 정신적인 세계를 열은 모노크롬과 격자무늬, 수평선으로 표현했다.

아그네스 데밀

혼자 있는 시간과 걸어 다닐 공간

안무가 데밀은 새로운 안무를 짜려면 '차 한 주전자와 걸어 다닐 공간, 혼자 있는 시간, 아이디어'가 필요하다고 회고록에 썼다. 처음 안무를 짤 때는 스튜디오에 갇혀 지내다시피 하면서 음악을 듣는다. 이때는 작업 중인 뮤지컬(뮤지컬의 경우에는 미리 악보가 나오지 않은 경우가 흔함)이나 발레의 음악이 아니라 영감을 주는 음악, 특히 바흐와 모차르트, 체코 작곡가 베드리히 스메타나, 그리고 '흥미롭게 편곡된 거의 모든 민속음악'을 듣는다.

> 자리에 앉아서 발을 올려놓고 향이 강한 차를 연이어 들이키다가 몰입하기 시작하면 몸을 움직이기 시작한다. 나도 모르게 스튜디오 안을 걸어 다니며 온갖 몸짓으로 장면들

을 연기한다. 핵심적인 극적 장면들이 이런 식으로 만들어진다. 이런 장면들의 미묘한 차이는 단 하나도 절대 잊어버리지 않는다. 반면 춤의 순서는 보통 잊어버린다. 다음은 몸짓의 유형을 찾아내는 단계다. 한 등장인물이 어떻게 춤추는지를 알려면 먼저 어떻게 걷고 서 있는지를 알아야 한다. 자연스러운 몸짓의 기본적인 리듬을 알면 그러한 몸짓을 춤 동작으로 바꿀 수 있다. 매일 몇 시간씩 본능적으로 움직이면서 딱 이거다 싶은 몸짓을 찾아낸다. 몇 주 동안 이렇게 하고 나면 안무를 짜기 시작할 준비가 된다. 가만히 앉아서는 그런 것들을 생각해낼 수가 없다. 몸을 움직여야 결과가 나온다. 그래서 안무 과정은 지치기 마련이다. 몇 시간씩 계속 발을 움직여야 하고, 소설 한 편을 쓰면서 테니스 경기에서 이기려고 할 때와 거의 맞먹는 에너지가 필요하다. 이것이 춤의 알맹이이자 핵심이다. 모든 디자인이 거기서 나온다.

데밀은 핵심을 뽑아내자마자 책상 앞에 앉아서 춤의 패턴을 만들어냈다. 악보가 나왔다면 그 음악을 들으면서 작업했다. 데밀은 '자신만 알아볼 수 있는' 그림과 글을 세세하게 메모했다. 그러고 나면 리허설 준비가 끝났고, 리허설 과정은 몇 주 동안 지속되었다. 리허설을 하는 동안 아그네스는 남편뿐만 아니라 자식의 얼굴도 거의 보지 못했다. 새벽에 머릿속으로 구상할 때가 아니면 집에서 일을 하지 않았기 때문이다. 아그네스는 전화기와 다른 방해 요소가 없는 곳에서 아침을 먹으며 글을 썼다. 아침에는 댄스 리허설, 오후에는 코러스 연습을 했다. 그 이후에는 방해를 받지 않으려고 가끔씩 호텔에 방을 잡아 저녁을 먹고 나서 일을 계속했다. 그러고는 극장에 돌아가 11시까지 배우들과 리허설을 했다. 집에 돌아가서는 다음 날 할 일에 관해 가정부에게 쪽지를 남기고 나서 대체로 두통에 시달리면서 잠자리에 들었다.

브로드웨이 뮤지컬 「오클라호마」로 성공을 거둔 이후, 데밀의 연간 수익은 백만 달러를 넘었다. 하지만 데밀의 남편은 아내의 성공을 불편하게 여기는 남자였고, 심지어 불륜을 저지르고 있었다. 그 사실을 알고 있던 데밀은 남편의 불륜 사실을 알게 된 작가 친구 레베카 웨스트Rebecca West를 위로해주기 위해 이런 편지를 보냈다. "아내의 창의성을 너그럽고 편안하게 인정해줄 수 있는 남자는 아직 만나보지 못했어. 남자는 그럴 수가 없어. 그러고 싶어도 자기 자신이 초라하게 느껴져서 그런 아내를 의무적으로 대할 뿐이야. 원래 그런 거야, 재능 있는 여자들이 보상을 얻는 대신 치러야 하는 대가지."

아그네스 데밀Agnes deMille(1905~1993)

미국의 무용가 겸 안무가. 「검은 축제」를 비롯하여 많은 발레를 창작했고 뮤지컬 「오클라호마」, 영화 「회전목마」, 「신사는 금발을 좋아한다」 등의 안무를 담당했다.

에밀리 디킨슨

책과 자연과 마음을 나누는 삶

디킨슨의 일상이 기록되어 있는 유일한 자료는 디킨슨이 1847년 12월에 친구에게 보낸 편지다. 그때 디킨슨은 매사추세츠주 애머스트에 있는 집에서 11킬로미터쯤 떨어진 마운트 홀리요크 여성신학대학에 다니는 열여섯 살 학생이었다. "네가 친절하게도 네 하루 일정을 알려주었으니까 나도 내 하루 일정을 말해줄게." 디킨슨은 이렇게 썼다.

> 우리는 모두 아침 6시 정각에 일어나. 7시에 아침을 먹고, 9시에 공부를 시작해. 9시에는 신학대 강당에 모여서 예배를 드려. 10시 25분에는 고대사 논평을 암송하고, 그와 관련된 역사 교재를 읽어. 11시에는 포프의 「인간론」에 나오

> 는 가르침을 암송하지. 12시에는 체조 연습을 하고 12시 25분부터 책을 읽다가 30분에 점심을 먹어. 그 후에는 1시 30분에서 2시까지 신학대 강당에서 노래를 부르지. 2시 45분에서 3시 45분까지는 피아노 연습을 해. 3시 45분에는 섹션에 가서 하루 일과를 보고하고. 보고 내용은 결석에 지각, 소통, 침묵을 깨는 공부 시간, 방에 손님 맞이하기, 그 밖에도 만 가지가 있어서 여기에 다 언급할 공간이나 시간이 없어. 4시 30분에는 신학대 강당에 가서 라이언 씨의 강의에 참석해 조언을 받지. 저녁은 6시에 먹고, 그때부터 퇴장 벨이 울릴 때까지 침묵 공부 시간이 이어져. 퇴장 벨은 8시 45분에 울리는데 워낙 느려서 9시 45분까지도 울리지 않아. 그래서 우리는 종종 퇴장하라는 첫 번째 경고를 따르지 않아.

이 편지에는 19세기 뉴잉글랜드 종교 학교의 하루가 생생하게 묘사되어 있지만 디킨슨의 개성은 별로 드러나 있지 않고, 작가로서의 습관도 전혀 나와 있지 않다. 유감스럽게도 디킨슨의 집필 과정에 관한 자세한 설명은 어디에도 남아 있지 않다. 알려진 디킨슨의 집필 습관이 있다면 디킨슨이 대체로 식구들 모두가 잠든 밤에 편지와 시를 썼다는 것이다. 마운트 홀리요크에서 보냈던 그 해를 제외하면 디킨슨은 언제나 가족과 함께 살았다. 자식을 과보호하는 보수적인 아버지와 불안정하고 병약한 어머니, 결혼하지 않은 여동생, 1856년에 결혼해서 홈스테드 옆의 이탈리아풍 저택으로 이사 간 오빠가 디킨슨의 가족이었다. 홈스테드는 할아버지가 지은 커다란 벽돌집으로 디킨슨이 아홉 살 때까지 살았고, 1855년부터 사망할 때까지 살았던 곳이었다. 이 집 2층에 자리한 디킨슨의 큼직한 침실에는 메인가가 내다보이고, 몇백 미터 떨어진 오빠의 집 쪽으로 난 창문이 있었다. 침실 한쪽 구석에는 작은 글쓰기용 탁자가 있었고, 서늘한 밤에 촛불에 의지해 글을 쓰는 디킨슨을 따뜻하게 덥혀줄 프랭클린 난로가 있었다.

디킨슨이 1865년 이후부터 바깥출입을 하지 않고 홈스테드의 땅을 거의 혹은 아예 떠나지 않았다는 이야기는 아주 유명하다. 광장공포증에 시달렸거나 1860년대에 시력이 나빠져서 은둔 생활을 했는지도 모른다. 하지만 디킨슨의 여동생은 어머니가 1865년에 이르기까지 병으로 시름시름 앓았던 터라 언니가 바깥출입을 거의 하지 않았다고 넌지시 말했다. "엄마가 아팠던 시기가 있었고, 딸들 중 한 명은 계속 집에 머물러야 했어요. 에밀리 언니가 그 일을 맡았는데 거기서 책과 자연과 마음을 나누는 삶을 발견한 후 계속 그렇게 살았어요." 이유가 무엇이었든 디킨슨이 은둔 생활에 만족한 것은 사실이다. 디킨슨은 독서와 글쓰기, 다양한 서신들에 집중할 수 있는 풍요롭고도 사적인 세계를 즐겼다. 그러면서도 여전히 매일 가족들과 소통하며 지냈고, 집안일을 도왔다.

디킨슨을 만나봤던 방문객들은 디킨슨이 부드러운 목소리로 아이처럼 행동하지만 기이하게도 강렬한 사람이라고 기억했다. 수년 동안 디킨슨과 서신을 교환했던 비평가이자 학자인 토머스 웬트워스

히긴슨Thomas Wentworth Higginson은 1870년 8월에 홈스테드를 찾아가 한 시간 동안 디킨슨을 만났다. 그로부터 몇 년 후, 히긴슨은 이렇게 회상했다. "의심할 여지없이 디킨슨이 극히 긴장되고 비정상적인 삶을 살고 있다는 인상을 받았어요." 히긴슨은 디킨슨을 만난 다음 날, 아내에게 이런 편지를 썼다. "내 신경을 그렇게 갉아먹는 사람은 한 번도 만난 적이 없어. 손끝 하나 건드리지 않고도 내 에너지를 뽑아내갔지. 그런 사람 가까이 살지 않는 게 정말 다행이다 싶었어."

디킨슨은 글을 쓰기 위해서 자기 뜻대로 다스릴 수 없는 초조한 에너지를 이용하는 방법을 배울 필요가 있는 것 같았다. 결국에는 일상적인 글쓰기 연습보다는 문예 활동을 하면서 글을 썼다. 1862년에서 1863년까지 가장 많은 작품을 냈던 시기에는 수백 편의 시를 썼다. 그러고 나서는 몇 년 동안 글을 전혀 쓰지 않았다. 1862년 편지에서는 이렇게 말했다. "제 인생에는 군주가 없어서 제 자신을 다스릴 수가 없어요. 제 인생을 조직하려고 애쓰면 제 작은 군대가 폭발해버려서 전 새까맣게 타버리고 아무것도 남지 않죠."

에밀리 디킨슨Emily Dickinson(1830~1886)

미국의 시인. 사랑과 이별, 죽음, 영원 등의 소재를 즐겨 다루었다. 평생 2,000여 편의 시를 썼으나 생전에는 4편의 시만이 발표되었으며, 사후 여동생이 시를 모아 시집을 출간하면서 널리 알려졌다.

앤 브래드스트리트

고요한
밤이
되면

1630년, 영국인 브래드스트리트는 열여덟 살에 지금의 매사추세츠인 곳에 남편과 아버지, 개신교 반대자 동료들과 함께 도착했다. 이들은 신세계에 처음으로 정착한 무리의 일원이었다. 그로부터 2년 후, 브래드스트리트는 긴 병에서 회복하는 동안 「질병의 발작을 앞두고」라는 첫 시를 썼다. 이듬해 여름에는 임신을 했고, 그 후 6년 동안 글 한 줄 쓰지 않았다. 하지만 전기 작가 샬럿 고든Charlotte Gordon이 기록한 바에 따르면 1638년부터 1648년까지는 "대서양 양 대륙을 통틀어 다른 어떤 영국인 작가가 평생 동안 쓴 것보다 훨씬 많은 글을 썼다." 고든은 이어서 이렇게 덧붙였다. "그동안 대부분의 시간을 아이들을 돌보고, 가족들 식사를 준비하거나 여자 하인 한두 명을 감독했다. 하지만 가족들과 하인들이 모두 잠든 밤에는 전적으로 글만 썼다. 그때가 브래드스트리트가 혼자 지낼 수 있는 유일한 시간이었으니까. 브래드스트리트는 한 편지에 이렇게 썼다. "고요한 밤이 고민하기 가장 좋은 시간이다."

앤 브래드스트리트Anne Bradstreet(1612~1672)

영국 르네상스 시대의 시를 모방한 시 「열 번째 뮤즈」가 대표작이다. 「육체와 영혼」, 「사랑하는 남편에게」 라는 작품에서 고뇌와 사랑의 기쁨을 노래했다.

로메인 브룩스

고립을
자처해야
가능해지는 일

로마에서 태어나 정신적으로 불안정하고 잔인한 어머니 밑에서 자란 브룩스는 이탈리아에서 그림을 공부했고, 처음에는 카프리 섬에 자신의 스튜디오를 마련했다. 1902년, 스물여덟 살의 화가 브룩스는 어머니가 돌아가시면서 상당한 유산을 물려받았고, 덕분에 파리로 가서 당시 여성으로서는 특이하게 독립적인 삶을 영위했다. 영국인 운전사와 프랑스인 하녀, 스페인인 관리인, 벨기에인 요리사를 고용했고, 모피와 벨벳, 진주로 자신을 치장했다. 브룩스는 그림 판매에 신경 쓸 필요가 없어서 당시의 예술적 움직임을 무시한 채 회색 계열이 주를 이루는 단색들을 선호하며 자신만의 색다른 양식 추구에 전념했다. 한 큐레이터는 브룩스가 "피카소와 마티스가 존재하지 않았던 것처럼 그림을 그렸다."고 했다.

1915년에 브룩스는 파리의 활기 넘치는 살롱을 운영하는 미국인 작가 나탈리 클리포드 바니Natalie Clifford Barney를 만났다. 둘이 맺은 관계는 50년이 넘게 지속되었다. 그럼에도 서로에게는 다른 연인들이 있었고, 두 사람은 가끔씩만 같은 지붕 아래에서 지냈다. 브룩스에게 그것이 이상적인 관계였다. "난 몇 달 동안 아무도 만나지 않은 채 나 자신을 가둬놓고, 슬픈 회색빛 내 비전에 형상을 부여했다." 브룩스는 자신의 창작 과정을 이렇게 묘사했다. 다행히 바니도 동거에 관해서는 브룩스와 생각이 같았다. "제가 제 삶의 주인이 되어 사는 게 제게는 필수적인 요소예요. 자기중심적인 이유나 사랑이 부족해서가 아니라 제 자신을 더 많이 나눠주고 싶어서 그렇죠. 매일 같은 집에서, 주로 같은 침실에서 사랑하는 사람과 함께 살면서 열징적인 친밀감을 만끽하는 게 언제나 누군가를 잃어버리는 가장 확실한 방법인 것 같아요." 바니는 자신의 책에 이렇게 썼다. 이러한 관계였음에도 브룩스와 바니는 1930년에 프랑스 남부에 집을 짓고 일종의 계약 동거에 들어갔다. 그곳에서 독립성과 일체감의 이상적인 균형을 찾을 수 있기를 바랐다. 사실 그 저택은 두 개의 거주지가 연결된 것에 훨씬 더 가까웠다. 공동으로 쓰는 거실과 회랑이 있었지만 브룩스와 바니는 각각 독립된 출입구와 작업실, 침실을 사용했다. 각자 하인도 따로 고용했다.

하지만 그렇게 생활 구역이 분리되어 있었음에도 브룩스는 바니의 정기적인 방문객들이 점점 더 성가시게 느껴졌다. 자신만의 작업실과 침실을 갖는 것으로는 충분하지 않았다. 그림을 그리려면 진정한 고독이 필요했다. 한때 브룩스는 이렇게 썼다. "예술가는 혼자 자기 마음대로 살아야 한다고 생각한다. 그렇지 않으면 모든 개성이 사라져버리니까. 나는 혼자 있을 때만 내 그림에 대해 생각할 수 있다. 실질적인 작업은 말할 것도 없다."

로메인 브룩스Romaine Brooks(1874~1970)

주로 파리와 카프리에서 활동하는 미국의 화가. 초상화를 전문으로 그리며 브룩스가 그리는 대상은 익명의 모델에서부터 귀족에 이르기까지 다양하다.

알마 토머스

일흔여덟의 몸과 스물다섯의 에너지

휘트니 미술관에서 단독 전시회를 개최한 최초의 아프리카계 미국인 토머스는 자기 사업을 하면서 워싱턴 DC의 공립학교에서 미술을 가르쳤다. 토머스는 1960년에 교직에서 은퇴하고 나서야 전업 예술가로 나섰고, 또다시 10년 동안 널리 인정받지 못했다(1972년에 휘트니에서 전시했을 때 토머스는 80세였다). 그림과 조각을 공부하고 대학교를 졸업한 이후에 왜 전문 예술가로 활동하지 않았냐는 질문에 토머스는 그게 그렇게 간단하지 않았다고 대답했다. 한 친구에게는 "교육받은 흑인 젊은이는 그 당시에 많은 기대를 짊어졌고, 많은 압박에 순응해야 했기 때문"이라고 말했다. 토머스는 이렇게 덧붙였다. "뭔가 독창적인 나만의 것을 창작하고 싶은 욕구를 잃어버렸던 적은 한 번도 없었어요."

토머스는 오랜 교직 생활을 하는 내내 언제나 예술가로 발전해나갈 방법을 계속 찾았다. 1930년부터는 뉴욕의 컬럼비아 대학교에서 세 번의 여름을 보내며 미술 교육 석사 학위를 땄다. 도시에서는 박물관과 동시대 미술 화랑을 열심히 드나들기 시작했다. 1950년에는 59세의 나이로 미국 대학교에 입학해서 회화와 미술 역사를 계속 공부했다. 토머스는 창작에 너무나 큰 방해 요소라고 생각했기 때문에 결혼을 하거나 아이를 갖지 않았다. 토머스는 이렇게 말했다. "여성은 가족과 예술 둘 다에 공평하게 전념할 수 없어요. 그러니까 자기가 원하는 것을 하나 선택해야 하죠."

마침내 교직에서 은퇴했을 때 토머스는 수채화 물감을 사용하며 그림에 전념했다. 워싱턴에 있는 작은 집의 부엌이나 거실에서 무릎 위에 캔버스를 올려놓거나 소파에 올려놓고 그림을 그렸다. 토머스는 말년에 그림을 그리기 시작한 것을 후회하지 않는다고 했다. "어떻게 그렇게 됐는지는 모르겠지만 갈림길에 섰을 때마다 올바른 방향으로 들어섰던 것 같아요." 토머스는 1977년에 자신을 찾아온 비평가에게 이렇게 말했다.

> 우선 나는 결혼을 하지 않았다. 그게 옳은 선택이었다는 걸 안다. 내가 아는 젊은 남자들은 예술에 전혀 관심이 없었고, 그에 대해서 아무것도 몰랐다. 예술은 내가 즐기는 유일한 것이었다. 그래서 나는 자유를 선택했다. 마음 내킬 때 그림을 그리고, 집에 들어갈 필요도 없었다. 내가 하고 싶

은 일에 간섭하는 사람도, 멈춰서 자기들이 원하는 것에 대해 논의할 사람도 없었다. 그것이 내가 원하는 삶이고, 그에 대해서는 그 어떤 이견도 없다. 그것이 내가 성장할 수 있는 삶이다.

토머스에게 한 가지 유감스러운 일이 있었다면 그것은 전업 화가로 활동한 지 얼마 되지 않아 만성 관절염이 발병해 점차 약해진 것이었다. "스물다섯 살의 정신과 에너지가 일흔여덟 살의 신체에 갇혀 있는 것 같은 느낌이 어떤지 알아요?" 토머스가 이렇게 물었다. "시계를 60년 정도 거꾸로 돌릴 수만 있다면 그게 어떤 건지 보여줄게요."

알마 토머스Alma Thomas(1891~1978)

표현주의 화가이자 예술 교육자. 패턴, 리듬, 색채가 충만한 추상화를 그린다. 작품이 오바마 대통령 시절 백악관에 걸리면서 널리 알려졌다.

해리엇 제이콥스

조용한 시간을 훔칠 수만 있다면

제이콥스는 노스캐롤라이나주 에덴턴에서 노예로 태어났다. 수년 동안 주인의 성적 노리개로 고통받다가 간신히 북부로 도망쳤다. 하지만 처음에는 천장 높이가 1미터도 안 되는 할머니 집 다락방에 거의 숨어 살았다. 그곳에서 제이콥스는 밤에만 간단하게 몸을 움직이러 나올 수 있었다. 이것은 1861년에 린다 브렌트Linda Brent라는 필명으로 출판된 제이콥스의 자서전 『린다 브렌트 이야기』에 소개된 참혹한 경험들 중 하나에 불과하다. 퀘이커 교도인 노예해방론자 에이미 포스트가 처음에 그 책을 써보라고 했을 때 제이콥스는 자신의 끔찍했던 과거를 다시 불러내기 싫어서 거절했다. 하지만 결국에는 노예제도 철폐라는 대의를 위해 기여하는 것이 자신의 의무라고 결정했고, 자신의 생을 기록하기 시작했다.

실제로 글을 쓰는 것은 문제가 아니었다. 어렸을 때 제이콥스는 주인한테서 글을 읽고 쓰는 법과 바느질하는 법을 배웠다. 하지만 글 쓸 시간을 내기는 무척이나 어려웠다. 1850년대에 제이콥스는 더 이상 도망자가 아니었다. 코넬리아 윌리스Cornelia Willis라는 주인이 1852년에 제이콥스를 자유인으로 격상시켜준 덕분이었다. 하지만 제이콥스는 여전히 생계를 이어나가기 위해 일을 해야 했고, 윌리스 가족의 보모로 고용되어 뉴욕과 보스턴을 오갔다. 1853년, 제이콥스가 책을 쓰기 시작했던 해에는 윌리스 가족이 허드슨강에 있는 새로운 사유지로 이사를 갔다. 그곳에서 제이콥스는 점점 더 고립되는 것 같았고, 그해 여름에 태어난 갓난아기를 포함해 윌리스 가족의 다섯 아이들을 하루 24시간, 일주일에 7일 내내 돌보는 일에 지쳐갔나. 아이들이 잠든 밤에만 겨우 글 쓸 시간을 낼 수 있었다. "낮에는 한 쪽도 글을 쓰지 못했어요. 갓난아기에 큰 아이들 돌보기, 집안일에 치여서 생각하거나 글 쓸 시간을 조금도 내지 못했죠." 제이콥스는 포스트에게 보내는 편지에 이렇게 털어놓았다. 또 다른 편지에서는 "혼자 조용하게 보낼 수 있는 두 달의 시간을 훔칠 수만 있다면 모든 것이 무너지더라도 밤낮으로 글을 쓰겠다."고 불평했다. 또 다른 때에는 좀 더 낙관적인 어조를 드러냈다. "그 가련한 책은 아직 번데기 상태에 있다. 그 책을 나비로 키워 날려 보낼 수는 없겠지만 그것이 몇몇 변변찮은 벌레들 사이를 유순하게 기어 다니기만 해도 만족한다."

세월이 흐르면서 책의 완성이 가까워졌다. 제이콥스는 불규칙적이지만 간간이 집안일에서 한 시간 정도 뺄 수 있을 때마다 자신의 인생을 기록했고, 그로부터 4년 후인 1857년에 책을 완성했다(서문에 "너무나 자주 방해를 받고 부름을 받아서 무엇을 쓰다 말았는지도 거의 몰랐다."라고 쓰여 있다). 출판은 넘어야 하는 또 하나의 산이었다. 추가 작업이 몇 년 동안 이어진 끝에 마침내 책이 출판됐을 때 제이콥스의 이야기는 남북전쟁 발발로 빛을 보지 못했고, 이후 수십 년 동안 거의 잊혀갔다. 그러다 21세기 후반에 재발견되면서 마침내 제이콥스의 자서전이 누려야 마땅한 지위를 되찾았다. 상상할 수조차 없는 역경에 맞선 인내와 진실의 승리를 보여주는 책이었다.

해리엇 제이콥스Harriet Jacobs(1813~1897)

'린다 브렌트'라는 가명으로 1861년 자서전 『린다 브렌트 이야기』를 출간했다. 이후 노예제가 폐지된 후에도 해방노예의 자립을 도왔다.

영감을
기다리는 시간들

마르그리트 뒤라스

글쓰기는 직면의 과정

뒤라스에게 글쓰기는 발명의 과정이라기보다는 발견의 과정에 더 가까웠다. 어쩌면 보다 더 정확하게 말해서 직면의 과정이었다. 글쓰기란 이미 자신의 무의식에서 잠재해 있다가 드러날 기회만 기다리고 있는 뭔가를 발견하는 것이라고 뒤라스는 생각했다. 그러한 글쓰기 과정이 뒤라스에게는 벅찼고 심지어는 무섭기까지 했다. 뒤라스의 소설이 주로 그녀 자신의 암울했던 어린 시절을 그려낸 작품이었기 때문인 게 분명했다(뒤라스의 가장 잘 알려진 1984년도 소설 『연인』은 열다섯 살 프랑스 소녀와 나이 많은 부유한 중국인 남자의 사랑 이야기다. 프랑스령 인도차이나의 가난한 집안에서 자란 뒤라스 자신의 경험을 거의 허구화하지 않고 풀어낸 이야기이기도 하다).

"글쓰기는 제가 가장 잘 다룰 수 있는 위기와 같아요. 일종의 정복 과정이죠. 겁에 질려 글을 쓸 때는 제 주변의 모든 것이 허물어져 내리는 것 같아요. 글이 위험한 기운을 뿜어내면서 실질적인 독을 품죠. 글이 독이 되는 거예요. 그럼 글을 써서는 안 된다는 느낌이 들어요." 이렇다보니 뒤라스가 규칙적인 일정에 따라서 글을 쓰지 않았다는 것은 놀라운 일이 아니었다. 그 대신 아이디어가 떠오르면 거기에 사로잡혀 헤어 나오지 못했다. 1950년도 소설『태평양을 막는 방파제』는 아침 5시부터 저녁 11시까지 쉬지 않고 책상 앞에 앉아 글을 써서 8개월 만에 완성했다. 밤에는 망각에 빠지고 싶어서 술을 마셨다. "전 진짜 작가이자 진짜 알코올 중독자였죠." 1991년, 완전히 술을 끊은 후 뒤라스는 이렇게 말했다. "잠들 때까지 적포도주를 마셨어요. 이후에는 코냑을 마셨죠. 한 시간마다 포도주 한잔을 마셨고, 아침에는 커피에 이어 코냑을 마시고 나서 글을 썼어요. 돌이켜보면 그러고도 글을 쓸 수 있었다는 게 놀랍네요."

마르그리트 뒤라스Marguerite Duras(1914~1996)

20세기 후반 프랑스의 소설가, 시나리오 작가, 극작가. 『태평양을 막는 방파제』, 『모데라토 칸타빌레』, 시나리오 『히로시마 내 사랑 』 등을 썼으며 『연인』으로 공쿠르상을 수상했다.

콜레트

최상의 작업실은 감옥이다

프랑스 소설가 콜레트는 첫 남편의 제안으로 글을 쓰기 시작했다. 남편 앙리 고티에-빌라르Henry Gauthier-Villars(필명은 '윌리')는 인기 작가였지만 악명 높은 난봉꾼이었다. 윌리는 콜레트의 사춘기 경험이 흥미진진한 소재가 되겠다 싶어서 콜레트에게 그 시절을 글로 쓰라고 재촉했고, 거기에다 좀 더 외설적인 면을 첨가해서 자기 이름으로『클로딘, 학교에서』를 출판했다. 이 책이 상업적으로 큰 성공을 거두자 윌리는 콜레트에게 더 많은 책을 쓰라고 요구했다. 콜레트는 남편이 자신을 집필실에 가둬놓고 하루에 일정 분량의 글을 다 쓰지 못하면 나오지 못하게 했다고 했다. 수년 뒤에 콜레트는 이렇게 썼다. "최상의 작업실은 감옥이에요. 진짜 감옥 말이에요. 자물쇠에 열쇠가 꽂혀 돌아가는 소리가 나고 4시간 동안 감금되어 있다가 다시 자유로워졌죠." 결국 콜레트는 윌리와 이혼했고, 자신의 수많은 동성 및 이성 연애를 소재로 삼아 관능적인 모험이 가득한 책을 출판하기 시작했다. 생을 마감할 무렵에는 프랑스를 대표하는 작가가 되었다.

콜레트는 글쓰기를 전혀 좋아하지 않았지만 윌리의 조기 '훈련' 덕분에 거의 매일 억지로 글을 썼다. 열여섯 살 때 마흔일곱 살의 콜레트와 5년 동안 사귀었던 콜레트의 의붓아들 버나드는 콜레트가 아침 일찍 작업하는 모습을 지켜봤다며 이렇게 회상했다. "콜레트는 담요를 칭칭 두른 채 항상 쓰는 파란 종이를 향해 공격적으로 달려들었어요. 전 그 모습에서 큰 가르침을 얻었죠. 콜레트는 네다섯 쪽은 쉽게 썼지만 다섯 번째 쓴 것은 던져 버렸어요. 그런 식으로 지칠 때까지 글을 썼죠."

콜레트가 항상 아침 일찍 글을 쓴 것은 아니었다. 콜레트의 세 번째 남편은 이렇게 말했다. "콜레트는 현명해서 아침에는 절대 글을 쓰지 않았어요. 대신 날씨가 어떻든 개를 데리고 산책을 나갔죠. 저녁에도 상황상 어쩔 수 없을 때가 아니면 글을 쓰지 않았죠. 보통은 오후 3시에서 6시 사이에 잠깐 글을 썼어요." 콜레트는 나이가 들면서 관절염에 시달리기 시작해 파란색(콜레트가 제일 좋아하는 색) 등불을 드리운 채 자신의 '뗏목'인 소파에 다리를 쭉 뻗고 앉아 영감이 떠오르자마자 격렬하고 빠르게 글을 써내려갔다. 다음 날에 글을 보고 반드시 만족한다는 보장은 없었지만.

글 쓰는 시간은 나에게 움푹 파인 긴 의자에 몸을 파묻고 느긋하게 보내는 시간이다. 그러다가 영감이 온몸을 마비시키고 고통이 치솟아 오르면 나는 등불 아래 작고 동그란 빛무리 속, 순결한 종이에 천천히 보물들을 가득 쏟아낸다. 글쓰기는 유혹적인 종이에다 자신의 내면을 열정적으로 쏟아내는 것이다. 그렇게 광적으로 빠르게 쓰다보면 힘들어 멈추고 싶지만 손은 조급한 신의 손아귀에 끌려가는 것처럼 더 빨리 움직인다. 그렇게 다음 날이 되면 그 눈부신 시간에 쏟아진 보물들이 기적적으로 자라난 황금 가지가 아니라 시든 가시나무와 풀죽은 꽃이라는 것을 발견하게 된다.

콜레트Colette(1873~1954)

20세기 전반기에 가장 독보적인 프랑스 작가. 재능을 착취했던 남편과의 이혼 이후 『지지』, 『암코양이』, 『셰리』 등 남녀 관계의 심리묘사가 뛰어난 소설들을 펴냈다.

케이트 쇼팽

저절로
글이 되어
흘러나오는 이야기

쇼팽은 어떤 일정에 따라 글을 쓰지 않았고, 별도의 집필실을 마련하지도 않았다. 쇼팽의 딸은 쇼팽이 '떼 지어 몰려든 아이들 틈에서' 글쓰기를 좋아했다고 말했다. 가장 유명한 소설 『각성』을 출간한 직후인 1899년에 쇼팽은 한 에세이에서 자신의 집필 습관에 관한 몇 가지 흔한 의문들을 풀어주었다.

> 어떻게 글을 쓰냐고요? 무릎에 얹어놓는 작업대에다 동네에서 가장 좋은 물건을 갖다놓는 구멍가게에서 사온 종이 한 뭉치와 촉이 뭉텅한 펜 하나, 잉크 한 병을 올려놓고 글을 써요.
> 어디서 글을 쓰냐고요? 나무 몇 그루와 파란 하늘을 볼 수

있는 창가 옆의 모리스 의자에 앉아서 글을 쓰죠.

언제 글을 쓰냐고요? 이 질문에는 '언젠가 좋은 때'라고 대답하고 싶어요. 하지만 그랬다가는 가능한 한 진심으로 지켜내고 싶은 저의 자신감에 경박함이 실리겠죠. 그렇다면 이렇게 말할게요. 어느 복잡한 무늬가 내 눈을 너무 끌어당기지 않는다면 아침에, 새로 산 광택제로 낡은 탁자 다리를 닦고 싶다는 갑작스러운 유혹을 물리칠 수 있다면 오후에, 때로는 밤에 글을 쓴다고 대답할게요. 점점 나이가 들면서 밤은 잠자는 시간이라는 쪽으로 생각이 기울어요.

쇼팽은 평균적으로 일주일에 한두 번만 아침에 글을 썼고, 영감이 떠오를 때만 글을 썼다. "저절로 글이 되어 흘러나오는 이야기가 있는 것 같아요. 반면 글로 나오지 않으려고 완강하게 저항하는 이야기도 있고요. 이런 경우에는 아무리 어르고 달래도 소용이 없어요." 쇼팽의 아들 펠릭스는 단편소설이 어머니한테서 어떻게 터져 나오는지를 직접 목격했다. "어머니가 몇 주째 아이디어 하나 떠올리지 못하다가 갑자기 연필과 낡은 작업대를 움켜쥐고 몇 시간 만에 이야기를 완성해 출판업자에게 넘기는 걸 봤어요." 쇼팽은 사실상 수정을 하지 않았다. 수정이 불필요하고 비생산적이라고 생각했기 때문이었다. "전 모든 걸 무의식적 선택에 완전히 맡겨버려요. 다듬는 과정이라는 게 제 작품에는 항상 재앙과도 같았기에 그 과정은 생략했어요. 인위적인 것보다 조잡하더라도 진실한 것을 선호해요."

케이트 쇼팽Kate Chopin(1850~1904)

19세기 후반에 활동한 미국의 단편소설 작가로, 20세기 중반에 이르러 페미니스트 소설의 선구자로 재평가 받았다. 『각성』, 『폭풍』, 『내 영혼이 깨어나는 순간』 등을 펴냈다.

글로리아 네일러

나는
찾아오는 이야기를
필사한다

네일러는 브루클린 대학교에 다니던 학생 시절에 데뷔소설 『브루스터 플레이스의 여자들』을 썼다. 이때는 호텔에서 전화 교환원으로 일하며 이혼 절차를 밟던 중이었다. "그때 당시에는 저의 스케줄이 거의 살인적이었다는 것을 잘 몰랐어요." 훗날 네일러는 이렇게 회상했다. 네일러는 일하고 수업을 듣는 사이사이에 어떻게든 짬을 내서 글을 썼다. "밤에는 전화 교환원 한 명이 혼자 일을 했어요. 새벽 2시 30분이나 3시가 지나면 업무 책상에 앉아 낮에 써두었던 글을 편집했지요. 그런 식으로 글을 쓸 수밖에 없었죠." 보통 의지력이 아니면 힘든 일이었지만 네일러는 자신이 "지독하게 절제력이 강한 사람은 아니었다."라고 했다. "그냥 하고 싶어서 한 일이었어요. 뭔가가 제 안에서 흘러나오기 시작했죠. 그것이 혼돈 그 자체였던 제 삶에 질서를 잡아주었어요."

네일러는 대학교를 졸업했던 그 달에 데뷔소설을 끝냈다. 처음에는 박사 학위를 따서 교수가 되려고 했지만 1983년에 전미도서상을 받은 『브루스터 플레이스의 여자들』로 즉각 엄청난 성공을 거두면서 계획을 바꾸었다. 네일러는 석사 학위를 따고 나서 학교를 그만두고 전업 작가로서의 인생을 시작했다. 보조금을 받고 학생들을 가르치면서 생계를 이어나갔고, 나중에는 이달의 북클럽 이사회에 들어갔다. 네일러의 집필 일정은 당면한 프로젝트와 다른 책무들에 따라서 달라졌다. 하지만 가능하다면 아침 일찍 글을 쓰기 시작해서 정오나 오후 1시까지 쓰기를 좋아했다. 그러고 나서 오후에는 문학과 관계없는 잡일을 처리했다. 집필 환경에 대해서는 전혀 까다롭게 굴지 않았다. "제가 바라는 것은 간단해요. 따뜻하고 조용한 장소만 있으면 되거든요."

이와 비슷하게 네일러의 집필 과정도 평범했다. 네일러는 자신은 저절로 찾아오는 이야기를 '필사하는 사람'이라고 말했다. "알 수 없는 이유로 계속 떠오르는 이미지들이 그 시작이죠. '그게 이야기나 한 권의 책이 될지 어떻게 아느냐?'고 사람들은 물어요. 그럼 전 '그것들이 사라지지 않으니까요.'라고 답하죠. 복잡하고도 고통스러운 전체 집필 과정에 어떻게든 들어가서 그 이미지의 의미를 찾아내기까지는 그냥 마음이 불편해요. 원고 쓰기에 돌입해서 그 이미지의 의미를 알아내고 나면 종종 실망하기도 해요. 하지만 주사위는 이미 던져졌고, 달리 어떻게 할 수 있는 방법이 없어요."

글로리아 네일러Gloria Naylor(1950~2016)

브루클린 대학교에서 영문학을 공부하고 예일 대학교에서 흑인 문학으로 석사 학위를 받았다. 『브루스터 플레이스의 여자들』로 1983년 전미도서상을 받았다. 또 다른 작품으로는 『린스 힐스』, 『폭풍』 등이 있다.

샬럿 브론테

낭독의 즐거움

브론테의 어린 시절은 어머니와 두 언니의 죽음으로 얼룩졌고, 갓 성인이 된 시기에는 비참한 가정교사 일로 망가진 인생을 살았다. 그러나 1842년에 엘리자베스 이모가 돌아가시면서 브론테와 어린 두 여동생은 유산을 물려받았고, 덕분에 집필에 전념할 수 있었다. 브론테 자매는 대부분의 생을 보내며 소설을 집필했다. 샬럿은 『제인에어』를, 에밀리는 『폭풍의 언덕』을, 앤은 『아그네스 그레이』를 썼다.

샬럿은 생계를 위해 일할 필요가 없어졌을 때도 매일 글을 쓰지 않았다. 아니, 그렇게 할 수가 없었다. 샬럿의 친구이자 전기 작가인 엘리자베스 개스켈Elizabeth Gaskell은 이렇게 썼다.

> 가끔씩 샬럿은 몇 주 혹은 몇 달이 지나도 이미 써놓은 이야기에 글 한 줄 덧붙이지 못했다. 그러다가 어느 날 아침에 잠에서 깨어나면 이야기가 뚜렷하고도 확실하게 눈앞에 펼쳐졌다. 이럴 때는 집안일과 자식의 의무를 모두 내려놓은 채 마음속에서 펼쳐지는 사건들과 필연적인 생각들을 글로 옮기기 위해 책상 앞에 앉을 수 있는 여유를 짜냈다. 하지만 샬럿이 이러한 '집착' 상태에 빠져 있을 때에도 매일 집에서 샬럿과 마주치는 사람들은 어떤 의무나 도움을 요청받은 적도 없었고, 한 순간도 소홀한 대접을 받은 적이 없었다고 분명하게 말했다.

개스켈은 브론테와 자매들이 매일 저녁 9시에는 글쓰기에서 손을 뗐다고 했다. 그 시간에는 브론테 자매들이 다 함께 모여 작업 중인 작품에 관해 이야기를 나누었다. 거실을 왔다 갔다 하면서 자기들 소설의 플롯을 설명했고, 일주일에 한두 번은 자기들이 써놓은 글을 소리 내 읽고 나서 조언과 평가를 구했다. "샬럿은 자신이 현실을 묘사했다는 느낌에 사로잡혀 있었기 때문에 자매들의 평가에 솔깃해서 작품을 수정하는 일은 좀처럼 없었다. 그럼에도 낭독은 그 효과가 무척 좋아서 모두의 호기심을 이끌어냈고, 덕분에 브론테 자매들은 매일 되풀이되는 괴로운 걱정거리의 압박에서 해방되어 자유로워질 수 있었다." 개스켈은 이렇게 썼다.

샬럿 브론테Charlotte Brontëe(1816~1855)

19세기 영국 소설가. 1847년에 『제인에어』를 출간하자마자 순식간에 성공한 작가로 자리매김했다. 여성의 경제적 정신적 독립에 대한 파격적인 메시지는 당대 영국 사회에 큰 파란을 일으켰다.

르네 콕스

자신을 다그치지 않아야 해요

콕스는 뉴욕에서 활동하는 자메이카 태생의 사진작가다. 흑인 여성의 몸을 중심으로 인종과 성정치를 탐구한 사진 시리즈를 발표했다. 콕스는 규칙적인 일정을 지키는 타입은 아니다. "인간이 만든 시계의 시간을 엄격히 따르지는 않는다. 난 그렇게 기능하지 않는다."고 말했다. 그러고는 "매일 아침 6시에 일어나 45분간 명상을 한다. 그리고 다시 잔다."라고 말하며 웃었다. 콕스는 9시 30분까지 잠을 잔다. 일주일에 3일은 오전 11시에 물리치료를 받는다. 정오쯤, 할렘에 있는 집에서 차로 10분을 달려 브롱크스에 있는 스튜디오로 향한다. "나는 뉴욕의 모든 곳을 운전해서 다니는 별난 사람들 중 한 명이다. 왜냐면 그게 좋으니까." 스튜디오에서, 콕스는 때때로 조수나 인턴들과 함께이지만 보통 때는 혼자다. 2시

30분부터 자정까지, 혹은 그보다 더 늦은 시간까지 일하지만, 오후 7시에 집에 가도 그만이다. 어떤 일을 하고 있느냐에 따라 달라진다.

콕스의 창조적인 삶에서 한 가지 상수는 자아의 부재, 또는 적어도 그 상태에 대한 열망이다. 콕스가 창작하는 과정은 정말로 '생각이 없는 곳'에서 비롯된다. "산만하거나 이기적인 사고가 모두 일어나지 않는 곳이지요." 무엇보다도 그녀는 부정적인 생각을 날려버리기 위해 노력하는데, 이것은 콕스가 일에 있어서 자신을 다그치거나 강제로 무언가를 하지 않는다는 것을 의미한다. 콕스는 이렇게 말했다. "나는 나 자신을 때리기 위해 그곳에 있는 것이 아니다."

르네 콕스Renee Cox(1960~)

자메이카에서 태어나 뉴욕에서 자랐으며 패션 사진작가로 일하다가 멀티미디어 아티스트로 자리 잡았다. 자신의 몸을 내세워 흑인 여성에 대한 대상화를 역전시킨다.

조라 닐 허스턴

터져나오듯 써내려가는 희열

> 당신이 머리를 양 갈래로 땋고 다니던 시절에 마탄사강에 물고기를 잡으러 갔다가 아귀를 잡아본 적이 있는지는 모르겠다. 아귀는 큰물고기에게 잡아먹히면 배 속에서 내장을 먹어치우며 밖으로 뚫고 나간다. 글을 쓰는 소명도 그렇다. 어떻게 해서라도 글을 써야 한다. 그렇지 않으면 그것이 당신을 먹어치우며 바깥으로 뚫고 나올 테니까.

이는 허스턴의 집필 방식을 상당히 잘 묘사한 비유다. 허스턴은 글쓰기 일정이나 계획을 따른 적이 한 번도 없었다. 글을 아예 쓸 수 없는 '끔찍한 시기'를 겪었다. "가끔씩 종이와 작품 공포증에 사로잡힌다. 종이나 작품을 만질 수조차 없다. 한동안 글을 쓰지도, 읽지도 못하고, 아무것도 할 수가 없다. 그냥 뭔가가 날 꽉 움켜쥐고, 내 말문을 막고, 날 비참하고 무기력하게 만든다. 그러다가 어느 순간 날 움켜쥔 그 손아귀에서 풀려난다. 그럴 때는 마치 이 행성에 나 혼자 고립된 것만 같다. 하지만 그것이 창의적 활동의 서곡이라는 것을 안다."

허스턴이 일단 창의적 아이디어에 사로잡혔다 하면 모든 것이 달라졌다. 허스턴은 1936년 가을에 구겐하임 보조금을 받아 아이티에서 부두교를 조사하는 동안 가장 유명한 소설『그들의 눈은 신을 보고 있었다』를 썼다. 그 이전에 몇 달 동안 자메이카에 살면서 도망친 노예들의 후손인 마룬을 연구했고, 그렇게 자메이카와 아이티의 문화에 심취한 덕분에 자기 나라의 인종과 계급, 성 문제를 새로운 시각으로 볼 수 있었다. 허스턴은『그들의 눈은 신을 보고 있었다』를 놀랍도록 빠르게 써내려갔다. "제 안에 갇혀 있었던 것이 터져 나오면서 내적 압박감에 떠밀려 7주 만에 끝냈어요. 다시 그런 작품을 쓸 수 있다면 좋겠어요." 허스턴은 자서전에 이렇게 썼다.

조라 닐 허스턴Zora Neale Hurston(1891~1960)

미국의 작가. 여성운동의 선구자이며 대표작『그들의 눈은 신을 보고 있었다』는 혼혈 여성이 세 차례의 결혼을 겪으면서 독립적 자아로서 자신만의 목소리를 찾아가는 긴 과정을 그렸다.

제인 캠피온

한 편의 영화는
글에서 시작된다

캠피온이 영화 한 편을 탄생시키는 기나긴 과정은 언제나 글쓰기로 시작된다. 뉴질랜드 태생의 영화제작자 캠피온은 일곱 편의 장편 영화 중 다섯 편의 대본을 직접 쓰거나 공동 집필했다. 캠피온은 인터뷰에서 자신의 창작 과정은 대체로 직관적이라고 말했다. "이름 지을 수 없는 감정이 시발점이에요. 분위기랄까, 뭐 그런 게 느껴지죠. 전 그렇게 느껴지거나 떠오르는 분위기를 조성해주는 글을 쓰려고 해요. 그 과정이 잘 진행되면 결국에는 그 분위기가 영화가 되죠."

캠피온이 1993년도 영화 「피아노」의 대본을 쓰기 시작했을 때는 일주일 동안 혼자서 그 이야기의 분위기와 주인공의 머릿속에 빠져 들어 지냈다. 그때는 가끔씩 눈물을 보이기도 했다. "그런 분위기에 며칠 동안 빠져 지내야 해요. 그러고 나서 감이 오면, 거기서 빠져나와 기본적으로 9시에서 5시까지 일하죠." 캠피온은 이렇게 말했지만 그의 집필 과정은 깨지고 흐트러지기 쉬웠다. "가끔씩 진짜 영감에 사로잡히는 시기가 있어요. 그때는 어떤 아이디어들을 꿰뚫어볼 수 있을 것만 같죠. 그럴 때는 일하고 또 일해요. 그러다가 배가 고파지거나 지쳐버리죠. 그럼 이런 생각이 들어요. '젠장, 한 시간만 더 했으면 진전이 있었을 텐데!'"

제인 캠피온Jane Campion(1954~)

오스트레일리아의 영화감독. 불완전한 여성 주인공들을 통해 많은 억압과 관습을 이기고 정체성을 찾아가는 내용의 영화를 찍었다. 「내 책상 위의 천사」, 「스위티」 등을 만들었고 「피아노」를 통해 세계적인 감독으로 부상했다.

앨리스 워커

조금 특별한 작업 방식

워커는 5년 안에 책을 완성하겠다고 계획을 세웠지만 그 책을 쓰기 시작한 지 채 1년도 되지 않아 마지막 장을 쓰고 있었다. 워커는 글을 굉장히 빠르게 썼는데 그건 이미 오랫동안 머릿속으로 구상을 해왔기 때문에 가능한 일이었다. 실제로 펜을 들고 새 책을 쓸 수 있을 때까지 구상 기간이 일이 년 걸린다고 워커는 말했다. 그 기간 동안 무슨 이야기를 쓸지 깊이 생각하고, 한 가지에 전념할 수 있게 주변을 깨끗하게 정리했다. 워커는 이것이 글쓰기에 반드시 필요한 전제조건이라고 생각한다. “창의성은 물론이고 그 어떤 종류의 손님이든 초대를 하려면 미리 자리를 마련해두어야 해요.”

이렇게만 보면 워커의 집필 과정이 상당히 수월하게 진행될 것 같지만 현실은 그보다 복잡하다. 1982년에 워커는 자신의 대표작 『컬러 퍼플』을 쓰면서 소설에 등장하는 캐릭터들과 함께 살았다는 내용의 에세이를 출판했다. 처음에 워커는 브루클린에 정착했지만 캐릭터들이 대도시를 탐탁지 않게 생각했다고 한다. "이 높다란 것들이 다 뭐야?" 인물들이 이렇게 물었다. 그래서 워커는 짐을 싸서 도시를 가로질러 샌프란시스코로 떠났다. 하지만 그곳에서도 워커의 캐릭터들은 행복하지 않았다. 그들에게는 자신들의 이야기가 펼쳐진 조지아나의 작은 마을에서 좀 더 가까운 곳이 필요했다. 그래서 워커는 다시 이사를 갔다. 이번에는 샌프란시스코에서 두 시간 떨어진 캘리포니아의 본빌에 있는 사과 과수원의 작은 오두막을 빌렸다. 마침내 그곳에서 워커의 등장인물들이 워커에게 이야기를 하기 시작했다. "제가 어디에 앉아 있든 항상 이야기를 했어요. 그들은 아주 친절하고 매력적이고 쾌활했어요." 그때 워커의 딸 레베카가 본빌로 돌아왔다. 워커가 몇 차례 이사를 다니는 동안 워커의 전남편과 함께 동부 해안에서 지내다가 온 것이었다. 처음에는 불편한 관계였다. 워커는 캐릭터들이 "그냥 입을 다물었고, 자주 찾아오지도 않았으며, 단호한 태도로 그래, 어떻게 나올지 두고 보자는 식이었다."고 썼다. 다행스럽게도 그들은 곧 돌아왔고, 워커의 딸을 '좋아하기로' 했다. 특히 소설의 주인공 세실이 레베카를 아꼈다. 워커는 이렇게 썼다. "레베카가 집에 돌아와 엄마를 찾고 엄마의 포옹을 바랄 때 세실이 그 두 가지 바람을 모두 들어주려고 했죠."

훗날 레베카 워커도 작가가 되었는데 그녀가 기억하는 과거는 그다지 아름답지 못했다. 레베카는 소설 속 인물들의 삶에 푹 빠져버린 작가의 아이로 살아가는 게 극히 불안정했다고 했다(성인이 되어서는 엄마와 아예 이야기를 하지 않았다). 하지만 앨리스 워커는 자기가 한 선택을 후회하지 않았다. 2014년에는 이렇게 말했다. "다른 사람들이 어떻게 생각하는지에 크게 신경을 쓴 적이 있는지 모르겠어요. 어렸을 때도 제가 좀 특이하다고 생각했죠. 목적을 달성하기 위해 언제나 제 갈 길을 갔으니까요."

앨리스 워커Alice Walker(1944~)

장편소설 『컬러 퍼플』을 발표하고 이 작품으로 1983년에 퓰리처상과 전미도서상을 수상하면서 미국 문단에 우뚝 서게 된다. 『그레인지 코플랜드의 세 번째 인생』, 『사랑의 힘』 등을 썼다.

매리언 앤더슨

번쩍하고 모든 게 이해되는 순간

1955년에 뉴욕의 메트로폴리탄 오페라에 등장한 최초의 흑인 독창자 앤더슨. 지휘자 아르투로 토스카니니 Arturo Toscanini는 앤더슨이 '백년에 한번 들을 수 있는 목소리'를 갖고 있다고 했다. 앤더슨은 자서전에서 새로운 노래를 익히는 방법을 소개하면서 관객의 상상보다 훨씬 복잡하고 섬세한 과정이라고 했다.

> 먼저 선율을 듣고 싶어요. 진지하게 가사를 분석하기 전에 노래에서 뭔가를 얻고 싶기 때문이죠. 그러고 나서 가사를 노래와 따로 떼어놓고 읽어요. 가사가 무슨 내용인지 알고 싶거든요. 노래를 작곡한 방식에 대해서도 알고 싶어요. 그 노래와 관련된 모든 것들에 흠뻑 빠지려고 노력하죠. 가사

와 노래를 합치고 나서는 분위기를 깊이 느끼려고 해요. 제가 집중하고, 예기치 못한 어려움을 초래하는 요소가 노래에 없다면 힘든 일이 아니에요. 하지만 집중하기가 항상 쉬운 건 아니에요. 마음을 어지럽히는 산만한 요소가 없어야 하죠. 집안일과 가족에 대한 의무에 마음을 많이 빼앗겨요. 그 외에도 제 시간을 빼앗아가는 다른 전화들이 방해가 되죠. 낮에 얼마나 공부를 했든 잠자리에 악보를 들고 가요. 잠들기 직전에 완벽하게 긴장이 풀리고, 음악의 분위기가 살아나거든요. 그러다 갑자기 정신이 번쩍 들면서 그 노래의 영혼에 완전히 빠져들어요. 그렇게 몇 시간이 지나면 위대한 작품이 완성되죠.

"음악은 손에 잡히지 않아요." 앤더슨은 계속해서 이렇게 말했다. 한 곡을 놓고 몇 주 동안 씨름을 해도 진전이 전혀 없을 때가 있다. "그러다가 갑자기 번쩍하면서 모든 게 다 이해되죠. 며칠 동안의 노력이 모두 쓸모없어 보였는데 예기치 못한 순간에 결실이 맺혀요."

매리언 앤더슨Marian Anderson(1897~1993)

미국의 성악가로 20세기 최고의 여성 알토로 꼽힌다. 흑인 최초로 메트로폴리탄 오페라 극장에 선 가수이다.

응토자케 샹게

무의식이 주는 선물

"전 아침에 일어나면 항상 글을 써요." 미국인 극작가이자 시인인 샹게는 1983년 인터뷰에서 이렇게 말했다.

> 자주 가는 카페에 가서 오후에는 2시에서 4시 30분까지, 저녁에는 6시 30분에서 8시까지 비는 시간에 글쓰기를 좋아해요. 와인 한잔과 페리에 한잔을 마시고 앉아서 일기를 쓰죠. 그곳에서는 안전하게 보호받을 수 있어서 좋아요. 집에 혼자 있는 게 아니니까요. 혼자 상처받기 쉬운 상태에 있다고 악마에게 제압당할 일이 없죠. 진짜 무서운 작품을 써야 한다면 아마 밖으로 나가서 쓸 거예요. 밖으로 나가 사람들과 뒤섞이면 안전하다는 느낌을 받거든요. 그제서야 온갖

기괴하거나 무서운 이야기를 쓸 수 있어요. 그때 악마들은 숨을 죽여야 하죠.

샹게에게 글쓰기 과정은 통제력, 적어도 시간의 일부를 버리는 것이기도 하다. "때로는 제 자신이 매개체가 되는 것 같아요. 가끔씩 예술가들한테서 발현되는 무의식이 다른 영혼들, 즉 다른 신들의 매개체라고 생각해요. 그 때문에 우리가 이성적으로 가질 수 없는 것을 가지게 되죠."

응토자케 샹게 Ntozake Shange(1948~2018)

미국의 극작가 겸 시인. 흑인 페미니스트로서 인종과 여성에 대한 이슈를 다루었다. 극본 「무지개 때문에 자살을 생각한 흑인 소녀들」로 각종 상을 휩쓸었다.

헬렌 프랑켄탈러

영감은 준비된 자에게 찾아온다

"훌륭한 그림은 방금 일어난 일처럼 보인다." 추상표현주의 화가 프랑켄탈러는 이렇게 말했다. 프랑켄탈러는 즉흥적이고 진실하다 싶은 하나의 그림을 얻으려면 단순한 연습이나 실험 이상이 필요하다고 생각했다. 그런 그림은 화가의 모든 자원을 동원해야 나오는 것이기 때문이다. "자신의 모든 영향력과 기품, 지식을 쏟아부으면서 영적으로나 감정적으로, 지적으로나 신체적으로 대비하는 거죠. 그러다보면 종종 모든 주파수가 딱 맞아 떨어지는 순간이 찾아와요."

프랑켄탈러는 그 순간들을 찾으려고 작업을 하다 말다를 반복했다. 고심해도 만족스럽지 못한 그림들이 연이어 나오거나 아예 한 점도 그리지 못하다가 갑자기 많은 그림을 생산해내기도 했다. "나는 작품 활동에 완전히 몰입하는 경향이 있다. 그러던 어느 날 붓을 내려놓는데 허탈한 느낌이 들었다. 그때 다시 그림을 그리려면 뭔가 변화를 꾀해야 한다는 걸 깨달았다."

> 짧은 휴식은 기운을 북돋아줄 수 있지만 긴 휴식은 두렵다. 종종 휴식을 취한 후에 다시 그림을 그리려고 하면 공황 상태에 빠져 어디까지 하다 말았는지도 모를 때가 있다. 그럴 때면 첫날부터 다시 시작하는 것 같다. 빈둥거리다가 연필을 깎고, 전화통화를 하고, 피스타치오를 한 줌 먹고, 수영을 한다. 그림을 그려야 할 것 같고, 틀림없이 그림을 그리기 시작할 것 같다. 고통스럽고 지루하고 초조해진다. 나 자신에게 화가 나기도 한다. 그러다 마침내 시작해야 하고, 흔적을 남겨야 하고, 그냥 그래야 할 것 같은 순간이 닥친다. 그러고는 희망을 품고서 새로운 단계의 작품 활동에 천천히 빠져 들어간다.

프랑켄탈러는 부엌에서도 그와 비슷한 흐름을 따랐다. 건강한 식사를 하면 에너지가 훨씬 많아지고 그림이 아주 잘 그려졌다고 프랑켄탈러는 말했다. 하지만 가끔씩 정크푸드를 폭식하며 '카타르시스'를 맛볼 필요도 있었다. "평상시 제 식단에는 지방도 없고, 소금과 버터, 설탕, 빵, 크림도 안 들어 있어요. 집에서 찌꺼기를 걸러낸 우유로 만든 요거트가 들어가 있을 뿐이죠." 프랑켄탈러는 1977년도 요리책 저자들에게 이렇게 말했다. 하지만 오랫동안 식욕을 억눌렀을 때는 초콜릿과 아이스크림, 혹은 다양한 간식들 중 한 가지를 게걸스럽게 먹었다. "가공 처리한 치즈, 딜을 넣은 코셔 피클, 땅콩버터, 저렴한 정어리, 볼로냐소시지 같은 음식들을 주기적으로 탐하고 싶고, 결국에는 그 유혹에 굴복하고 만다."

헬렌 프랑켄탈러Helen Frankenthaler(1928~2011)

미국의 2세대 추상표현주의 화가. 수채화를 연상시키는 독특한 기법에 심리적 감흥을 일으키는 색채의 서정성이 특징이다.

직업으로서의
예술가

에드나 페버

어떤 환경에서도 글을 쓰는 힘

"속기사나 버스운전기사, 혹은 미국 대통령처럼 매일 일하지 않는 전문 작가는 내가 알기로 한 명도 없다. 작가가 책임질 사람은 자신뿐이다. 그러므로 자신이 엄격한 감독이 되어야 한다. 일반 근로자는 주 5일을 일하지만 작가는 일주일 내내 일한다." 작가 페버는 1963년에 자서전 『일종의 마법』에서 이렇게 썼다.

페버는 스물한 살 때부터 생을 마칠 때까지 매일 아침 9시에 일어나 타자기 앞에 앉았고, 하루 천 단어를 목표로 잡고 글을 썼다. 항상 그 목표를 달성한 것은 아니었지만 종종 목표 달성에 성공해 50년 집필 경력 동안 소설 12권과 단편소설집 12권, 연극 각본 9개, 자서전 2권을 출간했다. 이 작가에게는 집필 환경이 중요하지 않았다. 페버는 수년 동안 사실상 어떤 환경에서도 글을 쓸 수 있게 스스로를 단련했다.

> 화장실, 배, 제트기, 헛간, 뉴욕과 샌프란시스코를 오가는 기차나 파리에서 마드리드로 가는 기차에서도 글을 썼어요. 침대에 누워서, 혹은 병원의 기계장치에 기대어 글을 썼고, 호텔과 지하창고, 모텔, 자동차 안에서도 글을 썼죠. 건강하든 아프든, 행복하든 절망적이든 상관하지 않고 항상 글을 썼어요.

이 규칙에 한 가지 예외가 있었다. 페버가 항상 꿈꾸던 집을 코네티컷에 지었을 때 이상적인 작업실을 꾸밀 기회가 있었다. '캐러멜색 양탄자에 부드러운 초록색 벽, 벽난로, 책장, 안락의자, 책상의자와 책상, 타자기'를 갖춘 2층 서재에 창문이 세 개 난 작업실이었다. 이 세 개의 창이 동, 서, 남을 향하고 있어서 탁 트인 부지가 한눈에 들어왔다. 얼마 후, 페버는 책상을 창가에서 텅 빈 벽 쪽으로 옮겼다. 그러자 즉시 기분이 훨씬 나아졌다. "전망 좋은 방은 직업 작가가 글을 쓸 수 있는 곳이 아니다." 페버는 이렇게 단언했다.

에드나 페버Edna Ferber(1885~1968)

미국의 소설가. 사회생활에 대한 날카로운 관찰을 바탕으로, 장편과 단편을 발표했다. 『소 빅』으로 퓰리처상을 수상했다.

캐서린 오피

현실 감각을 잃지 않기

예술가로서의 자의식은 창작을 하는 데 있어 필수 요소일 수 있지만 미국의 사진작가 캐서린 오피는 비대한 자의식을 철저하게 경계한다. "이 업계에 유아론과 자기도취증이 존재한다는 사실을 기억해두는 게 중요해요. 당신에 관한 문제가 절대 아닐 수 있어요. 그보다는 당신의 공동체와 가족을 어떻게 대하는지, 인간이 되는 것이 무엇인지에 관한 문제일 수 있죠. 그러한 것들 사이에서 바람직한 균형을 찾으려고 노력해요."

1980년대 초에 샌프란시스코 예술학교를 다니던 학생 시절, 오피는 숙박비를 벌려고 '몽롱한 마약쟁이들의 소굴'이었던 도시의 레지던스 클럽에서 일했다. 그 시절에는 새벽 2시 30분에 일어나 새벽 3시에서 오전 8시까지 프런트데스크에서 일했고, 아침을 먹고 나서 학교에 갔다. 학교가 끝난 후에는 YMCA에서 유아교육 프로그램을 운영하는 일을 맡아서 했다. 거기서 오후 7시까지 일하고 나서 집에 돌아가 저녁을 먹고 9시에 억지로 잠을 청했다. 그게 안 되면 아예 잠 한숨 자지 않은 채 새벽 3시 근무를 시작해야 할 때까지 학교 암실에서 밤새워 공부했다.

그 오랜 시간은 결실을 가져다주어 현재 오피는 성공한 사진작가가 되었다. 오피의 일정은 학창시절보다는 훨씬 더 여유로워졌지만 그렇다고 느슨해지지는 않았다. 바쁘게 예술 사업을 운영하면서도 UCLA에서 종신 교수로 일하기 때문에 주중에는 여가 시간이 많지 않다. "일정이 없으면 좋겠어요. 좀 더 빈둥거리고 싶거든요. 하지만 교수이자 엄마, 스튜디오 한 곳 전체를 운영하는 예술가이기 때문에 진짜 빡빡한 일정을 소화해야 할 수밖에 없죠." 오피가 말했다.

2016년 가을, 오피는 주중에 새벽 5시 50분에 일어나 십대 아들을 학교에 보내고, 운동을 하거나 테니스 수업을 들었다. 그러고 나서 월요일에서 수요일까지는 UCLA에 학생들을 가르치러 나가고, 목요일과 금요일에는 스튜디오로 향한다. 어느 날 할 것 없이 저녁까지 바쁘기 짝이 없다. 일이 끝난 후에는 한 주에 며칠은 사업상 저녁식사가 잡혀 있고, 저녁약속이 없는 날에는 집에서 가족들과 함께 보낸다. 일정이 너무 빡빡해서 대체로 학교 방학이 있는 여름과 봄, 겨울에만 새로운 작품을 만들어낼 수 있다. "일을 할 수 없었다는 사정은 아무 의미가 없어요. 여생을 계획하는 것처럼 일도 계획해서 처리하면 되니까요. 우연히 손에 들어오는 건 없죠." 오피가 말했다.

오피는 은퇴해서 자유를 누릴 수 있기를 기대하고 있다. 오피와 오피의 아내는 RV 한 대를 사서 여유롭게 국립공원을 돌아다니고 싶다는 이야기를 나눈다. 또한 예술가 공동체를 만들어서 학생들의 멘토가 되어주려고 한다. 예술가라면 반드시 자기 자신만의 생각에서 벗어나야 하는데 학생들을 가르치면 그것이 가능해지기 때문이다.

캐서린 오피Catherine Opie(1961~)

미국의 사진작가. 스튜디오 초상 작업을 비롯해 건축물, 도시 풍경에 이르는 다양한 작업을 통해 정체성과 공동체에 대한 자신의 철학을 사진으로 표현한다.

바바라 햅워스

결코 신비롭지 않은 일

조각가 햅워스는 자신의 작업 과정이 유독 마법 같거나 신비롭다고 생각하지 않았다. “전 항상 제 일이 평범한 직업과 다를 바 없다고 생각해요.” 물론 추상 조각가가 되는 일이 감정적으로 지치는 일임을 부정하지는 않았다. 햅워스는 보통 하루에 8시간씩 일했고, 오래 일할수록 더 나은 결과가 나온다고 생각했다. “오랜 시간 동안 쉬지 않고 일해야 진정한 진전을 볼 수 있어요. 이런 돌덩어리 하나는 많은 시간을 들여서 조각하지 않으면 그다지 별다를 게 없어 보이거든요. 전 아침 8시쯤에 일을 시작해서 저녁 6시까지 일하는 게 좋아요.” 어린 아이들을 키우던 시절에는 그렇게 지속적으로 작업할 수 없었다. “자기관리를 아주 엄격하게 해야 했죠. 그래서 항상 매일 단 10분이라도 작업을 했어요.” 햅워스는 아이들이 어렸던 시절에 대해 이렇게 말했다.

> 이런 말을 하기는 아주 쉽죠. "음, 오늘 일진이 나빠. 아이들은 말을 잘 안 듣고, 부엌은 문질러 닦아야 하고. 하지만 내일은 더 나을지도 몰라." 다음 주나 아이들이 좀 더 크고 나면 더 나을 거라고 자신을 다독일지도 모르죠. 그러다가 결국에는 자기계발에 손을 놓고 말아요. 방해를 받더라도 자신이 하는 일을 놓지 않으면 저 이면에서 아이디어를 키워 나갈 수 있죠. 사실은 그게 훨씬 더 빨리 성숙해지는 길이에요. 조각할 시간은 적어질지 몰라도 항상 조각을 했던 것처럼 그와 똑같은 비율로 성숙해질 수 있죠.

실제로 햅워스는 아이를 키우는 것이 예술가가 되는 길에 방해가 되지 않았다고 말했다. 시간을 내달라고 하는 아이들에게 화가 나지도 않았다(햅워스의 첫 번째 남편과 두 번째 남편이 모두 작업 시간 조율이 가능한 예술가라서 적어도 아이들 양육을 어느 정도 도와줄 수 있었던 덕분일 수도 있다). "우리는 일을 했고, 아이들은 먼지와 물감, 그 모든 것이 날리는 한가운데서 자랐죠. 아이들은 그 생활의 일부였어요."

1939년부터 생을 마칠 때까지 햅워스는 영국의 남서쪽 끄트머리 근처에 있는 콘월의 세인트이베스에 살면서 일했다. 날씨가 좋으면 종종 야외에서 작업을 했는데 그 나날이 1년의 대부분을 차지했다.

"빛과 공간은 나무나 돌과 마찬가지로 조각가의 재료가 되죠." 헵워스는 이렇게 말했다. 헵워스는 대개 한 번에 여러 개의 조각 작품을 만들었다. 헵워스는 스튜디오에서 우연한 화재사고로 생을 마치는 순간까지도 여전히 매일 조각을 했다. 헵워스는 조각을 포커에 비교했다. "전 사실 카드놀이를 하지 않아요. 하지만 작업을 할 때는 무섭게 도박을 하죠. 직감을 믿어야 해요. 뭔가를 하고자 하는 열정과 집념도 있어야 하죠. 열심히 하는 게 답이에요. 다음 일을 하는 것보다 더 중요한 건 없거든요."

바버라 헵워스Barbara Hepworth(1903~1975)

영국의 현대 조각을 대표하는 존재로, 1959년 상파울루 비엔날레전에서 대상을 수상했다. 주요 작품으로는 「두 개의 형태」, 「펠라고스」 등이 있다.

그웬돌린 브룩스

시는
완벽한 형태로
오지 않는다

브룩스는 십대 시절부터 문예지에 시를 투고하기 시작했지만 스물여덟 살이 될 때까지 브룩스의 시는 단 한 편도 실리지 않았다. "단 한 편도 출판하지 못해 좌절하는 젊은이들에게 격려가 되는 이야기죠. 14년 동안 포기하지 않고 계속 하기만 하면 되는 거예요."

브룩스는 '가장 흥미 없는 가정주부 역할'을 주로 맡아서 했을 때도 계속 글을 썼다. 첫아이를 출산한 이후에는 거의 펜을 들지 못했지만 글쓰기를 아예 포기하지는 않았다. 1945년, 아들이 다섯 살이 됐을 때 브룩스는 첫 시집을 출판했다. 그로부터 4년 뒤에는 두 번째 책을 출간했고, 이듬에는 시 분야에서 퓰리처상을 받은 최초의 아프리카계 미국인이 되었다. 1973년에는 한 인터뷰 기자가 브룩스에게 시가 완벽한 형태로 찾아오는지 물어보았다.

> 시가 온전한 형태로 완벽하게 차려입은 채 다가오는 경우는 드물어요. 대체로 시는 조각조각 난 상태로 다가와요. 어떤 인상을 받아요. 어떤 느낌이 들고, 뭔가를 예감하죠. 그때 그 인상과 느낌, 예감, 혹은 기억을 아주 흔하고 다루기 쉬운 말로 희미하게 풀어내기 시작하는 거예요. 그런 식으로 계속 실패하고 비틀거리고 바꾸고 흔들다가 마침내 초고가 완성되죠. 저 같은 작가나, 다른 많은 시인들은 초고를 수정하고 또 수정해요. 그러다보면 종종 완성본이 초고와 똑같아지기도 하죠. 가끔씩 그래요.

최초의 아이디어에서 완성된 시 한 편을 뽑아내는 시간은 전혀 예측할 수 없다. 때로는 15분, 때로는 15개월이 걸리기도 한다고 브룩스는 말했다. "힘든 일이에요. 언제나 점점 더 힘들어지죠."

그웬돌린 브룩스Gwendolyn Brooks(1917~2000)

미국의 시인. 1949년 시카고에서 성장한 흑인 소녀의 삶을 연작시 형태로 담은 두번째 시집 『애니 앨런』을 발표하여 퓰리처상을 받았다.

바네사 벨

실질적인 힘의 소유자

버지니아 울프의 언니 바네사 벨은 관찰자로 고독하게 사색하면서 창작했던 울프와 완전히 정반대의 성향을 갖고 있었다. 혼란스러운 생활 속에서도 자식들과 연인들, 친구들과 부대끼며 주변의 모든 것과 모든 사람들에게 창의성을 발휘했다. 또한 관습을 무시한 채 연인 및 전 연인과 자유로운 관계를 맺기로 유명했다. 벨의 연인들은 서로 사이가 좋았고 종종 같은 지붕 아래에서 잠을 잤다. 그 모든 것이 다 벨의 타고난 카리스마와 활력 덕분이었다. 한때 벨의 연인이었던 사람은 벨을 '신묘하고 실질적인 힘'의 소유자라고 평했다.

이러한 자질 덕분에 벨은 작가와 예술가, 지성인의 집단인 전설적인 블룸즈베리 그룹의 중심인물이 되었다. 이들의 가장 풍부한 창작

력은 벨이 1916년에 임대했던 외진 사유지 찰스턴에서 나왔다. 방문객에게 이곳은 서식스주 시골에서 블룸즈베리의 이상을 이어나가는 전원생활의 중심지였다. 한 방문객은 이렇게 회상했다. "전성기의 찰스턴은 매혹적인 장소였어요. 강력한 개성이 깃들어 있는 곳이라서 그곳에 머물고 있을 때면 항상 감사했죠. 풍요롭고도 다양한 시각적 감각을 만끽하고, 이야기를 나누고, 격렬하고도 목적 있는 삶을 의식할 수 있었으니까요."

찰스턴에 정기적으로 거주한 사람은 벨 혼자가 아니었다. 1914년쯤인가 그 이후부터 명목상으로만 벨의 남편이었던 클리브Clive도 찰스턴에 거주했다. 두 사람은 친구 사이로 지내면서 각자 애인을 두었다. 찰스턴에 거주한 또 다른 식구는 수십 년 동안 관계를 유지했던 벨의 연인 던컨 그랜트Duncan Grant와 그랜트의 연인인 소설가 데이비드 버니 가넷David Bunny Garnett, 그리고 벨의 세 아이들이었다. 찰스턴에서는 보통 가족들이 아침에 식당에 모여 아침식사를 했다. 그랜트가 포리지를 먹는 동안 다른 사람들은 부엌 난로 위에 따뜻하게 데워져 있는 계란과 베이컨을 직접 가져다 먹었다. 우편물이 도착했을 때 클리브는 『타임』을 집어 들고 서재로 갔고, 벨과 그랜트는 닭장이 있던 곳에 만들어놓고 함께 쓰는 화실로 향했다. 많은 예술가들이 작업공간에 다른 사람이 드나드는 걸 견디지 못했지만 벨과 그랜트는 같은 공간에서 그림을 그리는 데 만족했다. 두 사람은 종종 축음기로 클래식 음악을 들으면서 작업을 했다. 벨의 아들 쿠엔틴Quentin은 두 사람이 "같은 여물통에 나란히 서서 만족스럽게 우적우적 여물을 먹는 건장한 동물 두 마리 같아서 서로 이야기를 나누지 않아도 같은 공간에 있는 것만으로도 행복해했다."라고 말했다(하지만 결국에는 벨이 자신만의 공간을 마련했고, 1925년 이후에는 예전에 손님용 침실로 사용했던 꼭대기 방을 개인 스튜디오로 삼아 그곳에서 작업을 했다).

울프의 눈에 비친 벨은 일상의 천재이자, 원하는 것을 쟁취하는 용기 있는 현실적 사람이었다. 그런 언니를 울프는 너무나 부러워했다. 울프는 그랜트와 벨과 하루를 보내고 나서 이렇게 말했다. "뜨거운 한낮의 해바라기처럼 열기와 행복에 겨워 흥얼거리는 두 사람의 모습은 그 어디에서 보지 못한 광경이었어요. 두 사람은 인생의 흥겨움과 즐거움을 쏟아냈어요. 눈부시거나 화려하게 반짝거리는 것은 아니었지만 자유롭게 조용히 은은한 빛을 발했죠." 상식과 행복, 창의성이 가득한 여성이라는 생생한 묘사에도 불구하고 벨 자신은 수수께끼 같은 인물이었다. 다른 사람들의 찬란한 칭찬을 듣고 살면서도 내면 깊숙한 곳의 생각은 밖으로 드러내지 않았다. 친한 사람들에게는 다른 사람들이 흠모하는 자신의 자질에 의구심을 갖고 있고, 그 모든 활동을 하다가 자신의 예술적 재능이 옅어질까 봐 걱정스럽다는 이야기를 가끔씩 했다. 울프에게는 이렇게 말했다. "앉아야 할 의자가 너무 많아서 내 몸이 쪼개지는 것 같아."

바네사 벨Vanessa Bell(1879~1961)

영국 출신의 화가이며 실내 장식가. 20세기 초 영국 예술가와 지식인의 모임인 블룸즈베리를 결성하였으며, 오메가 공방의 책임자로 예술을 실생활에 응용하는 새로운 감각을 보여주었다.

캐럴리 슈니먼

설거지를 끝내야 몰입하는 화가

화가이자 퍼포먼스 예술가 슈니먼은 예전에 그랬던 것처럼 늦게까지 일할 수는 없었지만 저녁에 스튜디오에서 작업할 수 있을 때에야 몰입이 잘 됐다. "새벽 2시까지 일할 수 있기를 바라지만 간신히 자정까지 일할 수 있는 상태죠." 슈니먼은 주말을 포함해서 매일 일한다. 주말에 쉰 적이 있냐는 질문에는 웃으면서 이렇게 대답했다. "그게 무슨 터무니없는 생각이에요! 주말에 쉰다고요? 휴가를 떠난다고요? 연휴에 쉰다고요? 은퇴하라고요? 절대 안 될 소리죠. 무슨 일이 있어도 작업은 계속해야 한다고요." 슈니먼이 작품을 만들지 않는 경우는 사무 잡일을 처리하거나 고양이를 돌보는 일, 그리고 집안일을 할 때뿐이다. 스튜디오는 엉망으로 방치해둬도 괜찮지만 집은 먼지 하나 없이 깨끗하게 관리한다. "전

설거지를 하고 나야 작업을 할 수 있는 유의 예술가예요. 이런 성격 때문에 무척 짜증스럽기는 하지만 제가 원래 이런 걸 어쩌겠어요."

슈니먼은 1964년부터 뉴욕주 북부의 18세기풍 석조 주택에 살았다. 아침에 일어나는 즉시 침대에 앉은 채로 간밤에 꾸었던 꿈의 잔상과 생각을 잡아채서 쓰기 시작한다. "대체로 아침에는 뭐든지 잘 흡수하는 편이에요. 그래서 꿈의 감각이 남아 있죠. 때로는 그게 바로 작품 창작과 연결됩니다. 그 이후에는 항상 무차별적으로 흩어진 일상의 잔재들이 기다리고 있죠." 슈니먼은 침대에 흩어져 있는 종잇조각이라면 뭐든지 집어서 필기를 한다. 한편 모아놓은 아이디어로 결과를 만들어내는 일은 심각하게 고민하지 않는다. "떠돌아다니는 생각들을 한데 모으려고 애쓰지만 그건 그냥 쌓기만 해요. 그러다가 뭔가 진짜 중요한 것 같은 게 나오면 타자를 쳐두고, 컴퓨터에 입력해두죠."

급한 약속이 없을 경우, 슈니먼은 침대에서 한두 시간 동안 글을 쓴다. 그러고 나서 일어나 고양이 두 마리에게 먹이를 주고 직접 아침을 챙겨 먹고 일을 하러 간다. 슈니먼에게는 스튜디오가 두 개 있다. 하나는 집 위층에 있는 방 몇 개와 복도로 구성된 작은 스튜디오이고, 큰 스튜디오는 현관 앞마당 맞은편에 따로 떨어져 있는 건물이다. 이곳에는 슈니먼의 조수가 일주일에 4일 동안 오전 10시에서 오후 5시까지 일하러 온다. 슈니먼은 그곳에서 대체로 조수와 함께 일하고 대부분의 시간 동안 사무를 본다. 최근 들어서 그림과 아상블라주(폐품이나 일용품 같은 여러 물체를 모아 제작하는 작품), 공연, 사진, 영화로 점점 더 큰 인정과 찬사를 받아 잡다한 서신과 물류 관리, 행정 업무가 급증했기 때문이다. 새로운 작품을 창조하는 실제 작업은 슈니먼이 시간을 낼 수 있을 때마다 근무 시간 외에서 이루어진다. "전 항상 싸우고 있죠. 작업에 집중할 수 있게 방해되는 것들을 치우기 위해 싸우고, 싸우고, 또 싸워요. 매달 상황이 점점 더 나빠지고 있어요. 제가 인정을 많이 받을수록 제 시간을 통제하는 힘이 약해져요. 신경 써야 하는 청구서, 대출, 세금, 사람들이 점점 늘어나죠."

캐럴리 슈니먼Carolee Schneemann(1939~2019)

미국의 퍼포먼스 예술가. 주로 신체와 섹슈얼리티, 젠더 작품을 제작한다. 「내밀한 두루마리」는 슈니먼의 가장 중요한 작품이다.

마릴린 민터

주 5일은 스튜디오로 출근한다

"전 상당히 강박적으로 일하는 사람이에요. 일하는 걸 좋아하고, 일을 하면 엄청난 에너지가 샘솟죠. 제가 대가를 받지 못하는 일이라면 다른 누군가를 고용해서 그 일을 시킬 거예요." 마릴린 민터는 뉴욕에 기반을 두고 활동하는 화가다.

민터는 주중에 새벽 2시쯤에 잠들고, 아침 9시 30분쯤에 일어난다. "아침 일찍 일어난 적이 없고, 앞으로도 절대 못할 거예요." 아침에 일어나면 제일 먼저 남편과 개들과 함께 침대에서 '엄청 많은' 커피를 마시고 나서 한 시간 동안 책을 읽는다. 그러고 나서 맨해튼 시내 아파트에서 미드타운에 있는 자신의 스튜디오로 나갈 준비를 한다. 스튜디오에 갈 때는 항상 걷거나 지하철을 이용한다. 집을 나서기 전에는 보통 스튜디오의 조수 한 명과 통화를 하면서 우선적으로 처리할 그날의 일정을 정한다. 이러한 일정은 굉장히 다양하다. 민터의 그림은 모두 사진을 기반으로 한다. 포토샵으로 사진을 결합하고 조작해서 만들어낸 이미지에 그림을 그리는 것이다. 그렇기 때문에 어떤 날은 사진 촬영을 하고 이미지를 편집하고 그림을 그리고 어떤 날은 이중 몇 가지를 동시에 한다. "진심으로 열을 식히고 싶을 때는 그림을 그려요. 그게 가장 치료 효과가 크거든요. 제가 개발한 페인팅 기법(반투명한 에나멜 페인트를 겹겹이 칠하는 기법)은 굉장히 손이 많이 가요. 뜨개질하는 것과 거의 비슷해요. 하지만 아주 만족스러운 작업이에요." 민터는 이렇게 말했다.

민터는 대체로 남편과 저녁식사를 할 시간에 맞추어 일을 끝낸다. 그러고는 잠자기 전까지 몇 시간 동안 느긋하게 책을 읽는다. 주말에는 일하지 않고 쉰다. "주말에는 남편에게 시간을 써요. 주말에는 일을 하지 않기로 남편과 약속했거든요." 민터는 일할 때 창의적 장벽에 부딪히는 일이 절대 없다. 오랫동안 약과 알코올에 중독되어 만든 작품들에 대해 민터는 '그냥 쓰레기'라고 평했다. 중독에서 벗어난 1985년이 민터의 경력에서 결정적인 전환점이 되었다. "그 이후로는 신나는 나날이 이어졌어요!"

마릴린 민터Marilyn Minter(1948~)

뉴욕에서 활동하는 비주얼 아티스트. 사진과 그림을 작업하며 강렬하고 화려한 색감들과 근접에서 촬영하는 기법을 쓴다.

매기 넬슨

짧은 메모에서 시작한 글

넬슨은 여러 권의 책을 출간한 시인이자 비평가, 학자, 논픽션 작가이다. 집필 습관을 물어보는 인터뷰에서 넬슨은 '지루한 주제'라고 경고하며 한층 젊은 시인으로 활동할 때는 반드시 매일 글을 쓰려고 했다고 말했다. 하지만 지금은 더 이상 그럴 필요가 없다고 생각한다. "전 그냥 프로젝트 지향적인 사람이에요. 프로젝트에 빠져 있을 때는 매일 글 쓰는 것보다 훨씬 많은 글을 쓸 수 있죠. 항상 그렇듯이 미친 듯이 말이에요. 하지만 그런 상태가 아닐 때는 컴퓨터 앞에 앉아 타자를 쳐봤자 아무 소용이 없어요." 넬슨은 이렇게 말했다.

서던 캘리포니아 대학의 교수이기도 한 넬슨의 일과는 교수 일정과 학계의 다른 책무들에 따라 크게 달라진다. 넬슨은 '집중 독서

주기' 동안 샤프로 책 가장자리에 메모를 하다가 글을 쓰기 시작한 경우가 많다고 했다. 그 주기가 끝날 무렵에는 다시 책을 훑어보면서 책에 적힌 모든 메모를 타이핑한다. 그러면 자신이 어디에 있는지가 보인다. 그러다가 어느 순간에 글을 쓰기 시작할 때가 됐다는 느낌이 온다. "저급한 문장들이지만 그냥 머릿속에 써넣기 시작하죠. 그러다가 조사가 끝내야 하는 전환점에 다다르면 글쓰기가 시작되는 것 같아요." 넬슨은 이렇게 말했다. 넬슨은 대체로 로스앤젤레스의 집에서 부엌 식탁이나 집 뒷문 입구, 혹은 뒤뜰에 글쓰기용 오두막으로 마련해둔 조립식 건물(자신의 예전 글쓰기 선생님의 조언에 따라 지은 곳)에서 글을 쓴다. 하지만 생각했던 것만큼 자주 그 창고를 이용하지는 않는다고 한다. 학교에서 일하는 동시에 짬을 내서 글을 쓰는 게 어렵지 않느냐는 질문에는 때로는 그게 힘들 수도 있다고 인정한다. 하지만 불가능한 일은 아니라며 이렇게 대답했다. "제가 가진 시간을 활용해야죠."

매기 넬슨Maggie Nelson(1973~)

독특한 주제와 글쓰기로 전미비평가협회상을 받는 등 현재 미국에서 가장 주목받는 작가이자 비평가. 대표작으로는 문화, 예술, 비평의 신기원을 이룩한 『잔혹성의 예술』, 블루에 관한 예술 에세이 『블루엣』이 있다.

조앤 조나스

영감은 일상에서 얻는 것

선구적인 비디오 및 퍼포먼스 예술가 조나스는 1974년부터 임대한 맨해튼의 소호 아파트에 살면서 일하고 있다. 매일 똑같은 일정대로 움직이지는 않지만 대개 아침 7시 30분에 일어나 푸들 오주를 데리고 산책을 나간다. 그러고 나서 좋아하는 동네 카페에 들러 커피를 마시며 신문을 읽는다. 아파트로 돌아가서는 일을 시작하고, 거의 하루 종일 일을 계속하는데 종종 음악을 틀어놓는다. 가장 좋아하는 음악가는 모튼 펠드만Morton Feldmans이다. 조나스는 그림으로 하루를 시작하고, 매일 그림을 그리려고 노력한다. 새로운 비디오 각본 작업이 들어오면 그 일을 제일 먼저 한다. 조나스의 조수들은 아침 10시쯤에 도착해서 오후 6시까지 일한다(조나스에게는 파트타임 조수가 세 명 있는데 한 명은 비디오 편집을 돕고, 다른 한 명은 박물관과 갤러리 전시 계획을 세우고, 나머지 한 명은 구조와 설치 문제를 해결하는 등 잡다한 일을 한다). 조나스의 작업 과정에서 조사도 큰 부분을 차지한다. "전 항상 이야깃거리를 찾아다녀요. 독서를 통해 조사를 하죠. 서점에 가서 책을 사서 읽고, 아이디어를 찾아 책을 훑어봐요."

바깥에 나갈 때는 보통 아이디어를 적어놓을 작은 노트를 들고 다닌다. 노트가 없으면 아이폰을 사용한다. 하지만 새로운 아이디어를 떠올리는 게 조나스의 주된 고민거리는 아니다. "전 똑같은 아이디어를 다양한 방식으로 수차례 사용하는 것 같아요. 그건 마치 제가 개발한 언어와 같죠. 그래서 제가 참신한 아이디어를 얼마나 많이 갖고 있는지는 확실히 모르겠어요. 다만 이미 사용한 적 있는 아이디어를 재발견하거나 다른 맥락에서 사용하는 거죠."

조나스는 점심시간에 한 시간 동안 길게 휴식을 취하고, 오주와 바깥 산책을 나간다. "오주와 하루에도 여러 번 산책을 해요. 동네를 돌아다니며 아는 몇몇 사람들에게 인사하기를 좋아하거든요. 아니면 근처 갤러리에 들러요. 하지만 대개는 하루 종일 일하죠." 저녁에는 친구들을 만나 저녁식사를 함께하고, 한 달에 한 번 정도는 자신의 아파트에서 디너파티를 연다. 저녁식사 후에는 책을 읽거나 케이블방송이나 컴퓨터로 오래된 영화를 본다. 보통 저녁 11시쯤에 잠자리에 들지만 때로는 자정이나 새벽 1시까지 잠을 자지 않는다. "종종 잠을 잘 수가 없어서 밤에도 책을 읽어요. 아니면 컴퓨터로 밤에 영화를 보죠."

조나스는 창의성이 막히는 것 같다고 느낀 적이 한 번도 없다. 언제나 일상생활에서 쉽게 영감을 얻는다. 예컨대 공원을 걷다가, 친구들과 함께 시간을 보내다가, 메트로폴리탄 박물관에 갔다가, 혹은 새로운 장소를 방문했다가 영감이 떠오른다. "영감을 얻는 방법은 마음을 비워서 만물이 마음속으로 흘러들어오게 놔두는 거라고 생각해요." 조나스는 영감이란 것이 특히 소중하거나 비범한 것이 아니라고 생각한다. "조사하며 뭔가에 관심을 갖는 것과 영감을 따로 구분하지 않아요. 둘 다 이 세상에 호기심을 갖는 동일한 경험이니까요. 다들 잘 알겠지만 이 세상, 저를 둘러싼 이 세상이 바로 영감을 불러일으키는 거죠."

조앤 조나스Joan Jonas(1936~)

미국의 비디오 아티스트. 1972년에 최초로 비디오카메라와 모니터를 퍼포먼스에 도입했다. 조나스의 실험은 새로운 비디오 예술의 기반을 제공했다.

일상과 예술의
균형에 대하여

프랑수아즈 사강

습관적 삶은 따분하다

"저녁에 뭘 먹어야 하냐는 질문을 받으면 당장 당혹스러워지고 의기소침해지죠." 열여덟 살에 소설 『슬픔이여 안녕』으로 놀라운 데뷔를 했던 작가 프랑수아즈 사강은 일상의 작은 결정들에 의미를 느끼지 못하는 사람이었다. "같은 환경에서 같은 것들을 겪으며 살아가는 습관적 삶에 빠지고 싶지 않아요. 전 항상 이사를 다녀요. 광적일 정도죠. 일상생활의 물질적 문제들은 따분하기 그지없어요."

사강은 『슬픔이여 안녕』을 사전에 아무 준비 없이 하루에 두세 시간씩 써서 두세 달 만에 끝냈다. "그냥 일을 시작했죠. 글을 쓰고 싶고, 자유 시간을 갖고 싶은 강한 열망이 있었죠." 사강이 말했다. 사강은 책 한 권 전체를 다 쓸 수 있을지 자신이 없었다. 하지만 일단 글을 쓰기 시작하자 "무슨 일이 있어도 끝을 내고 싶었다." 집필을 끝낸 후, 사강은 출판을 할 수 있을 것 같지 않았지만 그래도 파리의 한 출판업자에게 원고를 보냈다. 그런데 그 출판업자가 후한 계약을 제시했고, 몇 달 후에 사강의 책이 세상에 나왔다.

『슬픔이여 안녕』은 즉시 베스트셀러가 되었고, 십대 작가는 '열여덟 살의 콜레트'라는 별칭으로 불리며 유명세를 얻었다. 사강은 이 책의 수익 덕분에 청소년기의 환상을 좀 더 오랫동안 누리며 자유롭게 돈을 쓰고, 방종하게 술을 마시고, 부르주아의 가치와 편의를 멀리하며 살았다.

말할 것도 없이 사강은 특정한 집필 일정을 따르지 않았다. "때로는 한번에 열흘이나 2주 동안 줄기차게 글을 써요. 그 사이에는 스토리를 생각하고 백일몽을 꾸고 그에 대해 이야기를 하죠. 사람들의 생각도 물어보고 다니고요. 사람들의 생각은 아주 중요해요." 사강은 언제나 먼저 개략적인 초고를 빠르게 썼다. 한두 시간에 열 쪽을 쓰기도 했다. "전 즉흥적인 걸 좋아하기 때문에 계획을 세우지 않아요. 제가 이야기를 조종하면서 제가 원하는 방식으로 끌어나갈 수 있는 게 좋아요." 하지만 초고를 끝내고 나면 문장의 리듬과 균형에 특별히 신경을 쓰면서 신중하게 수정했다. "한 음절이나 한 박자도 빠져서는 안 돼요." 자기 기준에 맞지 않는 글이 나왔을 때는 매우 치욕스러워했다. "죽을 것만 같았죠. 너무나 부끄럽고, 너무나 수치스러워서요. 그때는 정말 무기력해지죠. 하지만 글이 잘 풀릴 때는 기름을 잘 쳐서 완벽하게 돌아가는 기계를 보는 것 같아요. 누군가가 100미터를 10초에 돌파하는 걸 지켜보는 것 같죠. 그건 기적이에요."

프랑수아즈 사강Françoise Sagan(1935~2004)

프랑스의 소설가, 극작가. 첫 작품이자 대표작 『슬픔이여 안녕』은 격찬 속에 비평가상을 수상하고 세계적인 인기를 누렸다. 『어떤 미소』, 『브람스를 좋아하세요』를 비롯해 20편의 장편소설과 3편의 소설집을 냈다.

안드레아 지텔

의식주는
최대한
간소하게

현대미술 작가 지텔의 아침 일정은 계절에 따라 달라진다. 여름에는 37도를 넘어서고 겨울에는 영하로 떨어지는 극한 기후를 보이는 캘리포니아 조슈아 트리 사막에 살고 있기 때문이다. 여름에는 해가 뜰 때쯤 일어나 개를 데리고 40분 동안 하이킹을 하면서 하루를 시작한다. 그러고 나서는 농장 오두막이었던 곳을 확장해서 수년 동안 보수한 집으로 돌아가서 닭 모이를 주고, 식물에 물을 주고, 집 바깥의 다른 잡일을 처리한다. 그 후에 명상을 하고 샤워를 한 후, 아침을 먹고 옷을 갈아입는다. 겨울 일정은 그 반대다. 먼저 명상과 샤워를 하고 아침식사를 한다. 해가 떠 바깥 기온이 올라가면 하이킹을 하러 나가고, 그 후에 집 안의 잡일을 처리한다. "일정을 융통성 있게 짜두는 거예요. 패턴이 있으면 제한

된 시간 안에 모든 것을 맞춰 넣을 수 있죠. 하지만 패턴이 너무 많으면 이도 저도 못 하게 돼요."

지텔은 사생활에서는 가능한 한 의사결정 과정을 줄이려고 한다. 일련의 개인적 규칙들을 엄격하게 정해둬야 외부의 사회적 규율에서 자유로워질 수 있다는 것이 지텔의 오랜 믿음이다. 지텔의 이러한 접근법을 가장 확실하게 보여주는 것은 지텔의 옷차림이다. "전 계절별로 '유니폼'을 입어요. 보통 석 달 내내 편안하게 입을 수 있고, 겉보기에도 괜찮아 보이는 옷이죠." 대부분 지텔이 손으로 직접 만드는 이 유니폼들은 계절마다 점점 더 질이 좋아진다. 지텔은 식생활 습관도 그와 비슷하게 능률적으로 간소화하고 싶다는 오랜 열망을 품었지만 이루지는 못했다. "요리는 제가 완전히 해결할 수 없을지도 모르는 몇 가지 딜레마 가운데 하나예요."

안드레아 지텔Andrea Zittel(1965~)

미국의 현대미술 작가. 캘리포니아 조슈아 트리의 자택 안에 오두막을 지어 살고 있다. 오늘날 우리 문화에 존재하는 것이 무엇을 의미하는지에 대해 지속적으로 탐구한다.

에밀리 포스트

식사는 15분 이내에 마칠 것

포스트는 적절한 사회예절의 바이블 『에티켓』을 출판한 이후로 누구나 이름만 대면 아는 유명인사가 되었다. 이후 남은 생애 동안 십년에 두 번 『에티켓』을 개정했다. 신문 칼럼을 썼고, 가정과 직장, 정치 사회 딜레마에 관한 조언을 구하는 독자들의 끊임없는 편지에 답장을 썼다. 다행스럽게도 포스트는 자기 일을 좋아했다. "일을 손에 잡은 어머니는 새의 냄새를 쫓아가는 사냥개 같다고 다들 말했어요." 포스트는 언제나 아침 6시 30분에 일어났고, 침대에서 나오기 전부터 하루 일을 시작해 정오까지 쉬지 않고 계속 일했다. 포스트의 아들은 어머니의 아침을 회상했다.

어머니는 침대에서 나오지 않은 상태에서 가능한 한 빨리 아침을 먹을 수 있게 음식을 준비해두었다. 어머니가 좋아하는 따뜻한 커피를 담아둔 보온병과 크림이 든 또 다른 작은 보온병 하나, 얼음을 넣은 용기 안에 넣어둔 버터, 바삭한 비스킷 츠비바크, 진한 메밀 꿀이 매일 밤 어머니의 침대 옆 쟁반에 놓여 있었다. 이렇게 준비된 아침식사를 하고 나면 비서가 도착할 때까지 침대에 앉은 채로 글을 쓰고, 원고를 수정하고, 서신을 어떻게 쓸지 고민했다. 어머니가 일하는 시간에는 전화벨 소리, 방문객, 집안일 등 어떤 방해도 허락하지 않았다. 12시가 지나면 침대에서 나와 옷을 갈아입고, 1시 정각에 점심식사를 할 준비를 했다.

포스트는 점심식사에 친구들을 초대하는 것을 좋아했다. 식당에서 점심을 먹는 것은 딱 잘라서 거절했다. 포스트가 손님 한두 명을 초대해서 차를 마시는 것은 언제나 하루 일과 중 하나였다. 포스트는 저녁식사에도 자주 손님들을 초대했고, 오랜 친구들과 함께 집에서 음식을 먹으며 이야기를 나눴다.

포스트가 외식을 하지 않는 이유는 식사를 무척 빨리 끝내기 때문이었다. 집에서는 10분에서 15분 내에 식사를 마쳤다. 먹는 데 그 이상의 시간을 투자하면 일할 시간을 낭비한다고 생각했다. 물론 포스터는 언제나 하인 몇 명을 고용할 수 있었고, 자기 식사를 직접 준비할 필요가 없었기 때문에 더 빨리 식사를 마칠 수 있었다. 사실 식사 준비는 포스트가 거의 할 수 없는 일이었다(포스트의 아들이 묘사했던 아침식사도 전날 밤에 하인이 준비해둔 것이었다). 한때 포스트는 한 인터뷰 기자에게 이렇게 말했다. "제가 직접 요리를 해야 한다면 그냥 빵과 물을 먹을 거예요."

에밀리 포스트Emily Post(1872~1960)

미국의 작가. 건축과 인테리어에 관한 기사를 연재하다가 다수의 소설을 냈다. 사회예절에 관한 책 『에티켓』으로 이름을 알렸다.

에드나 세인트 빈센트 밀레이

집안일에서 안전하게 멀어지기

"항상 침대 옆 탁자에 공책과 연필을 놔둬요. 한밤중에 깨어나 뭔가 쓰고 싶을 때가 있거든요. 가끔씩은 동이 틀 때까지 침대에 앉아서 맹렬하게 글을 써요. 정원에 나가 있을 때나 사람들과 이야기를 나누면서도 항상 작품 생각에 빠져 있죠. 그래서 그렇게 지치는 것 같아요. 『치명적 인터뷰』를 다 썼을 때는 완전히 녹초가 됐죠. 제 마음속에서 소네트가 사라진 적이 없었어요. 지난 1년 반 동안 밤낮으로 소네트에 집중했죠." 미국의 시인 밀레이는 1931년에 리포터에게 이렇게 말했다.

이때쯤 밀레이는 스티플톱에서 몇 년째 살고 있었다. 스티플톱은 밀레이가 남편과 함께 1925년에 낡은 딸기 농장을 사들여서 우아한 전원 저택으로 개조한 곳이었다. 그곳에는 커다란 정원과 야외

바, 테니스코트, 초대받은 손님들이 나체로 수영을 즐기는 샘물 수영장, 밀레이가 글을 쓰는 오두막이 있었다(하지만 보통은 본채에서 침대에 누워 글을 썼다). 밀레이의 네덜란드인 남편 유진 보이스베인Eugen Boissevain은 커피 수입업자였는데 시인인 아내에게 거의 완벽한 거처였던 스티플톱을 운영하려고 자기 사업을 그만두었다. 스티플톱을 방문한 한 리포터가 밀레이에게 그렇게 크고 복잡한 살림을 어떻게 꾸려나가는지 물었을 때 밀레이는 그건 자기와 상관없는 일이라고 했다.

> 유진이 그 모든 일을 처리해요. 하인들을 고용해서 데리고 돌아다니며 모든 것을 다 일러주죠. 집 정리는 유진에게 맡겨두고 간섭하지 않아요. 싫은 점이 있다면 유진에게 말하죠. 그럴 시간도 없지만요. 식사로 뭐가 나올지 알고 싶지 않아요. 그냥 레스토랑에 가는 것처럼 부엌 식탁으로 가서 "정말 근사한 저녁이에요!"라고 말하고 싶을 뿐이죠. 제 관심사는 여자의 시간과 관심을 갉아먹는 집안일들에서 안전하게 멀어지는 것뿐이에요. 유진과 저는 두 명의 독신자처럼 살아가죠. 유진은 저보다 훨씬 더 쉽게 집안일을 해낼 수 있는 사람이라서 그 일을 맡았고, 제게는 시를 쓰는 일이 있죠.

밀레이가 집안일을 무시하는 게 자연스럽게 이루어진 일은 아니었다. "전 모든 일을 제대로 처리하려고 끔찍하게 신경을 많이 써요.

하지만 그런 걱정에 사로잡혀서 산만해지고 기분이 저조해지지는 않아요." 밀레이는 시를 쓰는 과정이 극히 섬세하다고 생각해서 일상생활의 걱정거리에 방해받지 않도록 신경을 썼다. "시를 쓸 때는 뭔가가 생각과 삶의 일부가 되기 시작하죠. 점점 더 그걸 의식하게 되는 거예요. 그것은 증기 속에서 나와 형태를 이루죠." 밀레이는 초고를 완성하자마자 몇 번이나 반복해서 검토하고, 종종 몇 달, 심지어는 2년 동안 묵혀둔다. "그 작품이 차갑게 식을 때까지 치워두죠. 그러다가 그게 제 작품이 전혀 아닌 것처럼 느껴질 때 그 작품을 비판적인 시각으로 바라볼 수 있어요. 바로 그때 매우 면밀한 제 분석을 통과한 작품만 세상에 내놓죠."

이 모든 일을 하려면 엄청난 에너지가 필요했다. 손님들 눈에는 밀레이와 그녀의 남편이 시골에서 안락하게 살고 있는 것처럼 보였지만 사실 밀레이는 자신을 쓰러지기 직전까지 밀어붙이고 있었다. "정원에서 흙을 팔 때는 조금도 지치지 않아요. 하지만 신경을 바짝 세우고 집중해서 시를 쓸 때는 녹초가 돼요. 끊임없이 두통에 시달리죠. 글을 쓸 때는 두통이 사라지지 않아요. 글을 쓰지 않는 것 외에는 두통을 치료할 방법도 없고요. 의사들은 휴식을 취하라고 충고하지만 몇 달 동안 누워 지내고 싶은 사람이 어디 있겠어요?"

에드나 세인트 빈센트 밀레이 Edna St. Vincent Millay(1892~1950)

미국의 시인이자 극작가. 첫 시집 『부활』로 데뷔했고, 『하프 제작자』로 퓰리처상을 받았다.

아일린 그레이

예술가는 운전을 해서는 안 돼

건축가이자 가구 디자이너인 그레이는 현대 주택의 외관 혁신에 기여했지만 자기 집 관리에는 영 젬병이었다. "으윽, 집안일이 얼마나 싫은지 몰라요." 그레이는 질색하면서 말했다. 결국은 이런저런 가정의 의무를 모면하려고 성실한 가정부 루이자를 고용했다. 이 가정부는 그레이가 사망할 때까지 50여 년 동안 그레이의 집안일을 돌봐주었다. 그레이는 또한 어디를 가든 운전사를 대동했다. "예술가는 절대 운전을 해서는 안 돼. 첫째, 우리는 너무 소중한 존재니까. 둘째, 운전을 하면 마땅히 해야 하는 생각을 자유롭게 하지 못해. 셋째, 눈이 계속 피로해져." 그레이는 조카딸에게 보내는 편지에 이렇게 썼다. 그레이는 작품 활동을 할 수 있게 시력을 보호해야 했다. 시력 보호는 사실상 그레이가 자신의 인생에서 신경 썼던 유일한 것이었다. 90대에 접어들었을 때는 이렇게 썼다. "어떤 일은 사실상 쓸모없는 짓이라도 인생에 의미를 부여하는 데 도움이 될 수 있다."

아일린 그레이Eileen Gray(1878~1976)

아일랜드의 실내장식가 겸 가구 디자이너. 1922년에 칠기가구와 추상적 양식의 카펫을 전시한 갤러리를 열었다.

패트릭 캠벨 부인

어느 배우의 까다로운 사생활

에드워드 7세 시대 영국 최고의 여배우 캠벨은 극장 밖에서 벌어지는 일에는 전혀 관심을 갖지 않았고, 많은 시간을 투자하지도 않았다. "무대 위의 삶은 힘들죠. 엄청나게 많은 희생을 요구하니까요. 평화로운 평범한 삶을 사는 건 거의 불가능해요. 언제나 지나치게 무리하고, 어김없이 신경이 예민해지니까요. 늦은 시간까지 일하고 감정적인 스트레스에 재빠른 생각, 빠르게 스쳐가는 감정에 시달려요." 캠벨은 직업에 헌신했기 때문에 동료들에게는 까다로운 협력자가 될 수밖에 없었다. 전기 작가 마고 피터스Magot Peters의 말을 빌리자면 캠벨과 함께 일하는 사람들 중에서 캠벨의 '까다로운 완벽주의와 끔찍한 냉소, 폭발하는 분노, 주변의 모든 사람들을 지배하고 위축시키는 의지'를 모르는 사람이 없었다. 극장

밖을 나서면 캠벨의 완벽주의는 아주 약간 느슨해졌다. 집에서는 자신과 두 아이들을 위해 소박한 중산층의 편의를 누리고 싶어 했다. 그러다가 그게 실현되지 않으면 심술을 부렸다. 한 지인은 이렇게 회상했다. "캠벨이 얼마나 깔끔한지 놀랄 정도였어요. 그렇게 위대한 예술가라면 사소한 일에 신경 쓰지 않을 거라고 다들 생각하는데 캠벨은 모든 습관이 흠 잡을 데 없이 단정했죠. 사소한 집안일 때문에 미칠 지경이 되기도 했어요. 지금 이 순간에도 딸아이 침실에 들어가면서 우수에 찬 큰 눈을 이글이글 불태우며 열정적으로 이렇게 소리치는 캠벨이 모습이 눈에 선해요. '집에 두루마리 휴지가 떨어졌다고? 낭만적인 배역을 연기하면서 어떻게 두루마리 휴지 주문하는 걸 기억할 수 있겠어!'"

패트릭 캠벨 부인Mrs. Patrick Campbell(1865~1940)

에드워드 7세 시대 영국의 배우. 「탱커리 씨의 후처」에 출연하며 성공을 거두었다.

엘리너 안틴

일상에 시간을 뺏기지 말아야 한다

안틴은 화가로 경력을 쌓기 시작했지만 곧 이어 개념 예술 분야에 뛰어들어 비디오와 공연, 설치예술 분야에서 선구적인 인물이 되었다. 안틴은 며칠이나 몇 주 동안 정교하게 허구의 인물로 분장하고 살아가는 퍼포먼스로 세상에 이름을 알렸다. 왕과 간호사로 분장하기도 했으나 가장 유명해진 계기는 전설적인 흑인 수석 발레리나 엘레노라 안티노바로 분장했을 때였다. 엘레노라 안티노바는 안틴이 1970년대 중반에 창조해낸 허구의 인물이다. 안틴은 공연과 설치예술, 영화, 연극, 회고록을 통해서 십 년이 넘도록 그 인물을 연구했다. 안티노바와 같은 허구의 자아를 창조한 덕분에 "나 자신의 거죽에서 벗어나 다른 현실들을 탐색할 수 있었다." 고 안틴은 말했다. 하지만 그러자면 자신의 생활을 아주 기본적인 수준으로 축소해야만 했다. 안틴은 1998년도 인터뷰에서 이렇게 말했다. "제 인생에서 유일하게 가장 중요한 것이자 내 생의 대부분을 쏟아붓는 유일한 것이 예술 활동이에요. 그렇기 때문에 그 외의 나머지 생활은 간소화해야 하죠."

> 나는 학생들을 가르친다. 내게는 사랑하는 남편과 아들이 있고, 이제는 며느리도 생겼다. 친구들도 있으니 운이 좋다. 하지만 나는 그들에게 많은 시간을 내어주지 못한다. 일을 아주 열심히 하기 때문이다. 운이 좋으면 밤에 다섯 시간 동안 잠을 잔다. 언제나 일을 하기 때문에 다른 걸 할 시간이 많지 않다. 그래서 나는 이야기를 꾸며내 머릿속에서 살아간다. 그 세상에서 나는 소위 말하는 '전통적인' 여성, 그러니까 여성의 역할과 신분에 얽매인 채 벗어나지 못해서 낭만적인 소설을 지어냈던 18세기와 19세기 여인으로 사는 게 좋다. 이건 절대 비꼬아 이야기하는 게 아니다. 내 경우에는 내가 직접 그런 삶을 선택했다. 내가 만들어낸 역사적인 허구의 인물들, 내가 쓴 그 가면들은 사실 내가 선택하지 않아서 살아보지 못한 삶을 사는 사람들이다. 이 진부한 표현을 바꾸어 말하자면 내게 있어서 허구로 창조하지 않은 삶은 거의 삶이라고 할 수 없다.

안틴은 1977년 인터뷰에서 이렇게 말했다. "사생활을 잘 관리해서 최대한 거기에 시간을 많이 뺏기지 않아야 하는 것 같아요. 그렇지 않으면 예술을 할 수가 없어요. 예술가라면 누가 뭐라 하든 예술가와 결혼해야 해요. 그게 아니라면 결혼은 꿈도 꾸지 마세요. 예술가가 예술가와 결혼하지 않는다면 대체 무슨 이야기를 나누겠어요?"

엘리너 안틴Eleanor Antin(1935~)

미국의 퍼포먼스 아티스트, 영화 제작자, 설치 미술가. 사회에서의 여성의 역할과 정체성에 관한 문제에 관심을 갖는다.

카렌 블릭센

굴과 샴페인으로 연명한 삶

소설 『아웃 오브 아프리카』의 작가 카렌 블릭센은 말년에 굴과 샴페인만으로 연명했다는 이야기로 유명하다. 코펜하겐에서 태어난 블릭센은 스웨덴 출신 귀족인 사촌과 약혼 직후에 케냐에 정착했고, 그곳에서 커피 농장을 운영하려고 했다. 결혼과 농장 경영 모두가 블릭센에게는 모험이었다. 결국 블릭센은 그 모두에 실패하고, 방향을 잃은 채 빈털터리가 되어 엄마와 함께 살려고 덴마크로 돌아갔다. 어쩌면 블릭센의 이야기는 여기서 끝이 났을지도 모른다. 하지만 블릭센은 새로운 모험을 계획했다. "아프리카를 떠나기 몇 달 전부터 농장을 유지할 수 없겠다는 생각이 점점 더 확실해졌죠. 그래서 낮에 수백 번 곱씹었던 것들을 떨쳐내고 새로운 길로 나아가기 위해서 밤에 글을 쓰기 시작했어요." 블릭센은 케냐에 있을 당시에 이야기 두 편을 썼는데 그 이야기가 데뷔작 『일곱 개의 고딕 이야기』로 탄생했다. 이자크 디네센Isak Dinesen이라는 필명으로 발표한 이 책은 1934년에 출간되어 예기치 않게 베스트셀러가 되었다. 블릭센은 이어서 케냐에서 보냈던 17년 세월을 그려낸 『아웃 오브 아프리카』을 출간해 세계에 이름을 알렸다.

이후로 블릭센의 작가 경력은 승승장구했지만 불행하게도 건강이 쇠약해졌다. 바람둥이 남편 때문에 매독에 걸려 평생 동안 그 병으로 상당한 고통에 시달렸다. 균형 감각이 손상되었고, 걷기가 어려웠고, 궤양의 합병증으로 거식증에 시달렸다. 심지어는 복통이 너무 심해서 때로는 바닥에 드러누워 '짐승처럼 울부짖었다.' 건강이 악화되면서 블릭센의 집필 습관도 달라졌다. 이에 대해서 전기 작가 주디스 서먼Judith Thurman은 이렇게 썼다. "사십 대 후반과 오십 대 초반에는 건강하고 활력이 넘치는 날이 자주 있어서 낡은 자전거를 타고 이웃집을 방문할 수 있었고, 아침에 자리에 앉아 글을 쓰기 전에 외레순드에서 수영을 할 수 있었다. 하지만 나이가 들면서 글을 쓰고, 먹고, 집중하고, 심지어는 똑바로 앉아 있기가 힘들어졌다. 후기 작품의 대부분은 바닥이나 침대에 누워 비서에게 구술해주었다." 서먼이 쓴 바에 따르면 블릭센은 글을 쓸 때 암페타민의 힘을 빌렸다. 말년에는 에너지를 써야 하는 중요한 순간이 닥칠 때마다 무분별하게 암페타민을 복용했다. 블릭센은 이렇게 자신의 죽음을 재촉했지만 생을 마칠 때까지 가능한 한 충만하게 살아가겠다고, 자신의 경험을 글로 써내겠다고 다짐했다. 한번은 친구에게 이렇게 말했다. "난 악마에게 내 영혼을 주겠다고 했어. 대신 내가 경험하는 모든 것을 이야기로 바꿔달라고 했지."

카렌 블릭센Karen Blixen(1885~1962)

1937년에 아이작 디네센이라는 필명으로 미국에서 발표한 『아웃 오브 아프리카』로 명성을 얻었다. 『천사 같은 복수자들』, 『풀 위의 그림자』 등을 썼다.

루이즈 네벨슨

다작의 비결

조각가 네벨슨은 다작하는 예술가의 특성을 모두 소유하고 있었다. 엄청난 추진력과 에너지부터 자신의 가치를 세상에 증명하고자 하는 강렬한 욕구에 이르기까지. 다작의 비결을 묻는 질문에 네벨슨은 이렇게 대답했다. "전 시간을 잘 활용하거든요." 자서전에서는 자신의 일상을 아래와 같이 묘사했다.

> 아침 6시에 일어난다. 그러고는 시간을 낭비하기 싫어서 잠 잘 때나 일할 때 지장이 없는 면 옷을 입는다. 그 후에 스튜디오에 가서 소중한 하루의 상당 시간을 대체로 그곳에서 보낸다. 그러고 나면 매우 자주, 거의 항상 (체력이 강한 편이라고 생각하는데도) 녹초가 된다. 몸이 정신보다 먼저 지쳐버

린다. 작업이 끝나면 집에 가서 피곤할 경우에는 뭔가를 좀 먹고 잠을 청한다. 한때는 이틀, 사흘 동안 잠 한숨 자지 않고 일할 수 있었다. 먹을 것에는 신경을 쓰지 않는다. 정어리 통조림 하나와 차 한잔, 오래된 빵 한 조각도 내게는 아주 괜찮아 보이니까. 아시다시피 나는 음식에 관심이 없어서 식단도 별로 다양하지 못하다. 카렌 블릭센이 노년기에 굴만 먹고 샴페인만 마셨다는 이야기를 읽은 적이 있다. 아무 의미도 없는 식단을 정하려고 시간을 낭비할 필요가 없으니 참으로 현명한 해결책이 아닌가!

네벨슨은 몇십 년 동안 거의 무명에 가까운 힘든 시절을 견뎠다. 열여덟 살에 끔찍한 결혼 생활을 시작했고, 다음 해에 계획에 없던 임신까지 해서 일찌감치 품었던 야망이 물거품이 됐다. 네벨슨이 결혼 생활을 끝내고 뉴욕에서 독립적인 예술가로 자리 잡기까지 10년이 넘는 세월이 걸렸다. 그 이후에도 25년 동안 작품 한 점 팔지 못한 채 전시만 했고, 마흔두 살에 첫 개인 전시회를 열었다. 거의 육십이 되었을 때 작품이 뉴욕 현대 미술관(MOMA)의 1958년 전시에 포함되었고, 그제서야 성공을 거둘 수 있었다. 네벨슨은 많은 실험을 거쳐 자신의 스타일을 완성했다. 수년 동안 버려진 나무 조각들로 소형 및 중형 조각품을 만들다가 단색의 거대한 나무 조각 벽을 만들기 시작했다. 훗날 친구 에드워드 알비Edward Albee에게 '나무를 세웠을 때' 조각가로서의 진정한 정체성을 찾았다고 네벨슨은 말했다. 새로운 작품 활동으로 자신감을 얻은 네벨슨은 점점 더 다작을 하게 되었다. 연간 60여 개의 조각품을 완성했고, 1950년대 후반에는 대략 900개에 달하는 조각품들이 네벨슨의 집을 가득 채웠다. 네벨슨의 타운하우스를 방문한 『뉴욕타임스』의 예술 비평가 힐튼 그레머Hilton Kramer는 그 집을 이렇게 회상했다.

> 화랑이나 박물관, 혹은 다른 예술가들의 스튜디오에서 그 어떤 광경을 보았든 이 기이한 집을 찾은 방문객은 정말 새로운 것을 보게 될 것이다. 그 경험은 지금껏 보거나 상상했던 그 어떤 것과도 완전히 달랐다. 집 안에는 아무것도 없는 것 같았다. 가구와 일상생활에 필요한 편의시설뿐만 아니라 많은 일상적인 필수품들이 없었다. 그 어떤 방해 요소도 없어서 구석구석 모든 공간과 모든 벽을 빼곡하게 메운 조각품들에 온 관심을 쏟을 수 있었다. 어디를 봐도 눈에 들어오는 것은 조각품들뿐이었고 하나같이 눈이 휘둥그레지는 것들뿐이었다. 방과 방을 나누는 구분은 끝이 없는 조각 환경에 녹아들어 사라지는 것 같다. 계단을 올라가면 계단 양옆의 벽들이 끝없는 장관을 이루며 방문객을 에워싼다. 욕실도 예외가 아니다. 대체 이 집 사람들은 어디에서 목욕을 할까 하는 의문이 들었다. 욕조에도 조각품이 가득 차 있었으니까.

네벨슨은 만년에 얻은 명성을 즐겼다. MOMA에서 전시를 했을 무렵부터 기괴한 옷차림을 하기 시작했다. 두툼한 밍크 속눈썹을 붙이고, 공들여서 머리 수건을 두르고, 플로잉 드레스에 화려한 보석을 걸치고 다녔는데 그런 옷차림이 네벨슨의 대표적 특징이 되었다. 하지만 네벨슨은 여전히 대부분의 시간을 스튜디오에서 혼자 보냈다. 끔찍했던 첫 결혼 이후로 결혼이라는 제도와는 영원히 연을 끊겠다고 다짐했다. "일이 너무 많고, 흥미도 없다." 네벨슨은 결혼에 대해 이렇게 말했다. 연인과 친구들, 숭배자들은 많았지만 그들 대부분과 적당히 거리를 두었다. "나는 다른 모든 사람들처럼 내가 내 방에, 네벨슨이라는 상자에 갇혀 있다고 상상했다." 네벨슨은 나이를 먹으면서 점점 더 작품 활동에 헌신했다. 급기야는 작품 활동이 네벨슨의 생명을 유지시켜주는 힘이 되었다. "전 작품 활동을 좋아해요. 언제나 그랬죠. 작품 활동에서 에너지 같은 것, 넘쳐나는 창조의 기운을 느껴요. 스튜디오에 있으면 마굿간에 있는 소처럼 행복해요. 제 스튜디오는 모든 것이 다 괜찮은 유일한 공간이죠."

루이즈 네벨슨Louise Nevelson(1899~1988)

구성주의와 입체주의에 영향을 받은 조각가. 현대 설치미술의 형성에 일조했다. 커다란 가짜 속눈썹과 화려한 드레스, 당당한 분위기로도 유명하다.

사소한 습관으로
불안을 잠재우다

에디스 헤드

흑백 옷차림을 고수한 디자이너

"할리우드에서 훌륭한 디자이너가 되려면 정신과 의사, 예술가, 패션 디자이너, 양재사, 역사학자, 보모, 구매 담당자가 모두 되어야 한다." 의상 디자이너 헤드는 이렇게 말했다. 스스로가 패션 아이콘이 된 사람의 입에서 나올 만한 이야기였다. 사람들은 짧은 앞머리, 흑백 투피스, 실내외 상관없이 항상 쓰고 다니는 검정색 안경 하면 바로 헤드를 떠올렸다. 헤드는 예술적 감각과 직업윤리 덕분에 성공했지만 할리우드 제작 분야의 거물들과 성격 급한 사람들을 잘 다룬 덕분이기도 했다. 실제로 헤드는 이렇게 말했다. "저는 디자이너라기보다 정치가에 훨씬 더 가까웠죠. 누구의 기분을 맞춰줘야 하는지 잘 알아요." 헤드도 자기 작품에 있어서는 완벽주의자가 되고 싶다는 이상을 품었지만 할리우드의 제작 현실에서는 그 이상을 펼칠 수가 없었다. "제 안에는 제 방식대로가 아니면 아예 의상을 만들지 않겠다고 고집하는 프리마돈나가 있었죠. 하지만 현실에서는 주변 사람들과 잘 어울리고 항상 시간을 지키는 일개 직원에 불과했어요." 헤드는 이렇게 말했다. 또한 할리우드에서 일하면서 "예술적 욕구를 억누르는 법을 배웠다"고 덧붙였다. 헤드가 흑백 옷차림을 고집한 이유는 배우들을 위해서였다. 파라마운트 의상부서를 맡았을 때 배우들이 절대적으로 관심의 중심에 서야 한다는 사실을 재빨리 깨달았던 것이다.

> 나는 절대 색깔 있는 옷을 입지 않는다. 절대로 말이다. 베이지색이나 가끔씩 회색(베이지빛 회색을 제일 좋아한다.) 혹은 흰색이나 검정색 옷을 입는다. 화려한 드레스를 걸친 스타 뒤에 서 있을 때 시선을 끌고 싶지 않기 때문이다. 나는 배우들이 자기 자신의 모습에 온 신경을 쏟기를 바란다. 벽의 그림이나 아주 세련되거나 밝은 색 의상을 걸친 내 모습은 그들의 집중력을 흩뜨려놓을 뿐이다. 내가 얼마나 멋져 보일 수 있을까 하는 것 따위는 전혀 중요하지 않다. 배우는 자신이 어떻게 보일지에 완전히 몰입해야 한다.

에디스 헤드Edith Head(1897~1981)

미국의 의상 디자이너. 60년간 1000편 이상의 영화에 의상을 디자인했다. 의상 디자이너라는 당대의 새로운 범주를 만들었다.

제시 노먼

정신적 지주가 되어준 의식을 그만둔 날

"무대에 오르기 전에 하는 의식 같은 건 없어요." 미국인 오페라 가수 노먼은 2014년 자서전에 이렇게 썼다.

> 나는 일을 잘 해내려면 의식을 최소한으로 해야 한다는 사실을 경험으로 배웠다. 베를린 도이치 오페라에서 젊은 가수로 활동할 당시에는 나보다 훨씬 노련한 가수들이 자신과 자기 목소리를 관리하는 방법을 눈여겨보았고, 그들의 관례적인 공연 전 의식 몇 가지를 가져와 내 것으로 만들려고도 했다. 한 가수는 차 한잔에 날달걀을 섞으면 공연 전에 필요한 영약이 된다고 말하기도 했다. 하지만 나한테는 그런 혼합물이 효과가 없었다. 그래도 많은 가수들의 습관인 차

> 와 꿀 마시기 의식을 시도해보았다. 그 둘을 섞어서 보온병에 담아 공연장에 가져가곤 했다. 한번은 공연장에 가기 위해 비엔나의 한 호텔을 급하게 달려 나가던 중에 유리로 된 오래된 보온병이 가방에서 떨어져 바닥에 부딪쳤다. 유리가 산산조각 나는 소리에 깜짝 놀랐다. 어떡하지? 내 차가 다 쏟아졌어! 내가 노래를 부를 수 있을까? 지금 어떻게 무대에 올라갈 수 있을까? 나는 그 즉시 그동안 정신적 지주가 되어주었던 의식을 그만두었다.

그 이후로 노먼의 유일한 공연 전 의식은 물과 과일주스를 마시는 것이 되었다. 특별한 음료 레시피는 필요가 없다. 노먼은 말했다. "필요한 건 수분 섭취뿐이에요."

제시 노먼 Jessye Norman(1945~2019)

미국 출신의 오페라 가수로, 유럽의 백인 중심이던 클래식 음악계에서 독보적인 소프라노를 선보이며 세계적인 사랑을 받았다.

레온틴 프라이스

오페라 가수가 지치지 않으려면

프라이스는 아홉 살에 엄마 손에 이끌려 미시시피의 잭슨에 갔다가 마리아 앤더슨의 노래를 들었다. 앤더슨이 소리를 냈던 그 순간부터 프라이스는 앞으로 무엇을 하고 싶은지를 정확하게 알았고, 거의 불가능할 것 같았던 꿈을 이루었다. 격리된 남쪽 지역에서 부상해 뉴욕의 줄리아드 음대에 진학했고, 마침내는 메트로폴리탄 오페라에 들어가 1960년대에는 그곳의 주연 소프라노가 되었다. 전기 작가 휴 리 라이언Hugh Lee Lyon은 프라이스의 공연 날 일정이 항상 변함이 없었다고 했다. 공연 날에는 늦게 일어나 브런치로 삶은 달걀 두 개를 먹고 큼직한 오렌지 주스 한 잔과 카페오레를 마셨다. 5시에는 대개 스테이크와 통감자 구이, 샐러드를 먹고 커피를 마셨다. 장면 사이사이에는 가정부가 보온병에 담아준 따뜻한 수프를 조금씩 먹었다. 하지만 프라이스의 일상적인 일정보다 더욱 중요한 것은 공연 일정이었다. 공연 날짜는 상당한 시간적 여유를 두고 잡아야 했다. 프라이스는 가능하다면 8일에서 10일간, 공연 횟수는 2회 이상으로 잡지 않았다. 프라이스는 이렇게 설명했다.

> 오페라는 상당히 까다로워요. 너무나 많은 걸 요구하죠. 공연 전날에는 하루 종일 준비를 해야 하고, 공연 당일 날에는 해야 한다면 쓰러질 때까지 온몸을 불살라야 하고, 공연 다음 날에는 하루 종일 회복할 시간이 필요해요. 이삼일 중 하루라도 어떻게 노래를 부를 수 있겠어요? 뇌가 터져버리고 완전히 지쳐버려서 다시는 안 할 거라고 다짐하게 되죠. 돈을 벌기 위해서보다는 즐기려고 노래 부르는 게 훨씬 좋아요.

레온틴 프라이스Leontyne Price(1927~)

미국의 소프라노 가수. 빈 국립오페라극장, 스칼라극장, 메트로폴리탄 오페라 등에 출연했다.

안나 파블로바

발레리나의 특별한 식단

"대부분의 발레리나들은 공연 당일에 아무것도 먹을 수가 없어요." 러시아인 프리마 발레리나 파블로바는 한때 이렇게 단정적으로 말했다. "하지만 저는 아니에요! 5시 정각에 부용 한 컵을 마시고 커틀릿을 먹죠. 후식으로는 커스터드를 먹어요. 공연 중에 빵가루와 함께 물을 마시면 기운이 샘솟죠. 발레 공연이 끝나자마자 최대한 빨리 목욕을 해요. 그러고 나서 저녁을 먹으러 가는데 그때쯤 지독하게 배가 고프죠. 집에 가서는 차를 마셔요."

당대 최고의 무용수가 된 파블로바는 세계 순회공연을 한 최초의 발레리나이다. 북아메리카와 남아메리카, 뉴질랜드, 호주, 인도, 중국, 일본, 그 밖에 다른 나라들을 여행하면서 일종의 예술 선교사

역할을 했다. 파블로바의 남편이자 매니저인 빅터 단드레Victor Dandre는 이렇게 말했다. "여행 중 파블로바의 모든 생활은 시곗바늘을 따라 규칙적으로 흘러갔고, 그 어떤 것도 정해진 일정에 끼어들지 못했어요." 파블로바는 아침 9시경에 일어났고, 10시에는 극장에 가서 처음에는 발레 바를 잡고서, 나중에는 무대에 올라가서 연습을 했다. 이렇게 90분에서 2시간 정도 연습을 하고 난 후, 동료들과 함께 리허설을 했다. 오후 1시에 리허설이 끝나면 모두 점심을 먹으러 호텔로 돌아갔다. 점심식사 후 30분의 여유 시간에는 마을에 흥미로운 것이 있는지 둘러보았다. 그러고 나서 90분 동안 휴식을 취했고, 오후 6시쯤에 극장으로 돌아갔다.

극장에 돌아온 파블로바는 직접 화장을 하고 나서 최종 무대 연습을 앞두고 잠시 휴식을 취했다. 그 후에 가발과 의상을 착용하고 화장을 끝낸 다음, 마지막 순간의 공연 전 불안감을 견뎌냈다. "파블로바는 언제나 무대 위에 올라가기 전에 엄청난 불안에 휩싸였어요." 단드레는 이렇게 썼다. 파블로바는 필요하다면 막과 막 사이에 의상과 가발, 화장을 바꾸고, 연한 차 한잔을 마셨다. 막간에는 자신의 분장실에 아무도 들어오지 못하게 했다. 하지만 공연이 끝나면 무대 뒤에서 지역민들을 반갑게 환영했다. 그 후에 호텔로 돌아가서 가벼운 저녁을 먹고 차를 더 마셨다. 이후 한 시간 동안 책을 읽거나 대화를 나누고 나서 잠자리에 들었다. 파블로바는 공연 날마다 변함없이 이와 동일한 일정을 따랐다. "사람들은 발레리나들이 경박한 삶을 산다고 생각하죠. 사실은 그렇게 살 수 없는데 말이죠. 우리는 경박함과 예술 중에서 하나를 선택해야 해요. 그 둘은 양립할 수 없죠." 첫 순회공연 이후 파블로바는 이렇게 말했다.

안나 파블로바Anna Pavlova(1881~1931)

러시아의 발레리나. 20세기 초 전 세계 무대를 투어하며 발레의 대중화에 평생을 바쳤다. 1905년에 창작된 「빈사의 백조」는 파블로바의 대표작이자 하나의 상징처럼 남았다.

마리솔 에스코바

극단적인 침묵으로 에너지를 절약하다

뉴욕 미술계의 스타 마리솔은 언제나 수수께끼 같은 모습을 보여주었다. "아찔한 매력을 풍기는 최초의 여성 예술가다." 자신의 영화 「키스」와 「가장 아름다운 여성 13인」에 마리솔을 캐스팅한 앤디 워홀Andy Warhol은 이렇게 말했다. 워홀처럼 마리솔도 단순한 것 같기도 하고 심오한 것 같기도 한 견해를 제시하는 재주가 있었다. "전 생각을 많이 하지 않아요. 생각을 하지 않을 때 온갖 것들이 제게 다가오죠." 마리솔은 1964년 인터뷰에서 이렇게 말했다

1965년에 『뉴욕타임스』 리포터가 마리솔의 일상을 요약했다. 마리솔의 하루는 정오에 시작된다. 그때 일어나 일상적인 햄과 계란 요리를 아침식사로 먹는다. 그러고는 자신의 아파트에서 나와 로어 브로

드웨이에 있는 작업실로 가는 길에 못, 풀, 의자다리, 술통 널빤지, 목재소에서 나온 소나무판자 같은 재료를 산다. 스튜디오에 들어가자마자 목공 작업과 조각, 전동 공구, 톱질, 망치질, 끌, 사포질을 모두 동원해 작업을 시작해서 작품을 완성한다. 마리솔은 저녁까지 계속 일을 하고, 밤에는 대부분 화랑 개관식이나 파티에 참석하려고 외곽으로 나갔는데 종종 워홀과 동행했다. 늦은 저녁을 먹고 나서 다시 일하러 가기 일쑤였다. "자신을 강철처럼 단련해요. 가끔씩 새벽 2시에 마리솔의 스튜디오를 지나쳤는데 마리솔은 그때도 여전히 열심히 작업하고 있었죠." 화가 루스 클리그만Ruth Kligman은 이렇게 말했다.

마리솔은 개관식이나 파티에서 말 한 마디 하지 않는 것으로 악명이 높았다. 마리솔의 많은 친구들과 지인들은 마리솔이 몇 시간씩 말 한 마디 하지 않았다고 회상했다. 비평가 존 그룬John Gruen은 이렇게 말했다. "마리솔은 근육 하나 움직이지 않고 몇 시간씩 의자에 가만히 앉아 있을 수 있었다." 구룬은 뉴욕 예술계에 대한 회고록에서 파티에 참석한 마리솔을 이렇게 회상했다. .

> 마리솔은 주변에서 벌어지는 열띤 대화를 가만히 듣고 있었다. 석상처럼 입을 다문 채 최소 2시간 동안 꼼짝도 하지 않았다. 한번은 마리솔을 돌아보았다가 깜짝 놀랐다. 거미 한 마리가 마리솔의 맨살이 드러난 팔뚝과 상체, 겨드랑이까지 삼각형 모양으로 완벽하게 거미줄을 쳐놓았던 것이다.

그 사실을 마리솔과 나머지 사람들에게 알려주자 마리솔은 차분하게 거미와 거미줄을 흘낏 쳐다보더니 이렇게 말했다. "베네수엘라에서도 이런 적이 있었어요. 그다지 새로운 일은 아니죠. 이제는 이런 일에 익숙해졌어요."

이렇게 극단적인 침묵이 연기처럼 보일지도 모른다. 하지만 마리솔의 친구들은 절대 연기가 아니라고 단언한다. 한 친구는 마리솔의 그러한 행동을 이렇게 변호했다. "첫째, 마리솔은 진짜 수줍음이 많다. 둘째, 마리솔은 대부분의 사람들이 할 말이 별로 없다는 걸 알고 있다. 그런데 왜 쓸데없이 많은 에너지를 대화에 써야 한단 말인가? 마리솔은 그 에너지를 절약해두었다가 작품 활동에 쏟는다. 마리솔은 뭔가를 말할 때 단도직입적으로, 간단명료하게 말한다. 그때그때 상황에 적합한 말을 한다."

마리솔 자신은 자신의 공적인 모습에 쏟아지는 그 모든 관심을 이해하지 못하겠다고, 그에 신경 쓰지 않는다고 했다. 1970년대에는 이렇게 말했다. "제가 무슨 신화 속의 인물인 것 같지는 않아요. 전 대부분의 시간을 제 스튜디오에서 보내요."

마리솔 에스코바Marisol Escobar(1930~2016)

베네수엘라계 프랑스 출신으로 1950년에 뉴욕으로 이주한 이후 미국에서 활동한 미술 작가. 아프리카 민속공예에서 영감을 받았다. 「여인과 강아지」, 「제너럴스」 등을 발표했다.

비르기트 닐손

3분간의 발성 연습

풍성하고 힘 있는 소프라노 음색을 구사하는 오페라 가수 닐손은 목소리를 어떻게 관리하는지 묻는 질문에 이렇게 대답했다. “특별히 하는 것은 없어요. 담배를 피우지 않아요. 와인과 맥주를 조금 마시죠. 올바른 부모 밑에서 자랐거든요.” 또 한 번은 성공한 비결이 무엇인지 묻는 질문에 ‘편안한 신발 덕분’이라고 했다. 사실 닐손의 진짜 성공 비결은 자기수양이었다. 닐손은 가수에게는 특히 자기수양이 중요하다고 했다. “작가나 화가는 영감이 떠오를 때 작업을 할 수 있죠.” 닐손은 이렇게 말했다. 하지만 가수들은 그렇게 운이 좋지 않다.

가수는 아침에 두통을 호소하며 깨어나 기분이 상당히 좋지 않고, 마음이 불안한 데다 모든 일이 순조롭게 흘러가지 않아도 그날 밤 공연을 할 수 있게 기운을 되찾아야 한다. 이건 정말 쉽지 않은 일이다. 큰 책임감을 느낄수록 점점 더 초조해지고 불안해진다. 그럴 때는 극장에 일찍 가서 조금씩 목소리를 가다듬는다. 그런 문제들은 대부분 무대 위에 올라가면 잊힌다. 그건 아주 놀라운 일이다.

닐손은 오랜 세월 동안 거의 끊임없이 이 오페라하우스에서 저 오페라하우스로 왔다 갔다 하면서 몇 달 동안 계속 호텔에서 살았다. "너무 오래 쉬면 목소리를 다시 다듬기가 더욱 어려워진다."고 하면서 휴가도 떠나지 않았다. 닐손은 스웨덴인 사업가 남편과 함께 스톡홀름과 파리에 있는 아파트들을 유지했지만 그중 어느 아파트, 아니 그 어떤 곳도 집이라고 생각하지 않았다. "예술가가 되는 동시에 집을 가질 수는 없어요." 한때 닐손은 이렇게 말했다. "어느 하나는 '고맙지만 됐어요.'라고 거절해야 하죠. 전 집을 '됐다고' 거절해요. 제 일을 너무 사랑하기 때문이죠. 남편도 그런 저를 이해해주고 있어요."

닐손은 자신의 명성에도 불구하고 무대 바깥에서 디바의 역할을 만끽한 적이 없었다. "전 '프리마돈나'라는 표현을 좋아하지 않아요. 그보다는 제가 직업 소프라노에 더 가깝다고 느끼죠." 한때 닐손은 이렇게 말했다. 닐손의 공연 의식은 간단했다. 무대에 오르기 전에 3분에서 4분 동안 빠르게 연이어서 발성 연습을 하는 것이었다. 그 소리를 엿들은 사람들은 '지독하게 끔찍한' 소리처럼 들린다고 했다. 닐손은 막간에 오렌지를 빨아 먹었고, 공연 후에는 어디를 가든 항상 가지고 다니는 가방에서 맥주 한잔과 아쿠아비트 한잔, 스웨덴

청어를 꺼내 오라고 수행원에게 시켰다.

비르기트 닐손Birgit Nilsson(1918~2005)

스웨덴의 소프라노 가수. 바그너의 해석자로서 정평이 나 있다. 풍부한 성량과 뛰어난 창법으로 최고의 드라마틱 소프라노로 불린다.

니나 시몬

무대 위에서 마법을 거는 방법

싱어송라이터 시몬은 자서전『당신에게 마법을 걸어요』에서 자신이 했던 최고의 공연을 언젠가 바르셀로나에서 관람했던 투우 경기에 비유했다. 투우 경기에서 발산되는 충격적인 폭력성은 관중들 내면 깊숙한 곳에 있는 뭔가를 건드리고, 결과적으로 관중들은 자신이 달라지는 것을 느낀다. 시몬은 무대 위에서 자신이 투우사와 비슷한 역할을 한다고 생각했다. "제가 가장자리에서 놀다가 언젠가는 떨어질 거라는 걸 알기 때문에 사람들이 저를 보러 오죠."하지만 관객들에게 뭔가 심오한 경험을 안겨줄 수 있느냐 없느냐는 기법의 문제이기도 하다. 시몬은 수년간의 여행을 통해서 자신의 방법을 갈고 닦았다.

관객들에게 마법을 걸기 위해 신경 써서 첫 노래를 골라요. 보통은 다음 노래에서 그다음 노래로 계속 휩쓸려 가는 그런 분위기를 조성해주는 곡이죠. 그렇게 연이어 노래를 부르다보면 어떤 절정에 다다르게 되고, 그때쯤 관객들은 제 노래에 완전히 홀려 있죠. 바로 그때 노래를 멈춰요. 잠시 동안 아무것도 하지 않아요. 그럼 절대적인 적막이 느껴지죠. 그게 바로 제가 관객들을 사로잡았다는 증거예요. 이런 순간은 언제나 묘하게 느껴져요. 모두가 하나의 전기 콘센트에 연결되어 있는 것 같죠. 관객이 많을수록 그런 순간을 끌어내기가 훨씬 쉬워요. 한 명 한 명이 일정 용량의 전기를 공급해주는 것 같아요. 클럽에서 더 큰 무대로 옮겼을 때는 더욱 철저하게 준비하는 법을 배웠어요. 오후에 텅 빈 무대에 가서 관객들이 어디에 앉는지, 무대가 앞쪽 관객들과는 얼마나 가깝고 뒤쪽 관객들과는 얼마나 먼지, 관객들의 좌석이 서로 얼마나 가깝거나 멀리 떨어져 있는지, 무대가 얼마나 큰지, 조명이 어떻게 배치되어 있는지, 마이크가 어디로 향해 있는지 등 모든 것을 살펴봐요. 그렇게 해서 무대에 올랐을 때는 제가 무엇을 하고 있는지 정확하게 알게 되죠.

시몬은 중요한 콘서트를 앞두고 한번에 몇 시간씩 혼자서 연습을 한다. 때로는 피아노를 너무 오래 쳐서 양팔을 '아예 움직이지 못할' 때도 있다. 시몬은 자신의 밴드도 혹독하게 준비시킨다. 밴드 멤버들과 함께 공연의 세세한 부분까지 모두 다 리허설에서 점검하고, 자신이 창조하고자 하는 특정한 경험을 이해하고 공감하는 음악가들을 모으려고 애쓴다. 콘서트 당일 저녁에는 마지막 순간까지도 공연 순서를 밴드 멤버들에게 말해주지 않았다. 어떤 때는 무대 위로 걸어 나가는 순간에 공연 순서를 알려주었다. 노래를 선곡하기 전에 관객들과 장소의 분위기를 가능한 한 오랫동안 음미하고 싶었기 때문이었다. 마침내 무대 위로 걸어 나가면 관객들에게 '민감'해졌고, 그와 동시에 혼자만의 세계에 빠져 관객들을 그 세계로 끌어들이려고 했다. 하지만 이 모든 철저한 준비에도 공연이 어느 순간에 탄탄한 전문적 공연에서 기묘하고 숭고한 뭔가로 도약할지 예상할 수 없었다. "조명 아래에서 벌어지는 일들은 무엇이든 간에 대체로 하나님이 선사해주신 거죠. 전 하나님이 움직이시는 무대에 불과해요."

니나 시몬Nina Simone(1933~2003)

미국의 싱어송라이터. 1954년에 데뷔했고, 인종차별을 반대하는 노래들로 미국 내 공민권운동에 큰 영향을 미쳤다.

다이앤 아버스

사진을 찍는 일은 인내의 과정

사진이란 '비밀에 관한 비밀이다.' 이렇게 말한 아버스는 비밀을 사랑했다. 아버스가 사진을 찍는 이유 중 하나도 '약간 무례하고', '상당히 비뚤어진' 일이라고 생각하기 때문이다. 아버스는 사진작가로 활동하는 내내 『하퍼스 바자』와 『에스콰이어』 같은 잡지사들의 의뢰를 받아서 거의 독점적으로 인물 사진을 찍었다. 여가 시간에는 새로운 주체를 찾아서 공원을 거닐고, 서커스와 기괴한 쇼를 구경하고, 나체촌과 사교클럽, 파트너 교환 성교파티, 정신병원을 드나들었다. 아버스는 미묘한 다양성을 보여주는 아웃사이더들과 부적응자들의 사진 촬영을 선호했다. 비트족과 히피족에는 질려서 약간 비뚤어질 수밖에 없는 사람들을 좋아했다. 그들 내면의 뭔가를 카메라로 포착해내는 스릴을 즐긴 것이다.

아버스는 그 스릴을 맛보려고 기다리고 기다리는 게임을 했다. 사진을 촬영하러 가면 종종 촬영 대상자의 집으로 가기도 했는데 그럴 때면 내성적이었고, 조곤조곤 말하며 다정하게 굴었고, 거들먹거리거나 요구를 많이 하는 일은 절대 없었다. 자신이 좋아하는 자세가 나올 때까지 촬영대상에게 부드럽게 지시를 했다. 그러고 나서 15분이나 20분 동안 그 자세를 유지해달라고 요구했다. 한 가지 자세를 유지하기에는 상당히 긴 시간이었다. 특히 아버스가 주로 촬영했던 비전문 모델들에게는 더더욱 그랬다. 그러다 마침내 잠시 휴식을 취할 시간을 주고는 또다시 15분 동안 같은 자세를 취해달라고 했다. 이렇게 몇 시간 동안 이 과정을 반복했다. 촬영 대상자들이 예상했던 것보다 훨씬 길고, 대부분의 사람들이 카메라 앞에서 한 가지 자세를 취할 수 있는 시간을 크게 웃도는 시간이었다. 사진작가 데보라 터브빌Deborah Turbeville은 이렇게 말했다. "사람들을 지치게 만들려고 했죠. 사람들은 그냥 그렇게 서서 지쳐가는 것 같았어요." (터브빌과 터브빌의 조수들은 가끔씩 촬영을 좀 더 빨리 끝내려고 아버스의 카메라 가방에서 필름을 슬며시 빼내기도 했다.) 하지만 아버스는 촬영 대상자들이 경계를 풀기를 바랐고, 그들과 좀 더 특별한 관계를 맺으려고 했기 때문에 촬영 시간을 좀 길게 끌어야 했다. 터브빌은 이렇게 설명했다. "인내의 과정이죠. 아버스는 먼저 자기 기분을 띄우고 나서 대상의 반응을 끌어내려고 했어요. 촬영 대상들에게 질문을 던졌죠. 먼저 자기 이야기를 털어놓고 나서 그들이 그에 반응하기를 바랐어요. 그렇게 반응을 얻기 시작해서 홈런을 칠 때까지 점점 더 내밀한 곳까지 파고들었죠."

아버스의 예술적 동기를 가장 명확하게 설명해주는 것은 촬영 대상을 어떻게 고르느냐는 질문의 답이었다. 이 질문에 아버스는 이렇게 대답했다. "신경에 거슬리는 대상을 선택해요."

다이앤 아버스Diane Arbus(1923~1971)

미국의 사진작가. 『보그』, 『하퍼즈바자』 등의 잡지사에서 활동하다가 1967년 그룹전 '뉴도큐멘트'에 출품한 사진으로 주목 받았다. 주로 기형인, 동성애자, 여장남자 등을 많이 찍었다.

아일린 패럴

어느 소프라노의 분장실

20세기 역사상 가장 유명한 소프라노 패럴에게는 맨해튼의 메트로폴리탄 오페라에 설 때 항상 하는 공연 전 의식이 있다. 정오쯤에 스태튼섬에 있는 자기 집 음악실에 들어가 당일 저녁에 공연할 오페라 전곡을 부르는 것이었다. 패럴은 1999년 회고록에 이렇게 썼다. "그게 미친 짓이라고 생각하는 사람들도 있어요. 하지만 밤에 하이C의 고음을 낼 거라면 그만한 준비가 되어 있는지를 오후에 확인하는 게 낫죠." 오후 늦게 스태튼섬 페리를 타고 맨해튼에 도착한 패럴은 택시를 잡아타고 메트로폴리탄 오페라로 향했다. 많은 오페라 가수들이 노래 부르기 전에 아주 적게 먹으려고 조심하거나 아예 아무것도 먹지 않았지만 패럴은 그렇게 까다롭지 않았다. "길 건너편에 작은 식당이 있었는데 전 항상 6시 정각에 거기서 저녁식사를 했어요."

> 대체로 항상 똑같이 스테이크에 구운 감자, 샐러드, 따뜻한 레몬차를 곁들어 먹는다. 기름 지고 크림이 많은 후식은 목에 걸리기 때문에 술술 잘 넘어가는 과일맛 젤리를 주문한다. 그러고는 길을 건너가서 분장실로 들어가 화장을 하고 의상을 갈아입는다. 분장실에 도착했을 때 꼭 준비되어 있어야 한다고 요청하는 것은 딱 한 가지, 바로 따뜻한 코카콜라 한 병이다. 의상을 다 차려입자마자 따뜻한 콜라를 몇 잔 마시고, 트림을 하기 시작한다. 트림이 목소리에 얼마나 큰 도움이 되는지 참으로 놀랍기 짝이 없다. 나의 목소리 선생님은 항상 이렇게 말씀하시곤 했다. "트림은 직장의 손상을 막아줘요."

1950년대 초반, 뉴욕에서 패럴과 함께 노래를 불렀던 유명한 오페라 가수 베벌리 실즈Beverly Sills는 패럴의 분장실에서 들려오는 트림 소리에 분노했다. "그건 조심스러운 트림 소리가 아니었어요. 마치 교향곡처럼 우렁찼죠." 훗날 실즈는 이렇게 회상했다.

아일린 패럴Eileen Farrell(1920~2002)

20세기 역사상 가장 유명했던 미국의 가수. 전통적으로 훈련받은 소프라노로, 60년 가수 경력에서 클래식과 대중음악 모두에서 성공을 거두었다.

탈룰라 뱅크헤드

배우는 시계의 노예다

"내게는 세 가지 혐오증이 있다. 그것들을 잠재울 수 있다면 내 인생은 소네트처럼 멋들어지겠지만 도랑물처럼 흐릿해질 것이다. 잠자러 가기 싫은 것, 일어나기 싫은 것, 혼자 지내기 싫은 것, 이 세 가지가 내 혐오증이다." 뱅크헤드는 1952년 자서전에 이렇게 썼다. 첫 번째와 두 번째 혐오증은 앨라배마 태생의 이 여배우에게 만성 불면증이 있어서 생겨난 것일 수도 있다. 마지막 혐오증은 선천적인 기질인 것 같다. 어쩌면 대화를 좋아해서, 아니 대화에 중독되어서 그런 혐오증이 생겼는지도 모른다. 뱅크헤드에게 대화란 언제나 일방적인 것이었지만 말이다. 뱅크헤드는 독백을 좋아해서 일화와 재담, 무심코 던지는 짤막한 농담을 끝없이 뒤섞어가며 이야기했다. 뱅크헤드의 한 친구는 뱅크헤드가 분당 몇 단어를 말하는지 헤아려보고, 하루에 7만 단어(거의 책 한 권 분량의 단어) 좀 못 되게 사용한다고 추정했다. 또 다른 친구는 "한 시간을 투자했는데 탈룰라와 대화를 나눈 건 15분뿐이었다."고 말했다.

뱅크헤드는 방향과 주소, 혹은 전화번호를 기억하지 못하는 것처럼 사람 이름을 기억하지 못해서 모든 사람들을 "자기야."라고 불렀다고 했다. 하지만 50년 연극 경력에서 대본은 아무 문제 없이 암기할 수 있었다. 무대 위에서는 남다른 개성을 화려하고도 격렬한 공연으로 승화시켰다. 하지만 뱅크헤드는 연기를 '그저 힘들고 단조로운 일'로 일축시켰고, 심지어는 창의적인 직업으로 취급하지도 않았다.

> 작가가 연극을 쓰고 나면 로열티를 받는 일만 남을 뿐, 그걸로 끝이 난다. 이어서 감독이 4주 동안 리허설을 한다. 이들의 작업은 창의적인 일이다. 하지만 작가가 1년 동안 같은 연극을 매일 밤 써야 한다면 기분이 어떨까? 혹은 감독이 매번 같은 연극을 재공연한다면 어떨까? 일주일 만에 니진스키Nijinsky처럼 정신이 나가버릴 것이다. 심지어는 안내원들도 매일 밤 다른 사람들을 만난다. 하지만 배우는 어떨까? 배우는 새장 안에 갇힌 앵무새와 같다.

뱅크헤드는 또한 극장의 엄격한 일정표를 싫어했다. 어떤 실수나 즉흥적인 행동의 여지없이 저녁마다 8시 30분에서 11시까지 극장에 있어야 하는 게 싫었다. "배우들은 시계의 노예다. 배우처럼 살아가는 직업은 또 없다." 뱅크헤드는 이렇게 썼다. 뱅크헤드의 또 다른 혐오증은 약속 시간에 늦는 것이었다. 뱅크헤드는 지각한 적이 없었다. 보통 모든 약속 장소에 최소 30분 일찍 도착했다. 개막 첫날 밤 전에는 '공연 전 공포'에 사로잡혔는데 이는 지칠 줄 모르는 성격의 소유자인 뱅크헤드에게 흔치 않은 오점이었다. 뱅크헤드는 미신을 믿지 않았지만 가끔씩 미신에 의지하기도 한다고 인정하며 이렇게 말했다. "「비둘기 농장(뱅크헤드의 첫 공연작)」 이후로 개막 첫날밤에는 분장실 탁자에 엄마 사진을 올려놓았어요. 막이 올라가기 전에는 어김없이 무릎을 꿇고 앉아 '하나님, 제가 웃음거리가 되지 않게 해주세요.'라고 기도했죠. 그러고 나서 샴페인을 따서 하녀와 함께 우리의 행운을 빌며 나눠 마셨어요."

탈룰라 뱅크헤드Tallulah Bankhead(1902~1968)

미국의 배우. 격정적이고 화려한 배우의 아이콘이 되었고, 허스키한 목소리와 재치로 유명했다. 「죽음을 부르는 여인」, 「구명보트」 등이 대표작이다

메러디스 몽크

혼자 하는 작업과 함께하는 작업

작곡가이자 가수, 감독 겸 안무가인 몽크는 새로운 공연을 준비하기 위해서 고독하게 혼자 하는 작업과 다른 사람들과 협력하는 작업을 번갈아 한다. 1970년대 초부터는 자신의 본거지 맨해튼에 위치한 아파트를 빌려 사용하고 있다. 하지만 은둔 작업이 필요할 때는 뉴멕시코에 소유하고 있는 사유지와 뉴욕주 북부에 있는 '작은 집', 혹은 뉴햄프셔의 예술가 레지던스를 찾아가 고독하게 혼자 일했다. 은둔 모드로 들어가면 아침 7시쯤에 일어나 30분 정도 명상을 하고, 아침을 먹고 나서 잠시 책을 읽는다. 그러고 나서 몽크의 말을 빌리자면 '영향력 있는 가수로서 사용하는 악기를 관리'하는 데 남은 오전 시간을 모두 쏟아 붓는다. 달리 말하면 일련의 신체 운동과 발성 운동, 피아노 연습을 한다는 것이다.

그러고 나서 점심을 먹고, 독서를 좀 더 하고, 오후에는 새로운 공연을 구상한다. 이것은 느리고 불확실한 작업이다. "무슨 작품을 하든 무에서 시작하는 걸 좋아해요. 그게 아주 위험하고, 처음에는 굉장히 무섭더라도 말이죠. 때가 되면 공포가 사라지고 관심과 호기심이 그 자리를 채워요. 수년 동안 미지의 영역에서 견뎌내는 법을 배웠죠. 바로 거기서 발견이 시작됩니다."

이 과정에서 몽크는 대체로 피아노를 치면서 새로운 음악적 아이디어와 음성적 아이디어를 시험해본다. 작업 내용은 음악 노트에도 기록하지만 주로 녹음을 해둔다. 몽크는 여러 분야를 아우르는 작업을 할 때 전반적인 구조를 보다 더 쉽게 파악하기 위해서 종종 그림을 그리고, 다양한 요소들을 차트로 만들거나 공간적 측면들을 보여주는 지도를 만든다. 전형적인 오후 작업은 4시간 정도 이어진다. 그 후에 저녁을 먹고, 서신을 살펴보고, 친구들을 만나고, 독서를 하거나 영화를 본다.

이와는 대조적으로 뉴욕에서 보내는 몽크의 일정은 다가오는 공연 리허설을 중심으로 흘러간다. 몽크는 칩거하는 날의 하루 일과를 축약해서 아침에 다 한다. 명상에 발성, 피아노 연습, 고독한 작업을 서너 시간 동안 다 하는 것이다. 오후나 이른 저녁에는 몽크와 함께 공연하는 사람들이 리허설을 하러 몽크의 집으로 찾아온다. 이런 리허설은 보통 4시간 동안 계속되는데 공연자들은 먼저 가볍게 몸을 풀고 발성을 하고 나서 리허설을 시작한다. 몽크는 대체로 리허설에서 완성하고 싶은 것을 글로 쓴다. 때로는 동영상으로 촬영하거나 녹음기로 녹음한다. 그래야 공연자들이 무엇을 했는지를 보거나 들을 수 있기 때문이다. 몽크가 혼자 개발한 작품은 공연자들과 함께 작업하면서 달라질 수밖에 없다. 그래서 아침 작업 시간에는 자료를 다시 살펴보고 재고하고 수정한다. 이 과정의 모든 단계에서 몽크는 "자료와 완전히 하나가 되려고 한다."라고 말했다. "그것이 창의적 과정과 공연의 궁극적인 목적이죠." 마침내 자료와 하나가 됐을 때 몽크는 이런 상태가 된다고 말했다. "의식이 아주 명확하게 하나로 집중되죠. 이와 동시에 완전히 개방되고, 긴장이 쫙 풀려요. 에너지가 하나도 남지 않는다는 말이 아니에요. 가장 깊은 수준의 이완과 공간 감각, 그 순간 주변에서 일어나는 일을 포착해내는 의식에 대해 말하는 거예요. 다른 사람들과 함께 공연할 때와 같은 느낌이죠. 저와 함께하는 공연자들은 우리 존재의 작은 것 하나하나까지 전부 다에 귀를 기울이려고 노력해요."

메러디스 몽크Meredith Monk(1942~)

작곡가이자 가수, 감독 겸 안무가이며, 오페라, 영화, 설치물의 창작자이다. 1960년대 중반에는 목소리의 잠재력을 키워주는 소리들을 일컫는 '확장된 목소리 기법'을 만들었다.

린 폰탠

완벽주의자들의 연극 리허설

폰탠과 그녀의 남편 알프레드 룬트Alfred Lunt는 연극 역사상 아마도 가장 위대한 부부가 아닐까. 이 부부는 연기 팀을 구성해 1923년부터 1960년까지 이십여 개가 넘는 작품을 함께 했다. 이들의 성공은 공통적인 완벽주의 기질과 지속적이다 못해 거의 강박적인 리허설 덕분이었다. "폰탠과 함께 항상 리허설을 해요. 심지어는 극장 바깥에서도 리허설을 했죠. 같은 침대에서 자면서 잠자러 갈 때는 손에 대본을 들고 갔어요. 그때는 8시간이나 했으니 이제 리허설을 그만하라고 말할 사람도 없었죠." 룬트는 한때 이렇게 말했다. 자레드 브라운Jared Brown은 자신의 전기 『놀라운 룬트 부부』에서 룬트 부부가 맨해튼 이스트 36번가의 집에서 했던 리허설 과정을 아래와 같이 묘사했다.

두 사람은 집에서 꼼꼼하게 짜놓은 일정에 따라 움직였다. 제일 먼저 대사를 외웠다. 룬트 부부의 집은 3층집으로 1층에는 식당, 2층에는 침실, 3층에는 스튜디오 겸 거실이 있었다. 폰탠은 맨 위층, 룬트는 맨 아래층을 차지했다. 덕분에 서로를 방해하지 않고도 연극 대사를 소리쳐 낭독할 수 있었다. 각자가 자기 대사를 상당히 확실하게 숙지한 후에는 같은 방에서 수수한 나무의자에 서로를 마주보고 앉았다. 다리를 꼬고 앉아 서로 정면으로 응시하면서 대사를 주고받기 시작했다. 둘 중 한 명이 더듬거리거나 대사를 잘못 말하면 다른 사람이 무릎을 탁 모았고, 그럼 같은 장면을 다시 처음부터 시작했다. 그렇게 몇 차례 연습을 하고 나면 무릎에 밍이 들었지만 두 사람은 대본의 글자 하나하나까지 완벽하게 연습했다. 암기를 끝내고 나면 리허설을 시작했다. 폰탠과 룬트는 각 장면을 연기하고 또 연기하면서 매번 등장인물들의 태도와 의도를 수정했다. 수차례 연습을 하고 나면 어떤 버전이 가장 성공적이었는지를 합의해서 결정한다. 그러고 나서 다시 한 번 리허설을 했다. 이번에는 서로의 연기를 좀 더 세심하게 평가할 필요가 있을 때마다 연습을 중단하고, 몸짓과 표정, 강조점 등 세세한 부분들을 끝없이 수정하고 다듬었다.

이러한 광범위한 '숙제'를 끝낸 후에야 룬트 부부는 다른 연기자들과 함께 리허설을 할 준비가 되었다. 하지만 그 이후에도 두 사람은 집에서 리허설을 계속했다. 몇 주에 걸쳐서 각 장면을 수백 번 수정하며 반복해서 연습했다. 이러한 연습은 서로를 지지해주는 온화한 시간이 아니었다. 룬트 부부는 서로에게 아주 가혹했다. 폰탠은 그것이 바로 자신들의 성공 비결이었을 거라고 생각했다. "우리는 서로에게 지독하게 비판적이었던 것 같아요. 그리고 그런 비판을 받아들이는 법을 배웠죠."

린 폰탠Lynn Fontanne(1887~1983)

영국 태생의 미국 배우. 남편인 알프레드 룬트와 팀을 이루어 24편 이상의 연극에 함께 참여했으며 브로드웨이에서 가장 훌륭한 부부 연극팀이라는 열렬한 찬사를 받았다.

완벽주의자의
무시무시한 몰입

피나 바우쉬

고문이나 다름없는 작업에 중독되다

"바우쉬가 느끼는 고통은 이루 말할 수가 없어요." 바우쉬의 파트너 로널드 케이Ronald Kay는 이렇게 말했다. "바우쉬는 다 타버린 잿더미가 되어 집으로 돌아가요. 전 그저 멀리서 지켜보는 게 낫다는 걸 알았죠. 그게 바우쉬를 도와줄 수 있는 유일한 방법이에요."

독일 출신 안무가 바우쉬는 몽환적인 전개와 정교한 무대세트, 극적이고 단편적인 대사를 '무용극'에 통합해 넣으면서 현대무용의 가능성을 넓혔다. 바우쉬는 언제나 쉽게 정의할 수 없는 뭔가를 찾으려고 했다. "제 머리로 정확하게 알고 있는 게 아니라 올바른 이미지를 찾으려고 하죠. 말로는 표현할 수 없는 거예요. 하지만 직감적으로 바로 이거다 싶은 게 있죠."

케이는 새로운 공연 리허설을 진행하는 바우쉬의 작업 일정을 이렇게 묘사했다. "10시에 시작된 리허설은 밤이 늦도록 끝나지 않는다. 밤 10시에 집에 가서 저녁을 먹고 나면 새벽 3시까지 앉아서 이 작품이 다 무엇에 관한 것인지, 무엇을 계속 가져갈 수 있는지, 이 작품의 작은 보석이 무엇인지에 대해 생각한다. 그러고는 아침 7시나 때로는 더 일찍 일어나 일하러 나갈 준비를 한다. 바우쉬는 언제나 변함없이 강도 높은 열정을 유지하려고 애쓴다."

바우쉬는 자신의 그러한 열정이 어디서 나오는지 설명하기 어려웠다. 새로운 작품을 시작할 때는 열정보다는 절망에 훨씬 더 가까운 감정을 느꼈다. 계획도, 대본도, 세트도 없으니까. 하지만 초연 날짜는 잡혀 있고, 시간은 별로 없다. 바우쉬는 이렇게 말했다.

> 작품을 하는 게 전혀 즐겁지 않아. 다시는 하고 싶지 않다고. 매번 고문이나 다름없어. 그런데 왜 하고 있는 거지? 그렇게 오래 했는데 왜 아직 깨닫지 못한 거야? 매번 작품을 창작할 때마다 처음부터 다시 시작해야 한다. 그래서 어렵다. 내가 성취하고 싶은 것을 절대 이루지 못할 것 같은 느낌이 항상 든다. 하지만 초연이 지나자마자 난 이미 새로운 계획을 세우고 있다. 그럴 기운이 대체 어디서 나오는 걸까? 그래, 자기수양이 중요하다. 계속 일하다 보면 갑자기 아주 작은 뭔가가 나타난다. 그게 어디로 이어질지는 모르지만 그 순간은 마치 누군가가 전등 스위치를 켠 것만 같다. 용기가 다시 샘솟아 일을 계속할 수 있고, 다시 흥분이 치

솟는다. 혹은 누군가가 아주 아름다운 뭔가를 하고, 거기서 힘을 얻어 일을 아주 열심히, 그것도 열정적으로 하게 된다. 이런 열정은 내면에서 우러나온다.

피나 바우쉬Pina Bausch(1940~2009)

독일의 현대무용가 겸 안무가. 부퍼탈 무용단에서 활동하며 「타우리스의 이피게니에」, 「오르페우스와 에우리디케」 등의 작품을 통해 무용과 연극적 퍼포먼스를 결합한 새로운 양식의 춤연극을 선보였다.

코코 샤넬

일요일을 두려워한 일 중독자

샤넬은 가난한 환경에서 태어나 청소년기를 고아원에서 보냈고, 정규 교육을 거의 받지 못했다. 이처럼 열악한 환경에서도 서른 살에는 누구나 아는 명사가 되었고, 마흔 살에 백만장자가 되었다. 그러니 일이 그녀의 인생이었다고 해도 전혀 놀랍지 않다. 샤넬에게 일은 그녀가 신뢰할 수 있는 유일한 동반자였다. 위대한 사업가가 되었고, 직원들에게는 요구가 많은 고용주, 심지어는 직원들 피를 말리는 고용주가 되었다. 전기 작가 론다 K. 가렐릭Rhonda K. Garelick은 파리 본사의 직원들이 항상 '예의 주시하는 불안' 상태에 있었다고 했다. 가렐릭은 샤넬의 일상을 아래와 같이 묘사했다.

직원들은 대부분 아침 8시 반에 출근했지만 코코는 결코 일찍 일어나지 못했고, 몇 시간 후에야 회사에 도착하기 일쑤였다. 대체로 오후 1시쯤, 코코가 도착하면 5성 장군이나 황제에게 어울릴 법한 환영식이 열린다. 코코가 회사 맞은편의 리츠 호텔을 나서는 순간, 호텔 직원이 캄본 거리의 전화교환원에게 그 사실을 즉각 알렸다. 스튜디오 전체에 벨소리가 울리면서 이런 말이 퍼져 나갔다. "샤넬 여사가 오고 계십니다. 아래층에 있는 사람은 출입구 근처에 샤넬 넘버 파이브 향수를 뿌려주세요. 샤넬 여사가 자신의 대표적인 향수를 맡으며 걸어 들어오실 수 있게요……." 사진작가 윌리 리조Willy Rizzo는 이렇게 회상했다. "코코가 스튜디오에 들어서면 모두가 학교 학생들처럼 일어섰어요." 직원들이 양손을 옆구리에 붙인 채 한 줄로 섰다. 한 직원은 그 광경이 마치 군대 같았다고 했다.

샤넬은 자기 사무실에 올라가자마자 바로 디자인을 시작했다. 견본이나 나무 마네킹은 사용하지 않고, 모델들에게 천을 걸쳐 놓고 그 천에다 핀을 꽂으면서 오랜 시간을 보냈다. 그동안 담배를 연이어 피우고, 대체로 서 있었다. 자리에 앉지 않았다. 가렐릭은 이렇게 말했다. "샤넬은 한번에 아홉 시간 동안 서 있을 수 있었어요. 무얼 먹거나 물 한잔을 마시려고 쉬지도 않았죠. 심지어는 화장실도 안 갔을걸요." 샤넬은 저녁 늦게까지 일했고, 업무가 끝난 이후에도 직원들을 곁에 붙잡아둔 채 와인잔을 기울이며 쉬지 않고 이야기했다.

지루함과 외로움이 기다리고 있는 리츠의 호텔방으로 돌아가는 시간을 최대한 늦추고 싶어서였다. 샤넬은 일주일에 6일 동안 일했고, 일요일과 공휴일을 두려워했다. 한 친구에게는 이렇게 말했다. "'휴가'라는 말만 들어도 식은땀이 나."

코코 샤넬Coco Chanel(1883~1971)

20세기의 여성 패션의 혁신을 선도한 프랑스의 패션 디자이너. 현대 여성복의 시초를 만든 디자이너로 답답한 속옷이나 장식성이 많은 옷으로부터 여성을 해방시켰다.

이디스 워튼

오늘과
똑같은
내일을 만들 것

워튼은 자서전 『뒤돌아보며』에서 자신의 인생은 "똑같이 실재하지만 전혀 상관이 없는 두 세계로 나뉘어 있고, 이 두 세계는 나란히 존재하며, 똑같이 몰입할 수 있지만 완전히 분리되어 있다"라고 했다. 이중 한쪽은 워튼의 결혼 생활과 가정, 친구들, 이웃들이 존재하는 현실 세계였고, 다른 한쪽은 워튼이 매일 아침 침대에서 창조해내는 허구 세계였다.

워튼이 아침마다 종이에 글을 써서 바닥에 던져놓으면 비서가 수거해 가서 타자를 쳤다. 워튼은 항상 아침에 일했다. 그렇기 때문에 워튼의 집에 머무는 손님들은 집주인이 산책을 가거나 정원을 돌보려고 개인 공간에서 나오는 오전 11시나 정오까지 알아서 시간을 보내야 했다. 하지만 손님들이 아침에 워튼과 이야기를 나눠야 할 때는 워튼의 침실로 초대받았다. 역사학자 게일라드 랩슬리Gaillard Lapsley도 방문객 중 하나였는데 훗날 워튼의 옷차림을 이렇게 묘사했다. 워튼은 소매가 풍성하고 레이스가 달린 얇은 실크 드레스를 입고 있었고, 드레스와 같은 재질의 모자를 썼는데 모자에 달린 레이스가 램프 갓의 가장자리 장식처럼 워튼의 이마와 눈가로 흘러내렸고 그 아래로 워튼의 얼굴이 조각처럼 도드라졌다. 잉크병이 놓인 무릎탁자가 워튼의 무릎 위에 아슬아슬하게 자리했고, 서신과 신문, 책들이 널려 있는 침대 위에 닿은 워튼의 왼쪽 팔꿈치 아래에는 '그 순간의 개' 한 마리가 있었다. 여기서 '그 순간의 개'는 워튼이 평생 동안 길렀던 많은 개들 중 한 마리를 말한다. 그중에는 스피츠, 파피용, 푸들, 페키니즈, 미미와 미자라는 털이 긴 치와와 한 쌍이 있었다. 이 개들은 워튼에게 어린 시절부터 큰 위안이 되었다. 워튼은 말년에 자신의 '인생을 지배했던 열정' 목록을 만들었는데 그 목록에서 개들이 '정의와 질서' 다음으로 2위를 차지했다. 그다음으로는 책과 꽃, 건축, 여행, 좋은 농담이 있었다.

워튼은 저녁마다 손님들에게 자신이 쓰고 있는 소설이나 좋아하는 작가의 작품을 읽어주었다. 워튼은 자신의 집필 진행 상황을 기꺼이 공개했지만 집필 과정 그 자체에 관해서는 절대 많은 이야기를 하지 않았다. 한 손님은 워튼이 "글쓰기 과정에 관한 암시를 거의 주지 않았고, 글쓰기 작업에 쏟아붓는 무한한 고통이나 완벽한 글을 쓰는 데 필요한 재료를 찾아내는 지칠 줄 모르는 끈기에 대해서도 언급하지 않았다"고 했다. 워튼의 한 가지 암묵적인 집필 조건은 매일 거의 똑같은 일정을 따라야 한다는 것이었다. "일상적인 일정에서 아주 사소한 것 하나만 틀어져도 나는 완전히 탈선해버리고 만다." 워튼은 1905년 편지에 이렇게 썼다.

이디스 워튼Edith Wharton(1862~1937)

1920년에 발표한 『순수의 시대』로 1921년 여성 최초로 퓰리처상을 수상했다. 소설, 시, 에세이, 여행기, 회고록 등 40여 권이 넘는 책을 출간했다.

마사 그레이엄

만성 불만족에 시달린 천재

그레이엄은 무용가로서 혁신적인 경력을 쉼 없이 오랫동안 쌓았다. 춤이 그녀의 생명이었고, 그 외에는 중요한 것이 거의 없었거나 되지 못했다. 그레이엄은 음악 감독과 오랜 관계를 유지했고, 한 무용수와는 짧은 결혼 생활을 유지하기도 했다. 이혼 후에는 아이를 입양하려고 하다가 그만두었다. "제 부모님이 어린 절 돌봐주었던 것만큼 아이를 잘 보살펴줄 수 없을 것 같아서 아이를 입양하지 않기로 했어요. 무용수가 되고 싶은 마음을 걷잡을 수가 없었죠. 아이와 무용 중에서 하나를 선택해야 했고, 결국에는 무용을 선택했어요."

그레이엄에게 무용이 즐겁거나 쉬운 것은 아니었다. 그레이엄은 이렇게 말했다. "춤이란 삶이 나를 아주 격하게 사용하도록 놔두는 것이다." 새로운 춤을 추기 시작할 때는 '끔찍하게 비참한 시기'였다. 그레이엄은 오랜 시간 동안 스튜디오에 혼자 남아 춤을 추면서 자신의 신체를 시험하고, 특히 언어로 표현할 수 없는 감정을 구체화시켜주는 동작을 찾아냈다. 그레이엄은 이렇게 말했다. "현대무용에서 동작은 발명이 아니라 발견의 산물이에요. 신체가 무엇을 하는지 발견해내는 거죠." 한편으로는 스튜디오 바깥과 자연에서, 혹은 만나는 사람들한테서, 특히 읽은 책 속에서 영감을 얻기도 했다. "모든 것이 니체와 쇼펜하우어를 연구한 덕이죠." 그레이엄은 밤에 게걸스럽게 책을 읽으면서 아이디어를 자극하는 내용과 단락을 적었다. 시간이 지남에 따라 그 내용에서 하나의 패턴이 드러나기 시작했고, 이어서 그레이엄은 무용 시나리오나 대본을 썼다. "침대 옆 작은 탁자에 타자기를 놓아두고, 베개에 기대어 밤새도록 글을 썼어요."

그레이엄의 한 무용수는 이렇게 회상했다. "매순간 그레이엄이 나서서 다듬고 만들고 시범을 보여주었어요." 그레이엄은 '안무의 벽'에 부딪히면 창밖을 응시하면서 생각에 잠겼다. 이때 무용수들은 바닥에 앉아서 기다렸다. 그러다가 결과가 자신의 높은 기준에 미치지 못했을 때 그레이엄은 격노했다. "초조하게 그레이엄을 지켜보는 게 일상이었죠. 그레이엄은 자기 내면에 감춰진 악마적 기질을 모두 다 끌어낼 수 없어서 한바탕 울화를 터트렸어요. 그레이엄이 자기 자신을 없애버리고, 지워버리지 못하면 끔찍한 사태가 벌어졌죠." 하지만 그러한 '정화' 이후에는 '경이로운 창의성'이 몰아쳤다.

그레이엄은 75세까지 무대 위에서 춤을 추었고, 마침내 은퇴해야 했을 때는 비탄에 잠겼다. 하지만 96세의 나이로 사망하기 몇 주 전까지 안무가로 계속 일했다. 그레이엄의 프로필을 작성한 무용 비평가는 그레이엄이 90세 생일 전날에도 오후 2시에서 5시까지, 밤 8시에서 10시나 11시까지 하루에 여섯 시간씩 일했고, 그 사이에 잠깐 쉬며 가볍게 식사를 했다고 했다. 밤늦게 집에 돌아가서는 서류작업을 했고, 스크램블 에그와 코티지 치즈, 복숭아, 상카 커피로 늦은 저녁을 때웠다. 그 후에 새벽 1시까지 텔레비전에서 하는 옛날 영화를 보고 잠들었다가 아침 6시 30분에 일어났다(오전 약속이 없으면 다시 잠을 자기도 했다). 그레이엄은 평생 동안 춤을 추었고, 전 세계적으로 천재성을 인정받았지만 만성 불만족에 시달렸다. 자서전에 그레이엄은 이런 글을 남겼다. "아주 오래전, 엘 그레코El Greco의 스튜디오에서 그의 사망 이후에 단 한 줄의 문구가 적혀 있는 캔버스가 발견됐다는 이야기를 들은 기억이 난다. 거기에는 '그 무엇도 날 만족시키지 못한다.'라고 적혀 있었다. 왜 그가 그런 글을 남겼는지 알 것 같다."

마사 그레이엄Martha Graham(1894~1991)

미국의 무용가로 데니숀 무용단에서 활약했으며 독무와 군무를 합하여 140개 이상의 작품을 발표했다. 현대무용의 발전에 크게 공헌한 20세기 최고의 독창적인 무용가이다.

조세핀 베이커

수면 부족에 시달린 야망가

"난 성공해야 해." 미국 태생 프랑스 무용수이자 가수 베이커는 이렇게 썼다. "절대 노력을 멈추지 않을 거야. 바이올리니스트에게는 바이올린이 있고, 화가에게는 팔레트가 있어. 내게는 나 자신밖에 없어. 시드니 베쳇Sidney Bechet이 클라리넷을 애지중지했듯이 내게는 내가 가장 소중히 다뤄야 하는 악기야." 베이커는 피부색을 밝게 하려고 아침마다 레몬 반쪽으로 30분씩 온몸을 문질렀는데 이런 집착은 평생을 갔다. 그뿐만 아니라 특별한 조합의 머리카락 색을 내는 데도 그와 똑같은 시간을 쏟아부었다. 하지만 다이어트 걱정은 하지 않았고, 특별한 운동도 시작하지 않았다. 하루에 열 시간이나 그 이상 춤을 추었던 무용수 초년기에는 그랬다. 1920년대에 파리에서는 저녁에 폴리스 베르제Folies Bergere에서 춤을 추기 시작했고, 연이어 다른 카바레에 출연했다가 새벽에야 집으로 향했다. 베이커는 그 시절을 이렇게 글로 썼다. "하루 일을 시작할 준비를 하는 어둑어둑한 파리, 가난한 사람들의 파리를 지나쳐 갔다. 침대에 쓰러져 강아지들을 끌어안고 새벽 4시에 하녀가 깨우러 올 때까지 곯아떨어졌다." 베이커는 언제나 밤늦게까지 잠에 들지 못했다. 거의 평생 동안 악몽과 불면증에 시달렸고, 이른 새벽 5시 30분에 친구에게 전화를 걸었다. 심지어는 밤을 새우다시피 하고 나서도 맑은 정신으로 이야기를 나눴다.

베이커의 한 친구는 이렇게 회상했다. "조금씩 토막잠을 자는 게 베이커의 비결이었죠. 제 앞에서 이야기를 나누다가 갑자기 잠에 빠졌던 게 한두 번이 아니었어요. 그렇게 30분쯤 자다가 갑자기 깨서는 낮잠을 잔 적이 없는 사람처럼 좀 전에 하던 이야기를 이어서 계속했어요."

만성 수면 부족과 정신없이 바쁜 생활, 드높은 야망 탓인지 베이커는 갑작스럽게 분노와 짜증을 폭발시키는 경향이 있었다. 베이커 밑에서 일했던 한 사람은 이렇게 회상했다. "베이커는 항상 위기에 처해 있는 것 같았어요. 어떤 때는 하루에 한 번, 또 어떤 때는 하루에 두 번이나 일주일에 한 번 위기 상태에 빠졌죠. 그런 위기 상태가 일주일 동안 지속될 때도 있었어요. 그런 위기 상태는 마치 발작처럼 베이커를 덮쳤죠." 베이커의 첫 남편은 베이커가 긴장을 풀 줄 모른다면서 이런 글을 남겼다. "친구들이 종종 자기들 농장에 와서 한적하게 하루를 보내며 쉬라고 초대했어요. 베이커는 정중하게 그 초대를 받아들였지만 마지막 순간에 약속을 깰 구실을 찾아냈죠. 언제나 달리 하고 싶거나 보고 싶은 게 생겼거든요. 전 '엔진을 좀 꺼봐, 베이커.'라고 농담을 던졌죠. 하지만 베이커에게는 불가능한 일이었어요. 베이커는 속도를 늦출 수가 없었어요."

조세핀 베이커Josephine Baker(1906~1975)

미국 태생의 프랑스 가수 겸 무용가. 뉴욕에서 흑인 음악극으로 데뷔한 뒤 파리로 건너가 카지노 드 파리 등의 무대에서 춤과 노래로 활동했으며 영화에서도 활약했다.

제르맹 드 스탈

언제 그렇게 많은 글을 썼을까

"이 생을 사는 사람은 누구나 지루함과 고통 중 하나를 선택해야 한다." 스탈은 1800년 여름에 한 친구에게 이런 편지를 썼다. 스탈은 자신의 생에서 자랑스럽게도 고통을 선택했다. 스위스계 프랑스인 여성 문예가인 스탈은 부유하고 명망 높은 집안에서 태어났다. 아버지는 루이 16세의 재무 장관이었고, 어머니는 파리 살롱의 중심인물이었다. 하지만 스탈은 1790년대에 나폴레옹에게 노골적으로 반대해서 강제 추방을 당했고, 그 시기의 대부분을 스위스 코페에서 보냈다. 코페는 서구 유럽의 많은 일류 지식인들의 만남의 장소이자 아이디어 실험의 장이었다. 이곳에서 스탈은 수많은 정치 및 문학 에세이를 썼다. 스탈의 손님들 눈에는 그러한 작업이 항상 생산적으로 보이지는 않았지만 말이다. "스탈은 상당히 많은 글을 썼지만 더 나은 일이 없을 때만 그랬죠. 언제나 더없이 시시한 사교적 즐거움을 우선시했어요." 한 방문객은 이렇게 말했다. 하지만 이 말이 전적으로 사실은 아니었다. J. 크리스토퍼 해롤드Christopher Herold는 스탈이 코페에서 보냈던 생활 방식을 스탈의 전기에서 다소 다르게 묘사했다.

> 아침은 10시와 11시 사이에 먹었다. 그러고 나면 손님들은 자기들 마음대로 시간을 보냈고, 그동안 스탈은 사업상 편지와 회계 장부, 사유지 행정 사무를 처리했다. 시간이 남으면 책을 읽고 글을 썼다. 하지만 손님들 눈에는 스탈이 아무것도 하지 않는 것처럼 보였다. 한번에 여러 가지 문제를 처리할 수 있고, 끝없는 방해에도 끄떡없었기 때문이었다. 스탈은 마차를 타고 가면서 글을 썼고, 편지를 구술하면서 대화를 나누었고, 어디에 있든 무얼 하든 책을 썼다. 스탈과 가장 친한 사람도 글 쓸 시간이 없어 보이는데 어떻게 그토록 많은 글을 쓸 수 있는지 신기해했다. 시간을 나누어 관리하는 게 그 비결은 아니었다. 오히려 시간 관리를 특별히 하지 않는 게 비결이었다. 대부분의 사람들은 집중하려고 노력했다가 휴식을 취하는 데 많은 시간을 보낸다. 준비와 휴식 사이에는 행동을 취할 시간이 거의 없다. 스탈은 언제나 집중하고 절대 쉬지 않았다. 자신의 관심을 요구하는 상황에 즉각적으로 적응할 수 있는 두뇌를 가진 사람이었다.

코페에서 아침식사 시간은 10시에서 11시 사이였기 때문에 점심은 한 5시, 저녁은 11시에 했다. 점심과 저녁식사 시간 사이에는 산책이나 드라이브, 음악 모임과 담론, 게임이 이어졌다. 저녁식사 이후에 시작된 대화는 이른 아침까지 계속되었다. 적어도 스탈과 스탈의 측근들 대화는 그랬다. 스탈은 아편을 복용한 덕분에 밤에 몇 시간밖에 자지 않았고, 측근들도 자신과 비슷하게 잠을 적게 자기를 바랐다. 스탈의 오랜 연인인 정치가이자 작가 벤자민 콘스탄트Benjamin Constant는 스탈에 대해 이렇게 말했다. "스탈만큼 스스로 깨닫지도 못한 채 한층 더 끊임없이 뭔가를 요구하는 사람은 보지 못했다. 스탈은 모든 사람의 존재 전체와 매 분 매 시를 자기 뜻대로 사용해야 했다. 그게 안 되면 폭풍우와 지진이 동시에 일어나는 것처럼 폭발해버린다."

제르맹 드 스탈Germaine de Staël(1766~1817)

프랑스의 낭만주의 소설가이자 비평가. 살롱에 모인 계몽사상가들에게 영향을 받아 민주주의 사상과 인류의 진보에 이상을 품게 되었다. 대표작으로는 『델핀』과 『코린나』가 있다.

래드클리프 홀

근면한 습관을 들인 게으른 수습생

홀이 글을 쓰기 시작한 것은 사랑 때문이었다. 홀은 부유한 가정에서 태어났지만 부모의 방치로 교육을 별로 받지 못했고, 청소년기와 이십 대 초반에 정처 없이 떠돌아다녔다. 그러다 여자와 사랑에 빠졌고 대체로 그 여자의 결혼으로 헤어지기를 반복했다. 그러다가 가수이자 작곡가인 메이블 '레이디' 배튼Mabel 'Ladye' Batten과 처음으로 깊은 사랑에 빠졌다. 그때부터 모든 것이 달라졌다. 배튼은 다독가였고, 몇 개 국어를 했으며, 교육받지 못한 젊은 아마추어를 상대할 생각이 없었다. 홀은 배튼의 사랑을 받고 싶어서 단편소설을 쓰기 시작했고, 배튼이 그중 몇 개를 출판 편집자에게 보냈다. 그런데 뜻밖에도 편집자는 매우 열광적으로 반응하며 홀에게 바로 소설을 써보라고 제안했다. 홀은 그 제의를 거절했다. 그만큼 부담스러운 프로젝트를 시작할 준비가 되어 있지 않았기 때문이었다. 하지만 1916년에 배튼의 죽음으로 슬픔과 죄의식을 느끼면서 결심이 섰다. 이때는 배튼의 먼 사촌인 조각가 유나 트로우브릿지Una Troubridge와 사귀기 시작한 시기였다. 트로우브릿지는 훗날 이렇게 회상했다. 머지않아 홀은 "꿈꿔본 적조차 없었던 규칙적이고 근면한 생활을 시작했다. 게으른 수습생이 슬픔을 겪은 후 아침부터 밤까지, 밤부터 아침까지 일하는 사람으로 탈바꿈했다. 더없이 사소한 디테일을 확인하려고 영국의 절반을 가로질러 갔다가 다시 돌아오기도 했다." 홀은 다행스럽게도 트로우브릿지를 발견했다. 트로우브릿지는 평생 동안 홀의 연인이자 문학 대필자였다. 홀이 자주 '영감 상실'로 힘겨워하며 우울한 기분에 휩싸일 때도 트로우브릿지는 굳건하게 버텨주었다. 홀은 힘 들이지 않고 글을 쓰는 작가가 절대 아니었다. 아주 힘들게 글을 썼고, 극단적으로는 집필을 중단하기도 했다. 홀의 사망 후에 나온 전기에서 트로우브릿지는 홀의 집필 방식을 아래와 같이 기록했다.

> 영감이 떠오르든 떠오르지 않든 홀의 집필 방식은 달라지지 않았다. 타자기를 쓴 적이 한 번도 없었고, 타자 치는 법을 배우지도 않았다. 자신의 영감을 타이피스트에게 구술한다는 생각만 해도 공포에 질렸다. 홀은 언제나 글을 쓰는 것은 반드시 필요한 예비 작업이라고 했다. 하지만 펜이나 연필로 써놓은 글은 알아보기 어려웠고, 대체로 철자를 잘못

썼으며, 종종 구두점도 쓰지 않았다. 때로는 원고지에 글을 썼지만 말년에는 설교 종이 뭉치나 사실상 거의 모든 종이에 글을 썼다. 지금도 문장들로 뒤덮인 종잇조각들을 찾을 수 있다. 때로는 압지 조각이나 낡은 종이박스에 적어놓은 글들이 눈에 들어온다.

홀은 일하면서 줄담배를 피웠고, 정리정돈 강박이 있어서 어수선한 것을 보면 가만히 있지 못했다. 홀의 글쓰기용 작업복은 항상 똑같았다. 낡은 옷을 입지 않으면 불편하기 때문에 일에 집중할 수가 없다. 주로 낡은 트위드 치마에 흡연용 벨벳 재킷을 걸치고 일했다. 소매가 넉넉하고 편안해서 남성용 재킷을 선택했다.

홀은 초안을 완성한 후에 트로우브릿지에게 읽어달라고 했다. 그동안 고칠 부분을 불러주면 트로우브릿지가 종이에 표시를 하고 수정해서 다음에 다시 읽어주었다. 트로우브릿지는 홀이 만족할 때까지 몇 번씩 반복해서 낭독해야 했다. "한 장(章)을 몇 주 동안 계속 읽은 적도 있어요. 같은 장을 스무 번씩 큰 소리로 읽죠." 트로우브릿지는 이렇게 회상했다. 트로우브릿지가 낭독을 하다가 지루해하거나 단조로워하는 기색을 조금이라도 비치면 홀은 작품에 부족한 점이 있다는 증거로 받아들였고, 때로는 트로우브릿지의 손에서 원고를 낚아채 불 속에 던져버렸다. 반면 낭독 단계에서 마침내 만족하면 다음에는 정확한 초고를 타이피스트에게 구술했고, 이어서 또 다시 앞과 같은 과정을 반복했다. 이런 식으로 초고를 거듭 고치며 완성을 향해 조금씩 나아갔다. 이 과정에서 트로우브릿지의 끝없는 낭독을 필수적인 품질 검사로 삼았다.

홀은 나이가 들수록 더욱 열심히 일했다. 말년에는 밤에 초고를 쓰는 성향이 점점 더 강해졌다. 트로우브릿지는 홀의 그런 성향을 이렇게 회상했다. "결과적으로 홀은 잠을 충분히 자지 못했어요. 항상 불면증에 시달렸고, 한밤에 열여섯 시간 연속으로 몰입해서 일할 때는 제가 주는 음식도 마지못해 먹었고, 책상 앞을 떠나지 않았죠. 그러고 나서 마침내 침대에 쓰러지다시피 누워서 잠이 들어도 몇 시간 후에 벌떡 일어나 아침을 달라고 하거나 원고를 검토했어요." 홀은 광적인 집필 습관을 들이자마자 다른 방법을 찾지 못했다. 1934년 편지에서 홀은 이렇게 말했다. "책 한 권을 쓰면서 말 그대로 나 자신을 녹초로 만든다. 그 정도가 너무 지나치다고 생각하지만 그럴 수밖에 없다."

래드클리프 홀Radclyffe Hall(1880~1943)

영국의 시인. 동성애를 다룬 소설 『고독의 우물』은 일대 파문을 일으키며 한동안 영국에서 출판이 금지되었다. 『아담의 후예』, 『지구와 별 사이에서』 등을 펴냈다.

마를레네 디트리히

아무것도
하지 않는 것은
죄다

"디트리히는 까다롭지 않았어요. 그냥 완벽주의자였을 뿐이죠." 1930년대 후반부터 몇몇 영화에서 이 독일 배우의 의상을 담당했던 에디스 헤드는 이렇게 회상했다.

> 디트리히는 엄청난 자제력과 에너지의 소유자였다. 방전될 때까지 하루 종일 일할 수 있었고, 잠시 휴식을 취하고 나서 뭔가를 바로잡으려고 밤새도록 일했다. 수요일 밤에 촬영장에서 입을 의상을 준비하느라 월요일 일찍부터 화요일 늦게까지 서른여섯 시간을 일했을 때는 디트리히의 체력과 결단력에 깜짝 놀랐다.

디트리히와 함께 일했던 또 다른 의상 디자이너는 이렇게 말했다. "비행기에서 내린 직후에 소품실로 가서는 저희가 의상을 만드는 동안 거울 앞에 서서 여덟아홉 시간 동안 꼼짝도 하지 않았어요." 디트리히는 영화 메이크업과 조명, 편집 분야에서도 완벽주의자였다. 그래서 1930년도 영화 「푸른 천사」로 그녀를 국제적인 스타의 반열에 올려준 요제픈 폰 스턴버그Josef von Sternberg와 협력해서 영화의 보다 더 세세한 부분까지 관여했다. 이러한 기세가 스튜디오 바깥에서도 좀처럼 누그러들지 않았다. 그 어떤 태만도 용납하지 못하고 혐오했다. "아무것도 하지 않는 게 죄예요. 유의미한 할 일은 언제나 있으니까요." 디트리히는 이렇게 썼다. 또한 요리와 집안일을 '가장 뛰어난 직업 치료법'이라고 하면서 열정적으로 했다. "일이 많을수록 신경증에 시달릴 일이 적어져요."

마를레네 디트리히Marlene Dietrich(1901~1992)

독일 출생의 미국 영화배우로 독일영화 「탄식의 천사」의 주역을 맡아 호평을 받았다. 그 후 미국으로 건너가 「모로코」, 「정염의 미녀」 등 많은 영화에 출연하며 인기를 누렸다.

로사 보뇌르

동물과 함께한 삶

보뇌르는 동물 그림으로 크게 칭송받는 19세기 예술가다. 1853년에 커다란 캔버스 작품 「말 시장」으로 특히 유명해졌다. 보뇌르는 또한 남성 복장으로도 악명이 높았다. 19세기 프랑스에서는 여성이 남성의 옷을 입는 것이 수치스러운 일일뿐만 아니라 불법이었다. 1850년대에 보뇌르는 파리 경찰한테서 남성 복장 착용 자격을 허락받은 여성 열두 명 중 한 명이었다. 그러한 자격은 보뇌르가 동물 해부학에 관한 지식을 얻기 위해 도살장에 출입하려면 바지를 입어야 한다고 주장해서 얻은 것이었다. 보뇌르는 이렇게 말했다. "남자 행세를 하고 싶어서 평상복을 입지 않으려는 여성들은 저도 무척 못마땅하게 생각합니다. 하지만 제가 이렇게 입는 건 많은 여성들이 그러듯이 돋보이고 싶어서가 아니에요. 제 일 때문에 이렇게 입는 것뿐이죠. 제가 많은 시간을 도살장에서 보낸다는 사실을 잊지 마세요. 맙소사, 도살자들에게 둘러싸인 채 피 웅덩이를 밟고 서서 예술에 헌신해야 한다니까요."

사실 보뇌르가 집과 스튜디오에서도 남성복을 자주 입는다는 사실은 알 만한 사람은 다 아는 비밀이었다. 하지만 보뇌르는 여론이 나빠질까 봐 자신의 성향을 드러내지 않았다. 그렇게 되면 그림 판매량이 감소할 뿐만 아니라 여성들과의 동거 사실이 도마에 올라 악의 넘치는 조사를 받을 수도 있었다. 보뇌르의 첫 동성 상대는 가족끼리 알고 지내는 지인의 딸 나탈리 미카스Natalie Micas였다. 두 사람이 처음 만났을 때는 보뇌르가 열네 살, 미카스가 열두 살이었다. 두 사람은 친한 친구가 되었고 결국에는 연인으로 발전했다. 보뇌르는 1889년에 미카스가 사망할 때까지 미카스와 함께 살았다. 그로부터 얼마 후, 보뇌르는 안나 클럼크Anna Klumpke라는 젊은 미국인 화가를 만났고, 보뇌르가 사망할 때까지 두 사람은 함께 살았다.

1898년, 클럼크는 위대한 예술가 보뇌르의 하루 일정을 빠르게 따라잡았다. 그때 보뇌르는 클럼크에게 이렇게 말했다. "난 항상 해가 지면 잠들고, 해가 뜨는 새벽 5시에 일어나요. 7시에서 9시 사이에는 하인과 함께 개 두 마리를 데리고 드라이브를 하죠. 그러고 나서 점심시간까지 일하고 난 후, 신문을 읽고 낮잠을 잡니다. 2시 이후에 제 시간은 모두 당신 거예요." 보뇌르는 훨씬 더 오랫동안 일하는 데 익숙했지만 더 이상은 그럴 필요가 없다는 걸 알았다. "지금은 빈둥거리면서 일을 적게 하고 생각을 많이 해요."

보뇌르의 침실에는 새장이 가득했다. 보뇌르가 새들만 키우는 것은 아니었다. 개와 말, 당나귀, 황소, 양, 염소, 붉은 사슴, 노루, 도마뱀, 무플론(야생 양), 야생돼지, 원숭이, 가장 사랑스럽고 사나운 사자도 길렀다. 사자들 중에서 파티마Fatima라는 사자는 푸들처럼 보뇌르를 따라 다녔고, 애완용 원숭이들은 집 안을 마구 돌아다녔다고 한다.

보뇌르가 이렇게 엄청나게 많은 야생동물들을 기르는 진짜 목적은 그림을 그릴 대상을 많이 확보해서 농장과 가축수용소, 동물시장, 말 박람회를 찾아가지 않고도 집에서 그림을 그리는 것이었다. 보뇌르는 들판에서 그림을 그리려고 궂은 날씨에도 사용할 수 있는 특수 마차를 제작해달라고 주문했다. 동물들과 그림, 미카스의 사랑, 나중에는 클럼크까지 모두 가지면서 보뇌르는 필요한 것을 모두 얻었다. "나는 언덕과 계곡을 끙끙거리며 돌아다니다가 흡족해하며 자기 굴로 숨어버리는 늙은 생쥐다. 하지만 현실에서는 이 세상에 직접 발을 담그지 않은 채 지켜보기만 해서 다소 슬프다." 보뇌르는 자신의 사유지에 정착한 지 7년이 흐른 1867년에 이런 글을 남겼다.

로사 보뇌르Rosa Bonheur(1822~1899)

19세기 프랑스의 여성화가. 평생 동안 동물 세계를 관찰하며 전문적인 동물화가로 활약했다. 레지옹 도뇌르 훈장을 받은 최초의 여성 예술가이기도 하다.

마리 퀴리

허름한 창고에 깃드는 행복

"당신들 둘 다 식사를 거의 안 해요. 그런 마리를 본 게 한두 번이 아니에요. 퀴리는 소시지 두 조각을 깨작거리며 먹고, 차 한잔을 마시죠. 모든 순간마다 과학에 사로잡혀 지내야 하는 건 아니에요. 밥을 먹을 때는 물리학 책을 읽거나 물리학에 관한 이야기를 하지 말아야 해요." 동료 과학자가 퀴리 부부를 염려해서 보낸 편지의 일부이다.

퀴리 부부에게 제도적 지원이나 적절한 시설이 부족했다는 것은 이미 유명하다. 소르본 대학에 작업실을 요청했다가 거절당한 후, 퀴리 부부는 피에르가 교사로 일하는 학교에서 동굴 같은 창고를 발견했다. 의대생들이 해부실로 사용했던 곳이었다. 그곳에는 가구가 거의 없었고, 지붕에서는 물이 샜고, 난방기는 낡은 주철 난로 하나

뿐이었다. "마구간이나 감자 저장고 같았어요. 화학 실험 장비가 놓인 작업대를 보지 못했다면 그곳이 실험실이라는 걸 믿지 못했을 거예요." 그곳을 방문했던 한 화학자가 이렇게 말했다. 하지만 그 창고는 적어도 마당과 이어져 있어서 퀴리 부부의 실험에 필요한 수많은 역청우란석 찌꺼기를 보관하는 데 반드시 필요한 곳이 되었다.

피에르는 처음부터 그 문제의 물리학적 측면에 집중했고, 마리는 매우 힘든 노동을 요구하는 화학을 담당했다. "한번에 20킬로그램이나 되는 많은 양을 다뤄야 했어요. 그래서 창고에는 침전물과 액체가 가득한 커다란 용기들이 가득했죠. 그 용기들을 이러저리 옮기고, 액체들을 옮겨 붓고, 주철 용기에서 끓어오르는 물질을 한번에 몇 시간씩 쇠막대기로 젓는 일은 무척이나 힘들었어요." 이 과정의 초기 단계에서 마리는 때때로 하루 종일 서서 자기 몸무게만큼 묵직한 쇠막대기로 끓어오르는 물질을 휘저었다. "하루가 끝날 무렵에는 피로에 젖어 만신창이가 되고 말았죠." 마리는 이렇게 썼다. 그럼에도 퀴리 부부는 그런 상황에 만족했다. "우리의 일치된 존재감을 보여주는 영웅적인 시기였어요. 작업 환경이 열악했지만 우리는 아주 행복했어요. 우리는 하루하루를 그 실험실에서 보냈죠. 그 허름한 창고에는 깊은 평온이 감돌았어요. 우리는 때때로 몇몇 실험을 지켜볼 때 현재와 미래의 작업에 대해 이야기하며 왔다 갔다 했죠. 추위가 느껴지면 난로 근처에 놓아둔 뜨거운 차 한잔으로 추위를 달랬어요. 마치 꿈속에 있는 것처럼 한 가지에 사로잡혀 지냈죠." 훗날 마리는 이렇게 회상했다. 마리는 1899년에 자매에게 보내는 편지에서 그 시기의 일상적인 하루 일과를 상세하게 설명했다.

> 우리 생활은 항상 똑같아. 일을 많이 하지만 잠도 잘 자. 그래야 아프지 않거든. 저녁에는 아이를 돌보고, 아침에는 아이 옷을 입혀주고 식사를 먹여주고 나면 대개 9시쯤에 나올 수 있어. 올해 내내 우리는 극장이나 콘서트홀에 가지 못했고, 누굴 방문한 적도 없어. 그래서 기분이 아주 좋아.

마리 퀴리Marie Curie(1867~1934)

프랑스의 물리학자·화학자. 남편과 함께 방사능 연구를 하여 최초의 방사성 원소 폴로늄과 라듐을 발견하였으며, 이 발견은 방사성 물질에 대한 학계의 관심을 불러일으켜 새 방사성 원소를 탐구하는 계기를 만들었다.

진 리스

결코
불행하지
않았다

1957년, BBC 방송은 진 리스의 소설 『한밤이여, 안녕』의 라디오 각본을 준비하면서 작가의 행방을 아는 사람은 연락을 달라는 광고를 내보냈다. 당시에 리스는 거의 20년 동안 한 권의 책도 출판하지 않았고, 리스의 많은 지인들도 행방을 몰라 리스가 자살했거나 알코올 중독으로 사망했다고 생각했다. 도미니카 태생의 이 작가에게는 그럴 듯한 결말이었다. 리스가 자기 파괴적인 행동에 재능이 있어 보인 데다 20대와 30대 시절의 대부분을 가난과 우울증에 찌들어 지내며 불행한 인간관계에 이리저리 치여 다니다가 술로 자신을 치유했기 때문이다. 하지만 BBC의 그 광고에 답장을 보낸 사람은 바로 리스 본인이었다. 리스는 세 번째 남편과 함께 콘월에 살고 있었고, 멀쩡하게 살아 있을 뿐만 아니라 새로운 소설을 쓰고 있었다. 곧이어 리스는 새 소설 출간 계약을 하고 편집자들에게 6개월에서 9개월 사이에 출간해달라고 요구했다.

사실 리스가 소설 『광막한 사르가소 바다』를 완성하기까지는 9년이 걸렸다. 현재 이 소설은 리스의 대작이자 20세기 최고의 소설로 널리 인정받고 있다. 집필 기간이 그렇게 오래 걸렸던 데는 리스가 완벽주의자였다는 사실이 한몫했다. 리스는 자신의 기준에 부합할 때까지 원고를 수정하고 또 수정했다. 리스가 하루하루의 일상을 제대로 소화해내지 못해 거의 지속적으로 일상에서 탈선했다는 사실도 오랜 집필 기간의 한 가지 원인이었다. 리스의 편집자 다니애나 애틸Diana Athill은 이렇게 썼다. "실용적인 삶에 대처하지 못하는 리스의 무능력은 내가 지금까지 만나봤던 제정신이다 싶은 그 어떤 사람한테서도 찾아보지 못한 수준에 도달해 있었다."

1960년, 70세의 리스는 남편과 함께 콘월에서 데본 깊숙한 시골에 자리한 원시적인 오두막으로 거처를 옮겼다. 그곳에서 리스는 여생을 보냈다. 그곳으로 이사 가라고 제안한 사람은 리스의 남자 형제였다. 그는 콘월에 살고 있는 리스 부부를 찾아갔다가 지저분한 생활환경에 충격을 받았다. 그런 생활을 도저히 그냥 두고 볼 수 없어서 새 집을 마련해준 것이었다. 유난히 외딴 장소를 선택한 이유는 리스가 그곳에서는 말썽을 피우지 못할 거라고 생각했기 때문인 것 같았다. 만약을 위해서 마을의 목사를 찾아가 "당신 마을에 말썽꾼을 데려왔다."고 경고하기도 했다. 오래지 않아 리스는 그 걱정이 기우가 아니었음을 증명해 보였다. 처음에는 새로운 오두막 생활에 흥분했지만 금세 싫증이 났다. "피난처가 될 거라고 생각했던 이곳 생활이 지금은 지옥의 맛보기가 돼버렸어요." 리스는 그곳에 도착한 지 얼마 되지 않아 이렇게 썼다. 줄기차게 내리는 비와 의심의 눈초리를 내비치는 마을 사람들, 도서관이나 서점 부족, 심지어는 마을 가축들이 싫었다. 그중에서도 소들이 "아주 못마땅하다는 듯이 날 보고 음매 하고 운다."고 리스는 딸에게 편지를 썼다. 이는 농담으로 하는 소리가 아니었다. 리스는 점점 더 불안해져서 이웃 농부의 소들이 자기 집에 너무 가까이 다가온다고 크게 불평했다. 그러자 농부는 소들을 가둬두려고 철조망 울타리를 쳤다. 하지만 리스는 이 친절한 행동도 모욕으로 받아들여 술을 퍼마셨고, 이웃에게 소리를 지르고 울타리에 우유병을 던지며 소란을 피웠다. 마을 사람들은 공포에 질렸다.

그때부터 리스는 마을에서 험담과 조롱의 대상이 되었다. 누구도 리스에게 말을 걸지 않았고, 한 이웃은 리스를 마녀로 고발하기도 했다(리스는 가위를 들고 그 사람을 쫓아갔고, 결국 정신병원에서 일주일을 보내야 했다). 하지만 운 좋게도 목사가 리스에게 가장 중요한 지지자였다. 고전문학 애호가인 목사는 리스가 집필 중인 소설을 읽고는, 리스의 재능을 인정해주었다. 정기적으로 리스를 찾아가 예민한 작가의 걱정거리를 덜어주고 집필에 집중할 수 있도록 할 수 있는 모든 일을 다 했다. "위스키와 칭찬이 끊기면 못 사는 사람이야." 목사는 아내에게 이렇게 말했다. 리스의 오랜 습관대로 침대에서 글을 쓸 수 있게 침대용 탁자를 가져다준 사람도 목사였다. 목사는 또

한 리스를 설득해서 정기검진을 받게 했다. 그런데 리스는 정기검진 결과로 처방받은 각성제를 모으기 시작했다. “아주 좋은 각성제를 갖고 있어. 두 알 넘게 먹으면 기분이 아주 이상하고 묘해질지도 모르지만 효과는 좋아. 내 생각에는 훨씬 더 안전하게 복용해야 할 것 같아.” 리스는 1961년 편지에 이렇게 썼다.

목사의 도움을 받았음에도 리스의 집필 속도는 아주 느렸다. 1962년 3월에 리스는 이렇게 썼다. “이곳에서 힘겹게 책을 쓰느라 몇 년은 보낸 것 같다. 마치 수레를 아주 가파른 언덕으로 끌어당겨 올리는 것처럼 힘들다.” 1년 후, 리스는 이와 거의 똑같은 내용의 편지를 애틸에게 보냈다. “내가 모든 사람들을 지치게 만들고 있는 것 같아요. 문제는 나 자신도 분노하다 절망하고, 또다시 기운을 차리기를 반복하며 지쳐가고 있다는 거죠.” 리스의 남편이 뇌졸중에 걸려 몇 년간 병원을 오가던 때도 있었다. 남편이 집에 돌아왔을 때 리스는 병간호를 하느라 글을 많이 쓰지 못했다. 남편이 병원에 입원했을 때는 소설 집필에 전념할 수 있는 시기였음에도 걱정에 사로잡혀 혼자 외롭게 지냈다. 탈고를 1년 반 앞둔, 1964년 9월에는 애틸에게 이런 편지를 써서 보냈다. “얼마나 가벼운 마음으로 이 책을 쓰기 시작했는지 기억나요! 맙소사, 쓰기 쉬울 거라고 생각했죠! 병마와 이사, 재해, 많은 소동은 둘째 치고 불가능할 것 같은 이야기를 가능하고 필연적이며 올바른 것으로 만들려면 그만한 노력이 필요해요.”

리스의 남편이 사망한 1966년에 『광막한 사르가소 바다』가 출판

되면서 리스에게는 비교적 평온한 시기가 다가왔다. 리스는 남편을 돌봐야 하는 부담감에서 벗어났고, 그 전까지 누리지 못했던 재정적 안정과 문학적 명성을 얻었다. 리스가 1965년 말에 딸에게 보낸 편지에서는 남은 세월 동안 그럭저럭 지켜나갔던 일정을 엿볼 수 있다.

> 참으로 웃기는 존재가 여기 있어. 내가 오후 8시에 잠자리에 들어. 상상이 가니? 하지만 그때는 이미 어두워진 지 몇 시간은 흐른 뒤야. 그래서 위스키(진짜 비싼 위스키)를 먹고 잠잘 시간이 된 것처럼 침대에 누워. 그러다가 새벽 3시나 4시에 잠에서 깨. 이리 뒹굴고 저리 뒹굴고 하다가 결국에는 아직 어두울 때 일어나 차를 마시러 부엌으로 가지. 재미있게도 이때가 하루 중 가장 좋은 시간이야. 나는 차를 한 잔, 또 한 잔 마시고, 담배를 한 대, 또 한 대 피우며 마침내 빛이 새어 들어오는 광경을 지켜봐. 빛이 있다면 말이야.

리스는 잠에서 깨자마자 거의 하루 종일을 부엌에서 보냈다. "불안해하거나 우울해지지 않고 침묵을 견딜 수 있는 유일한 장소가 부엌이다. 부엌 한쪽 구석에서는 일출을, 다른 쪽 구석에서는 일몰을 지켜볼 수 있다." 부엌은 수년 동안 난방이 되는 유일한 방이었다. 이어서 리스는 잠시 후에 도착하는 신문과 우편물을 읽고 글을 썼다. 편지에 답장을 쓰고, 마지막 책인 자서전 『웃어주세요』를 썼다. 배가 고프면 그날 들어 처음으로 우아한 식사 계획을 세웠고, 배가 고프지 않으면 와인 한잔을 곁들여 빵과 치즈를 먹었다. 고독한 존재감이 감돌았다. 하지만 인생 대부분을 차지했던 혼란과 불안 이후에 찾아온 고독한 삶은 결코 불행하지 않았다.

진 리스Jean Rhys(1890~1979)

시대를 앞서간 도미니카의 소설가. 편집증적인 내용, 여성의 성과 심리, 인상주의 기법의 도입 등이 리스를 뛰어난 모더니스트 작가로 만든다. 대표작으로는『광막한 사르가소 바다』가 있다.

감사의 글

여성들의 지지와 통찰이 없었다면 이 책은 나오지 못했을 것이다. 그중 첫 번째 여성인 내 아내 레베카는 수정을 거듭할 때마다 모든 원고를 읽어주었고, 집필 초기 단계에서 결정적인 격려를 해주었으며, 원고를 마쳐갈 때에는 구체적이고 정확한 피드백을 해주었다. 오랫동안 창의적인 작업과 본업을 병행하려고 노력한 예술가인 아내는 이 책의 이상적인 독자이자 영감을 불어넣어주는 존재다. 그녀의 깊이 있는 의문과 제안 덕분에 이 책이 무한히 발전했다.

이 책이나 전작은 내 대리인 메그 톰프슨이 없었다면 존재하지 못했을 것이다. 메그 톰프슨은 나의 「데일리 루틴」 블로그가 책으로 나올 잠재력이 있음을 처음으로 인정해주었고, 출판사 크노프에서 이 책의 이상적인 보금자리를 찾아주었다. 또한 그 이후로 내가 출판업계를 잘 헤쳐 나갈 수 있도록 날 능숙하게 이끌어주었다. 메그의 동료 샌디 호지맨에게도 감사를 전하고 싶다. 샌디는 헌신적으로 침착하게 내 작품의 외국어판 출간을 추진해주었다.

크노프의 빅토리아 윌슨은 45년 이상의 출판 경력을 이 책에 담았다. 빅토리아가 이끌어준 덕분에 전작의 형태를 잡았다. 빅토리아는 전기에서 풍부한 자료를 찾아볼 수 있으나 충분히 인정받지 못하고 있는 여성들을 포함해서 많은 사람을 추천해주었다. 빅토리아의 조수 마르크 야페는 반드시 필요한 조력자였고, 크노프의 동료들은 남다르게 우수한 사람들이었다. 특히 재킷 디자이너 제이슨 부어와 본문 디자이너 매기 힌더스, 제작 편집자 캐슬린 프리델라, 교열 담당자 에이미 브로시-랑코소바, 홍보 담당자 캐서린 주커만에게 감사하고 싶다. 피카도르에서 소피 조나선은 세심한 편집을 통해 예리한 의견을 제공해주었다.

이 책을 쓴 내 목적 가운데 하나는 동시대인들의 목소리를 더욱 많이 전하는 것이었다. 바쁜 일정에도 불구하고 시간을 내어 자신들의 작업 습관에 대해 이야기해준 스무 명의 여성들이 있다. 이사벨 아옌데와 샬럿 브레이, 르네 콕스, 페타 코인, 헤이든 던햄, 니키 조반니, 매기 햄블링, 실라 헤티, 조앤 조나스, 미란다 줄라이, 조세핀 맥세퍼, 줄리 머레투, 마릴린 민터, 메러디스 몽크, 매기 넬슨, 캐서린 오피, 캐럴리 슈니먼, 레이철 화이트리드, 줄리아 울프, 안드레아 지텔에게 감사한다. 인터뷰 기사 정렬을 도와준 갤러리 레롱의 찬드라 라미레즈와 다니엘 우, 버니지아 테크의 버지니아 C. 파울러, 가빈 브라운 사의 휴 몽크와 에밀리 베이츠, 안드레아 로젠 갤러리의 슈 밍 림과 라우라 룹턴, 맥세퍼 스튜디오의 케이티 콘스, 줄리 머레투 스튜디오의 사라 렌츠, 마릴린 민터 스튜디오의 제너비브 로우, 하우스 예술재단의 피터 시시올리와 크리스틴 카푸스틱, 캐서린 오피 스튜디오의 헤더 라스무센, 루링 아우구스틴의 릴리아 도허티와 리사 바게세, 퍼스트 체어 프로모션의 아만다 에미르와 베키 프래드킨, 리겐 프로젝트의 벤 톤브로그에게도 감사하고 싶다.

전작과 마찬가지로 이 책에는 인터뷰 기사와 전기, 잡지 프로필, 일기, 편지 등 많은 자료들이 사용되었다. 학자들과 저널리스트, 편집자들, 번역가들이 그러한 자료들을 보도하고 조사하지 않았다면 내가 그 자료들을 편집할 수도 없었을 것이다. 로스앤젤레스 공립 도서관의 자료도 빼놓을 수 없다. 그곳 도서관 직원이 우리 동네 도서관으로 수백 권의 책을 옮겨다주었다. 추가적인 조사는 UCLA 도서관과 로스앤젤레스 카운티 미술 박물관, 뉴욕공립 도서관에서 했다. 이 책의 대부분은 예술가들의 스튜디오로 개조된 매소닉 숙소에서 썼다. 창작자에게 이상적인 작업 공간을 제공해준 나탈리 디에릭스와 리사 레이몬드에게 감사한다. 이 책과 그 밖에 다른 많은 것에 관한 생산적인 대화를 많이 나눠준 앤 톰프슨에게도 감사를 전한다.

조사에서 특히 중요한 역할을 했던 인터뷰 도서는 엘리너 문노의 『오리지널스: 미국 여성 예술가』와 신디 넴서의 『아트 토크』, 클라우

디아 테이트의 『일하는 흑인여성 작가들』이었다. 이 놀라운 작품들의 내용을 발췌해서 출판할 수 있게 허락해준 이들에게 감사한다.

내가 스물다섯 살이었을 때 페넬 휘트니가 내슈빌에서 뉴욕으로 이사를 가라고 권했다. 그뿐만 아니라 그곳에서 정착할 수 있게 몇 달 동안 지낼 곳도 마련해주었다. 비록 그 후에 뉴욕을 떠나기는 했지만 지금 돌이켜보면 그 사건이 내 인생에서 결정적인 변화가 되었다. 그 중대한 순간에 휘트니의 개입이 없었더라면 내 모든 책들이 나오지 않았을 것이다.

마지막으로 평생 동안 사랑과 지지를 보내준 어머니와 아버지, 의붓어머니, 내 형제에게 감사하고 싶다. 장모님 토니는 이 책의 비공식적인 대서양 연안 북서부 대사가 되어주었고, 나머지 내 가족들과 친구들은 관용과 관대, 호의를 보내주었다.

참고문헌

쓰는 사람들의 집필 습관

루이자 메이 올콧

1. John Matteson, Eden's Outcasts: The Story of Louisa May Alcott and Her Father (New York: W. W. Norton, 2007)
2. Susan Cheever, Louisa May Alcott (New York: Simon & Schuster, 2010)
3. Martha Saxton, Louisa May: A Modern Biography of Louisa May Alcott (Boston: Houghton Mifflin, 1977)
4. Nava Atlas, The Literary Ladies' Guide to the Writing Life (South Portland, ME: Sellers Publishing, 2011)

도리스 레싱

1. Doris Lessing, Walking in the Shade: Volume Two of My Autobiography, 1949-1962 (New York: HarperPerennial, 1998)
2. Doris Lessing, Under My Skin: Volume One of My Autobiography, to 1949 (New York: HarperCollins, 1994)
3. Carole Klein, Doris Lessing: A Biography (New York: Carroll & Graf, 2000)
4. Dwight Garner와의 인터뷰 "A Notorious Life," Salon, November 11, 1997

유도라 웰티

1. Linda Kuehl과의 인터뷰 "Eudora Welty, The Art of Fiction No. 47," The Paris

Review, Fall 1972
2. Peggy Whitman Prenshaw, ed., Conversations with Eudora Welty (Jackson: University Press of Mississippi, 1984)
3. Peggy Whitman Prenshaw, ed., More Conversations with Eudora Welty (Jackson: University Press of Mississippi, 1996)
4. Suzanne Marrs, Eudora Welty: A Biography (Orlando: Harvest, 2006)

옥타비아 버틀러

1. Conseula Francis, ed., Conversations with Octavia Butler (Jackson: University Press of Mississippi, 2010)
2. Octavia Butler, " 'Devil Girls from Mars': Why I Write Science Fiction," February 19, 1998, repr. in Media in Transition, October 4, 1998
3. Octavia Butler, Bloodchild and Other Stories, 2nd ed. (New York: Seven Stories Press, 2005)

미란다 줄라이

1. 미란다 줄라이와의 전화 인터뷰, September 20, 2016

패티 스미스

1. Kristina Rodulfo, "Patti Smith: New York Is No Longer Welcoming to Artists and Dreamers," Elle, October,2015

릴리언 헬먼

1. Jackson R. Bryer, ed., Conversations with Lillian Hellman (Jackson: University Press of Mississippi, 1986)
2. Joan Mellen, Hellman and Hammett: The Legendary Passion of Lillian Hellman and Dashiell Hammett (New York: HarperCollins, 1996)
3. Margaret Case Harriman, "Miss Lily of New Orleans," The New Yorker, November 8, 1941, 22-35
4. Deborah Martinson, Lillian Hellman: A Life with Foxes and Scoundrels (New York: Counterpoint, 2005)
5. William Wright, Lillian Hellman: The Image, the Woman (New York: Simon & Schuster, 1986)
6. Carl Rollyson, Lillian Hellman: Her Legend and Her Legacy (New York: St. Martin's Press, 1988)

존 디디온

1. Linda Kuehl과의 인터뷰 "Joan Didion, The Art of Fiction, No. 71," The Paris

Review, Fall–Winter 1978
2. Emma Brockes, "Interview: Joan Didion," The Guardian, December 16, 2005
3. Sheila Heti와의 인터뷰 "Joan Didion," The Believer, 2012

엘리자베스 보엔

1. May Sarton, A World of Light: Portraits and Celebrations (New York: W. W. Norton, 1976)
2. Victoria Glendinning with Judith Robertson, eds., Love's Civil War: Elizabeth Bowen and Charles Ritchie, Letters and Diaries from the Love Affair of a Lifetime (Toronto: Emblem, 2009)
3. Victoria Glendinning, Elizabeth Bowen (New York: Alfred A. Knopf, 1978)
4. Mary Morrissy, "Closer Than Words," Irish Times, January 31, 2009

재닛 프레임

1. Janet Frame, An Angel at My Table: An Autobiography: Volume Two (New York: George Braziller, 1984)
2. Janet Frame, The Envoy from Mirror City: An Autobiography: Volume Three (New York, George Braziller, 1985)
3. Michael King, Wrestling with the Angel: A Life of Janet Frame (Washington, D.C.: Counterpoint, 2000)

토니 케이드 밤바라

1. Claudia Tate와의 인터뷰 Black Women Writers at Work (New York: Continuum, 1983)
2. Toni Cade Bambara, "What It Is I Think I'm Doing Anyhow," in The Writer on Her Work, ed. Janet Sternburg, rev. ed. (New York: W. W. Norton, 2000)

루틴을 지키는 예술가의 엄격한 하루

이사벨 아옌데

1. 이사벨 아옌데와 전화 인터뷰, August 23, 2016

페타 코인

1. 페타 코인과 전화 인터뷰, February 22, 2017

쿠사마 야요이

1. Yayoi Kusama, Infinity Net: The Autobiography of Yayoi Kusama, trans. Ralph McCarthy (London: Tate Publishing, 2011)

엘리너 루스벨트

1. Eleanor Roosevelt, You Learn by Living: Eleven Keys for a More Fulfilling Life (New York: Harper Perennial, 1960)
2. David Emblidge, ed., My Day: The Best of Eleanor Roosevelt's Acclaimed Newspaper Columns, 1936-1962 (New York: Da Capo Press, 2001)
3. The Autobiography of Eleanor Roosevelt (1961; repr. New York: Da Capo Press, 1992)
4. lanche Wiesen Cook, Eleanor Roosevelt: Volume One, 1884-1933 (New York: Penguin, 1992)
5. Bernard Asbell, ed., Mother & Daughter: The Letters of Eleanor and Anna Roosevelt (New York: Coward, McCann & Geoghegan, 1982)

마리 바시키르체프

1. Marie Bashkirtseff, The Journal of a Young Artist, trans. Mary J. Serrano (New York: Cassell & Company, 1889)

엘사 스키아파렐리

1. Palmer White, Elsa Schiaparelli (New York: Rizzoli, 1986)
2. Janet Flanner, "Comet," The New Yorker, June 18, 1932

매기 햄블링

1. 매기 햄블링과 이메일 인터뷰, January–September 2017

샬럿 브레이

1. 샬럿 브레이와 전화 인터뷰 January 26, 2017

도로시 톰슨

1. Peter Kurth, American Cassandra: The Life of Dorothy Thompson (Boston: Little, Brown, 1990)

엘리자베스 배럿 브라우닝

1. Margaret Forster, Elizabeth Barrett Browning: A Biography (New York: Doubleday, 1989)

2. Julia Markus, Dared and Done: The Marriage of Elizabeth Barrett and Robert Browning (New York: Alfred A. Knopf, 1995)

줄리아 울프

1. 줄리아 울프와 전화 인터뷰, February 15, 2017

아름답고 지독한 글쓰기의 감옥

수전 손택

1. Leland Poague, ed., Conversations with Susan Sontag (Jackson: University Press of Mississippi, 1995)
2. Sigrid Nunez, Sempre Susan: A Memoir of Susan Sontag (New York: Atlas, 2011)
3. Jonathan Cott, Susan Sontag: The Complete Rolling Stone Interview (New Haven, CT: Yale University Press, 2013)
4. Susan Sontag, Reborn: Journals and Notebooks, 1947-1963, ed. David Rieff (New York: Farrar, Straus and Giroux, 2008)
5. Susan Sontag, As Consciousness Is Harnessed to Flesh: Journals and Notebooks, 1964-1980, ed. David Rieff (New York: Farrar, Straus and Giroux, 2012)
6. David Rieff, Swimming in a Sea of Death: A Son's Memoir (New York: Simon & Schuster, 2008)

마거릿 미첼

1. Darden Asbury Pyron, Southern Daughter: The Life of Margaret Mitchell (New York: Oxford University Press, 1991)
2. Anne Edwards, Road to Tara: The Life of Margaret Mitchell (New Haven, CT: Ticknor & Fields, 1983)

도로시 파커

1. Marion Meade, Dorothy Parker: What Fresh Hell Is This? (1987; repr. New York: Penguin Books, 1989)
2. Sam Roberts, " 'The Elements of Style' Turns 50," The New York Times

캐서린 맨스필드

1. Katherine Mansfield, The Katherine Mansfield Notebooks: Complete Edition, ed. Margaret Scott (Minneapolis: University of Minnesota Press, 2002)

2. Claire Tomalin, Katherine Mansfield: A Secret Life (New York: Alfred A. Knopf, 1988)

캐서린 앤 포터

1. Joan Givner, ed., Katherine Anne Porter: Conversations (Jackson: University Press of Mississippi, 1987)
2. Barbara Thompson Davis과의 인터뷰 "Katherine Anne Porter, The Art of Fiction No. 29," The Paris Review, Winter-Spring 1963,

브리짓 라일리

1. Robert Kudielka, The Eye's Mind: Bridget Riley, Collected Writings 1965-2009 (London: Ridinghouse, 2009)

엘리자베스 비숍

1. George Monteiro, ed, Conversations with Elizabeth Bishop (Jackson: University Press of Mississippi, 1996)
2. Gary Fountain and Peter Brazeau, Remembering Elizabeth Bishop: An Oral Biography (Amherst: University of Massachusetts Press, 1994)
3. Thomas Travisano and Saskia Hamilton, eds., Words in Air: The Complete Correspondence Between Elizabeth Bishop and Robert Lowell (New York: Farrar, Straus and Giroux, 2008)

조지 엘리엇

1. Kathryn Hughes, George Eliot: The Last Victorian (New York: Farrar, Straus and Giroux, 1999)
2. Gordon S. Haight, George Eliot: A Biography (New York: Oxford University Press, 1968)
3. The Journals of George Eliot, ed. Margaret Harris and Judith Johnston (Cambridge: Cambridge University Press, 1998).

패니 허스트

1. Fannie Hurst, Anatomy of Me: A Wonderer in Search of Herself (Garden City, NY: Doubleday, 1958)
2. Brooke Kroeger, Fannie: The Talent for Success of Writer Fannie Hurst (New York: Times Books, 1999)
3. Walter Bagehot, The Works of Walter Bagehot, with Memoirs by R. H. Hutton, Vol. 1, ed. Forrest Morgan (Hartford, CT: Travelers Insurance Company, 1889),

여자들은 대체 어떻게 해냈을까

아녜스 바르다

1. T. Jefferson Kline, Agnès Varda: Interviews (Jackson: University Press of Mississippi, 2014)

스텔라 보엔

1. Stella Bowen, Drawn from Life (1941; repr. London: Virago Press, 1984)
2. Drusilla Modjeska, Stravinsky's Lunch (New York: Farrar, Straus and Giroux, 1999)

케테 콜비츠

1. Martha Kearns, Käthe Kollwitz: Woman and Artist (Old Westbury, NY: Feminist Press, 1976)
2. Hans Kollwitz, ed., The Diary and Letters of Kaethe Kollwitz, trans. Richard Winston and Clara Winston (Evanston: Northwestern University Press, 1988)

리 크래스너

1. Gail Levin, Lee Krasner: A Biography (New York: William Morrow, 2011)
2. B. H. Friedman, Jackson Pollock: Energy Made Visible (1972; repr. Cambridge, MA: Da Capo Press, 1995)
3. Eleanor Munro, Originals: American Women Artists, new ed. (New York: Da Capo Press, 2000)
4. Charlotte Streifer Rubinstein, American Women Artists: from Early Indian Times to the Present (Boston: Avon, 1982)

앨리스 닐

1. Phoebe Hoban, Alice Neel: The Art of Not Sitting Pretty (New York: St. Martin's Press, 2010)
2. Cindy Nemser와의 인터뷰 Art Talk: Conversations with 15 Women Artists, rev. ed. (New York: Westview Press, 1995)

줄리아 워드 하우

1. Maud Howe, The Eleventh Hour in the Life of Julia Ward Howe (Boston: Little, Brown, 1911)
2. Elaine Showalter, The Civil Wars of Julia Ward Howe (New York: Simon & Schuster, 2016)

로스 아사와

1. Daniell Cornell et al., The Sculpture of Ruth Asawa: Contours in the Air (Berkeley: University of California Press, 2006)

클라라 슈만

1. Nancy B. Reich, Clara Schumann: The Artist and the Woman (Ithaca, NY: Cornell University Press, 1985)
2. John N. Burk, Clara Schumann: A Romantic Biography (New York: Random House, 1940)

메리 셸리

1. Charlotte Gordon, Romantic Outlaws: The Extraordinary Lives of Mary Wollstonecraft and Her Daughter Mary Shelley (New York: Random House, 2015)
2. Anne K. Mellor, Mary Shelley: Her Life, Her Fiction, Her Monsters (New York: Methuen, 1988)
3. Mary Shelley, Author Introduction, Frankenstein; or, The Modern Prometheus (1818; repr. Ware, Hertfordshire: Wordsworth Classics, 1999)

릴라 캐천

1. Cindy Nemser와의 인터뷰 Art Talk: Conversations with 15 Women Artists, rev. ed. (New York: Westview Press, 1995)
2. Eleanor Munro, Originals: American Women Artists, new ed. (New York: Da Capo Press, 2000)

패니 트롤럽

1. Anthony Trollope, An Autobiography and Other Writings (New York: Oxford University Press, 2014)
2. Kindle; Teresa Ransom, Fanny Trollope: A Remarkable Life (New York: St. Martin's Press, 1995)
3. Lucy Poate Stebbins and Richard Poate Stebbins, The Trollopes: The Chronicle of a Writing Family (New York: Columbia University Press, 1945)

해리엇 호스머

1. Cornelia Carr, Harriet Hosmer: Letters and Memories (1912; repr. London: Forgotten Books, 2015)

페넬로페 피츠제럴드

1. Hermione Lee, Penelope Fitzgerald: A Life (New York: Alfred A. Knopf, 2014)
2. Joan Acocella, "Assassination on a Small Scale," The New Yorker, February 7, 2000, 80-88

마거릿 워커

1. Margaret Walker, How I Wrote Jubilee and Other Essays on Life and Literature, ed. Maryemma Graham (New York: Feminist Press, 1990)
2. Margaret Walker, "On Being Female, Black, and Free," in The Writer on Her Work, ed. Janet Sternburg, rev. ed. (New York: W. W. Norton, 2000), 95-106
3. Claudia Tate와의 인터뷰 "Margaret Walker," in Black Women Writers at Work (New York: Continuum, 1983), 188-204

니키 드 생팔

1. Niki de Saint Phalle, Traces: An Autobiography Remembering 1930-1949 (Lausanne: Acatos, 1999)
2. Niki de Saint Phalle, Harry and Me: The Family Years, 1950-1960 (Zürich: Benteli, 2006)
3. Christiane Weidemann, Niki de Saint Phalle (Munich: Prestel, 2014)
4. Ariel Levy, "Beautiful Monsters," The New Yorker, April 28, 2016

셜리 잭슨

1. Ruth Franklin, Shirley Jackson: A Rather Haunted Life (New York: Liveright Publishing, 2016)
2. Harvey Breit, "Talk with Miss Jackson," The New York Times Book Review, June 26, 1949

좋은 날에도 나쁜 날에도 그냥 쓸 것

버지니아 울프

1. Hermione Lee, Virginia Woolf (1996; repr. New York: Vintage, 1999)
2. The Diary of Virginia Woolf, Volume Two: 1920-1924, ed. Anne Olivier Bell and Andrew McNeillie (San Diego: Harcourt Brace, 1978)
3. The Diary of Virginia Woolf, Volume Three: 1925-1930, ed. Anne Olivier Bell and Andrew McNeillie (San Diego: Harcourt Brace, 1981)
4. The Diary of Virginia Woolf, Volume Four: 1931-1935, ed. Anne Olivier Bell

and Andrew McNeillie (San Diego: Harcourt Brace, 1982)

5. The Diary of Virginia Woolf, Volume Five: 1936-1941, ed. Anne Olivier Bell and Andrew McNeillie (San Diego: Harcourt Brace, 1984)
6. The Letters of Virginia Woolf, Volume Three: 1923-1928, ed. Nigel Nicolson and Joanne Trautmann (San Diego: Harcourt Brace, 1977)
7. The Letters of Virginia Woolf, Volume Four: 1929-1931, ed. Nigel Nicolson and Joanne Trautmann (San Diego: Harcourt Brace, 1978)
8. Virginia Woolf, The Death of the Moth and Other Essays, 2nd ed. (London: Hogarth Press, 1942)
9. Julia Briggs, Virginia Woolf: An Inner Life (Orlando: Harcourt, 2005)

해리엇 마티노

1. Harriet Martineau, Autobiography, ed. Maria Weston Chapman (Boston: James R. Osgood, 1877)

니키 조반니

1. 니키 조반니와 전화 인터뷰, April 25, 2017

줄리 머레투

1. 줄리 머레투와 전화 인터뷰, October 11, 2016

캐럴 킹

1. Paul Zollo와의 인터뷰 "Carole King," in Paul Zollo, Songwriters on Songwriting, 2nd ed. (Cambridge, MA: Da Capo Press, 2003), 141-47
2. Carole King, A Natural Woman: A Memoir (New York: Grand Central Publishing, 2012)

그레이스 페일리

1. Jonathan Dee, Barbara Jones, and Larissa MacFarquhar와의 인터뷰, "Grace Paley, The Art of Fiction No. 131," The Paris Review, Fall 1992

레이철 화이트리드

1. 레이철 화이트리드와 전화 인터뷰, October 4, 2016

메리 울스턴크래프트

1. Claire Tomalin, The Life and Death of Mary Wollstonecraft (New York: Harcourt Brace Jovanovich, 1974)

2. William Godwin, Memoirs of the Author of a Vindication of the Rights of Woman

나탈리아 긴츠부르그

1. Natalia Ginzburg, It's Hard to Talk About Yourself, eds. Cesare Garboli and Lisa Ginzburg, trans. Louise Quirke (Chicago: University of Chicago Press, 2003)
2. Natalia Ginzburg, The Little Virtues, trans. Dick Davis (New York: Arcade, 1985)

힐러리 맨틀

1. Hilary Mantel, "My Writing Day," The Guardian, April 16, 2016

주나 반스

1. Phillip Herring, Djuna: The Life and Work of Djuna Barnes (New York: Viking, 1995)

프리다 칼로

1. Hayden Herrera, Frida: A Biography of Frida Kahlo (New York: Perennial, 1983)
2. Catherine Reef, Frida & Diego: Art, Love, Life (Boston: Clarion Books, 2014)
3. Martha Zamora, Frida Kahlo: The Brush of Anguish, trans. Marilyn Sode Smith (San Francisco: Chronicle Books, 1990)
4. Martha Zamora, ed., The Letters of Frida Kahlo: Cartas Apasionadas (San Francisco: Chronicle Books, 1995)

즉흥적으로 움직이는 무계획의 자유

실라 헤티

1. 실라 헤티와 이메일 인터뷰, September 2016

엘레나 페란테

1. Elena Ferrante, Frantumaglia: A Writer's Journey, trans. Ann Goldstein (New York: Europa Editions, 2016)

조세핀 맥세퍼

1. 조세핀 맥세퍼와 이메일 인터뷰, January–February 2017

신디 셔먼

1. Kenneth Baker와의 인터뷰 "Cindy Sherman: Interview with a Chameleon," San Francisco Chronicle, July 8, 2012

조 앳킨스

1. Zoe Akins, "Adventures in Playwrighting," The New York Times, September 25, 1921

조앤 미첼

1. Patricia Albers, Joan Mitchell: Lady Painter (New York: Alfred A. Knopf, 2011)
2. Eleanor Munro, Originals: American Women Artists, new ed. (New York: Da Capo Press, 2000)

제이디 스미스

1. Michele Norris와의 인터뷰 "In Essays, Author Zadie Smith Reveals Her Process," November 11, 2009

헤이든 던햄

1. 헤이든 던햄과 인터뷰, May 5, 2017

로레인 한스베리

1. Lorraine Hansberry, To Be Young, Gifted and Black, adapted Robert Nemiroff (New York: Signet, 1970)
2. Patricia C. McKissack and Frederick L. McKissack, Young, Black, and Determined: A Biography of Lorraine Hansberry (New York: Holiday House, 1998)

누구에게나 자기만의 방이 필요하다

헤리엇 비처 스토

1. Joan D. Hedrick, Harriet Beecher Stowe: A Life (New York: Oxford University Press, 1994)
2. Annie Fields, ed., Life and Letters of Harriet Beecher Stowe (Boston:

Houghton, Mifflin, 1898)

이사도라 덩컨

1. Isadora Duncan, My Life (1927; repr. New York: Liveright, 2013)
2. Peter Kurth, Isadora: A Sensational Life (Boston: Little, Brown, 2001)
3. Janet Flanner, "Isadora," January 1, 1927

마거릿 버크화이트

1. Margaret Bourke-White, Portrait of Myself (New York: Simon & Schuster, 1963)
2. Vicki Goldberg, Margaret Bourke-White: A Biography (New York: Harper & Row, 1986)

아그네스 마틴

1. Arne Glimcher, Agnes Martin: Paintings, Writings, Remembrances (2012; repr. London: Phaidon, 2016)
2. Donald Woodman, Agnes Martin and Me (Brooklyn: Lyon Artbooks, 2015)
3. John Gruen, "Agnes Martin," in The Artist Observed: 28 Interviews with Contemporary Artists (Chicago: A Cappella Books, 1991)

아그네스 데밀

1. Agnes de Mille, Dance to the Piper (1951; repr. New York: New York Review Books, 2015)
2. Carol Easton, No Intermissions: The Life of Agnes de Mille (Boston: Little, Brown, 1996)

에밀리 디킨슨

1. Richard B. Sewall, The Life of Emily Dickinson, 2nd ed. (Cambridge, MA: Harvard University Press, 1980)
2. Vivian R. Pollak, ed., A Historical Guide to Emily Dickinson (New York: Oxford University Press, 2004)
3. Thomas H. Johnson, ed., Emily Dickinson: Selected Letters (Cambridge, MA: Belknap Press, 1971)
4. Alfred Habegger, My Wars Are Laid Away in Books: The Life of Emily Dickinson (New York: Modern Library, 2002)

앤 브래드스트리트

1. Charlotte Gordon, Mistress Bradstreet: The Untold Life of America's First Poet (New York: Little, Brown, 2005)

로메인 브룩스

1. Diana Souhami, Wild Girls: Paris, Sappho, and Art: The Lives and Loves of Natalie Barney and Romaine Brooks (New York: St. Martin's Griffin, 2007)
2. Meryle Secrest, Between Me and Life: A Biography of Romaine Brooks (Garden City, NY: Doubleday, 1974)

알마 토머스

1. Merry A. Foresta, A Life in Art: Alma Thomas, 1891-1978 (Washington, DC: Smithsonian Institution Press, 1981)
2. Eleanor Munro, Originals: American Women Artists, new ed. (New York: Da Capo Press, 2000).

해리엇 제이콥스

1. Jean Fagan Yellin, Harriet Jacobs: A Life (New York: Basic Civitas Books, 2004)
2. Harriet Jacobs, Incidents in the Life of a Slave Girl (1861; repr. via Academic Affairs Library, University of North Carolina at Chapel Hill)

영감을 기다리는 시간들

마르그리트 뒤라스

1. Laure Adler, Marguerite Duras: A Life, trans. Anne–Marie Glasheen (Chicago: University of Chicago Press, 1998)
2. Marguerite Duras, Writing, trans. Mark Polizzotti (Cambridge, MA: Lumen Editions, 1998)

콜레트

1. Colette, Earthly Paradise: An Autobiography, trans. Herman Briffault, Derek Coltman, and others (New York: Farrar, Straus and Giroux, 1966)
2. Maurice Goudeket, Close to Colette: An Intimate Portrait of a Woman of Genius (New York: Farrar, Straus and Cadahy, 1957)
3. Judith Thurman, Secrets of the Flesh: A Life of Colette (New York: Alfred A. Knopf, 1999)

케이트 쇼팽

1. Per Seyersted, ed., The Complete Works of Kate Chopin (Baton Rouge: Louisiana State University Press, 1969)
2. Emily Toth, Unveiling Kate Chopin (Jackson: University Press of Mississippi, 1999)
3. Per Seyersted, Kate Chopin: A Critical Biography (1969; repr. Baton Rouge: Louisiana State University Press, 1979)

글로리아 네일러

1. Maxine Lavon Montgomery, ed., Conversations with Gloria Naylor (Jackson: University Press of Mississippi, 2004)
2. Donna Perry와의 인터뷰, "Gloria Naylor," in Donna Perry, Backtalk: Women Writers Speak

샬럿 브론테

1. Elizabeth Gaskell, The Life of Charlotte Brontë (1857; repr. New York: Penguin, 1997)
2. The Letters of Charlotte Brontë, Volume One: 1829-1847, ed. Margaret Smith (Oxford: Clarendon Press, 1995)

르네 콕스

1. 르네 콕스와 전화 인터뷰, June 17, 2017

조라 닐 허스턴

1. Carla Kaplan, ed., Zora Neale Hurston: A Life in Letters (New York: Doubleday, 2002)
2. Valerie Boyd, Wrapped in Rainbows: The Life of Zora Neale Hurston (New York: Scribner, 2003)
3. Zora Neale Hurston, Dust Tracks on a Road: An Autobiography (1942; repr. New York: HarperPerennial, 1996)

제인 캠피온

1. Virginia Wright Wexman, Jane Campion: Interviews (Jackson: University Press of Mississippi, 1999)

앨리스 워커

1. Alice Walker, In Search of Our Mothers' Gardens: Womanist Prose (1967; repr. San Diego: Harcourt Brace Jovanovich, 1983)

2. Rudolph P. Byrd, The World Has Changed: Conversations with Alice Walker (New York: The New Press, 2010)

매리언 앤더슨

1. Marian Anderson, My Lord, What a Morning: An Autobiography (1956; repr. Madison: University of Wisconsin Press, 1992)
2. Raymond Arsenault, The Sound of Freedom: Marian Anderson, the Lincoln Memorial, and the Concert That Awakened America (New York: Bloomsbury Press, 2009)

응토자케 샹게

1. Claudia Tate와의 인터뷰, Black Women Writers at Work (New York: Continuum, 1983), 149-174
2. Serena Anderlini와의 인터뷰, "Drama or Performance Art? An Interview with Ntozake Shange," Journal of Dramatic Theory and Criticism, Fall 1991, 85-97

헬렌 프랑켄탈러

1. Julia Brown과의 인터뷰, "A Conversation: Helen Frankenthaler and Julia Brown," Spring-Fall 1997, in After Mountains and Sea: Frankenthaler 1956-1959 (New York: Guggenheim Museum, 1998)
2. Barbara Rose, Frankenthaler (New York: Harry N. Abrams, 1970)

직업으로서의 예술가

에드나 페버

1. Edna Ferber, A Kind of Magic (Garden City, NY: Doubleday, 1963)

캐서린 오피

1. 캐서린 오피와 인터뷰, November 2, 2016

바바라 헵워스

1. Sophie Bowness, ed., Barbara Hepworth: Writings and Conversations (London: Tate Publishing, 2015);
2. Cindy Nemser와의 인터뷰 Art Talk: Conversations with 15 Women Artists, rev. ed. (New York: Westview Press, 1995)

그웬돌린 브룩스

1. Gloria Wade Gayles, ed., Conversations with Gwendolyn Brooks (Jackson: University Press of Mississippi, 2003)

바네사 벨

1. Frances Spalding, Vanessa Bell (New Haven, CT: Ticknor & Fields, 1983)
2. Quentin Bell and Virginia Nicholson, Charleston: A Bloomsbury House and Garden (New York: Henry Holt, 1997)
3. Lisa Tickner, "The 'Left–Handed Marriage': Vanessa Bell & Duncan Grant," in Significant Others: Creativity & Intimate Partnership, ed. Whitney Chadwick and Isabelle de Courtivron (New York: Thames and Hudson, 1993), 65-81
4. The Letters of Virginia Woolf, Volume Three: 1923-1928, ed. Nigel Nicolson and Joanne Trautmann (San Diego: Harcourt Brace, 1977)
5. The Diary of Virginia Woolf, Volume Three: 1925-1930, ed. Anne Olivier Bell and Andrew McNeillie (San Diego: Harcourt Brace, 1981)

캐럴리 슈니먼

1. 캐럴리 슈니먼과 전화 인터뷰, March 20, 2017

마릴린 민티

1. 마릴린 민터와 전화 인터뷰, February 15, 2017

매기 넬슨

1. 매기 넬슨과 전화 인터뷰, August 24, 2017

조앤 조나스

1. 조앤 저나스와 전화 인터뷰, May 15, 2017

일상과 예술의 균형에 대하여

프랑수아즈 사강

1. Jean–Jacques Pauvert와의 인터뷰, Night Bird: Conversations with Françoise Sagan, trans. David Macey (New York: Clarkson N. Potter, 1980)
2. Blair Fuller and Robert B. Silvers와의 인터뷰, "Françoise Sagan, The Art of Fiction No. 15," The Paris Review, Autumn 1956

안드레아 지텔

1. 안드레아 지텔과 전화 인터뷰, August 2017

에밀리 포스트

1. Edwin Post, Truly Emily Post (New York: Funk & Wagnalls, 1961)
2. Laura Claridge, Emily Post: Daughter of the Gilded Age, Mistress of American Manners (New York: Random House, 2008)

에드나 세인트 빈센트 밀레이

1. Elizabeth Breuer, "Edna St. Vincent Millay: An Intimate Glimpse of a Famous Poet," Pictorial Review, November 1931, 2, 50-57; Nancy Milford, Savage Beauty: The Life of Edna St. Vincent Millay (New York: Random House, 2001
2. J. D. McClatchy, American Writers at Home (New York: Library of America/Vendome Press, 2004)

아일린 그레이

1. Peter Adam, Eileen Gray: Architect | Designer: A Biography, rev. ed. (New York: Harry N. Abrams, 2000)

패트릭 캠벨 부인

1. Margot Peters, Mrs. Pat: The Life of Mrs. Patrick Campbell (New York: Alfred A. Knopf, 1984)
2. Mrs. Patrick Campbell, My Life and Some Letters (New York: Dodd, Mead, 1922)

엘리너 안틴

1. Howard N. Fox, Eleanor Antin (Los Angeles: Los Angeles County Museum of Art, 1999)
2. Eleanor Munro, Originals: American Women Artists, new ed. (New York: Da Capo Press, 2000)
3. Grace Glueck, "In a Roguish Gallery: One Aging Black Ballerina," The New York Times, May 12, 1989

카렌 블릭센

1. Judith Thurman, Isak Dinesen: The Life of a Storyteller (New York: Picador, 1982)
2. Isak Dinesen, Daguerreotypes and Other Essays (Chicago: University of Chicago Press, 1979)

루이즈 네벨슨

1. Louise Nevelson with Diana MacKown, Dawns + Dusks (New York: Charles Scribner's Sons, 1976)
2. Laurie Lisle, Louise Nevelson: A Passionate Life (New York: Summit Books, 1990)
3. Laurie Wilson, Louise Nevelson: Light and Shadow (New York: Thames & Hudson, 2016
4. Cindy Nemser와의 인터뷰, Art Talk: Conversations with 15 Women Artists, rev. ed. (New York: Westview Press, 1995)

사소한 습관으로 불안을 잠재우다

에디스 헤드

1. Edith Head and Paddy Calistro, Edith Head's Hollywood (New York: E. P. Dutton, 1983)
2. Jay Jorgensen, Edith Head: The Fifty-Year Career of Hollywood's Greatest Costume Designer (Philadelphia: Running Press, 2010)
3. David Chierichetti, Edith Head: The Life and Times of Hollywood's Celebrated Costume Designer (New York: HarperCollins, 2003)

제시 노먼

1. Jessye Norman, Stand Up Straight and Sing! (Boston: Houghton Mifflin Harcourt, 2014)

레온틴 프라이스

1. Hugh Lee Lyon, Highlights of a Prima Donna (New York: Vantage Press, 1973)
2. Winthrop Sargeant, Divas (1959; repr. New York: Coward, McCann & Geoghegan, 1973)

안나 파블로바

1. Margot Fonteyn, Pavlova: Portrait of a Dancer (New York: Viking, 1984)
2. Victor Dandré, Anna Pavlova in Art & Life (1932; repr. New York: Benjamin Blom, 1972)

마리솔 에스코바

1. Grace Glueck, "It's Not Pop, It's Not Op—It's Marisol," The New York Times,

March 7, 1965

2. Brian O'Doherty, "Marisol: The Enigma of the Self-Image," The New York Times, March 1, 1964

비르기트 닐손

1. Winthrop Sargeant, Divas (1959; repr. New York: Coward, McCann & Geoghegan, 1973)
2. Bruce Duffie와의 인터뷰, "Birgit Nilson—A Celebration," April 20, 1988

니나 시몬

1. Nina Simone with Stephen Cleary, I Put a Spell on You: The Autobiography of Nina Simone (New York: Pantheon, 1991)

다이앤 아버스

1. Arthur Lubow, Diane Arbus: Portrait of a Photographer (New York: Ecco, 2016)

아일린 패럴

1. Eileen Farrell and Brian Kellow, Can't Help Singing: The Life of Eileen Farrell (Boston: Northeastern University Press, 1999)

탈룰라 뱅크헤드

1. Tallulah Bankhead, Tallulah: My Autobiography (New York: Harper & Brothers, 1952)
2. Brendan Gill, Tallulah (New York: Holt, Rinehart & Winston, 1972)

메러디스 몽크

1. 메러디스 몽크와 전화 인터뷰, July 17, 2017

린 폰탠

1. Jared Brown, The Fabulous Lunts: A Biography of Alfred Lunt and Lynn Fontanne (New York: Atheneum, 1986)
2. Associated Press, "Lynn Fontanne Is Dead at 95; A Star with Lunt for 37 Years," The New York Times, July 31, 1983.

완벽주의자들의 광적인 몰입

피나 바우쉬

1. John O'Mahony, "Dancing in the Dark," The Guardian, January 25, 2002
2. Pina Bausch, "What Moves Me," 2007, Pina Bausch Foundation

코코 샤넬

1. Rhonda K. Garelick, Mademoiselle: Coco Chanel and the Pulse of History (New York: Random House, 2014)

이디스 워튼

1. Hermione Lee, Edith Wharton (New York: Alfred A. Knopf, 2007)
2. Edith Wharton, A Backward Glance (1933; repr. New York: Touchstone, 1998)
3. Percy Lubbock, Portrait of Edith Wharton (1947; repr. New York: Kraus Reprint, 1969)
4. Maureen Adams, Shaggy Muses: The Dogs Who Inspired Virginia Woolf, Emily Dickinson, Elizabeth Barrett Browning, Edith Wharton, and Emily Brontë (New York: Ballantine Books, 2007)
5. J. D. McClatchy, American Writers at Home (New York: Library of America/Vendome Press, 2004)
6. Philip Kennicott, "Character Study," The Washington Post, August 31, 2008

마사 그레이엄

1. Martha Graham, Blood Memory (New York: Doubleday, 1991)
2. Russell Freedman, Martha Graham: A Dancer's Life (New York: Clarion Books, 1998)
3. Agnes de Mille, Martha: The Life and Work of Martha Graham, 2nd ed. (New York: Random House, 1991)
4. Anna Kisselgoff, "Martha Graham," The New York Times Magazine, February 19, 1984

조세핀 베이커

1. Josephine Baker and Jo Bouillon, Josephine, trans. Mariana Fitzpatrick (New York: Marlowe, 1988)
2. Lynn Haney, Naked at the Feast: A Biography of Josephine Baker (New York: Dodd, Mead, 1981)
3. Stephen Papich, Remembering Josephine (Indianapolis and New York: Bobbs-

Merrill, 1976)
4. Jean-Claude Baker and Chris Chase, Josephine: The Hungry Heart (Holbrook, MA: Adams Publishing, 1993)

제르맹 드 스탈

1. J. Christopher Herold, Mistress to an Age: A Life of Madame de Staël (Indianapolis: Bobbs-Merrill, 1958)

래드클리프 홀

1. Una Vincenzo, Lady Troubridge, The Life and Death of Radclyffe Hall (London: Hammond, Hammond, 1961)
2. Joanne Glasgow, ed., Your John: The Love Letters of Radclyffe Hall (New York: New York University Press, 1997)
3. Sally Cline, Radclyffe Hall: A Woman Called John (Woodstock: Overlook Press, 1997)
4. Michael Baker, Our Three Selves: The Life of Radclyffe Hall (New York: Quill, 1985)

마를레네 디트리히

1. Marlene Dietrich, Marlene Dietrich's ABC (Garden City, NY: Doubleday, 1961)
2. Edith Head and Paddy Calistro, Edith Head's Hollywood (New York: E. P. Dutton, 1983)
3. Steven Bach, Marlene Dietrich: Life and Legend (New York: William Morrow, 1992)

로사 보뇌르

1. Anna Klumpke, Rosa Bonheur: The Artist's (Auto) biography, trans. Gretchen van Slyke, 2nd ed. (Ann Arbor: University of Michigan Press, 2001)
2. Dore Ashton with Denise Browne Hare, Rosa Bonheur: A Life and a Legend (New York: Viking Press, 1981)

마리 퀴리

1. Eve Curie, Madame Curie, trans. Vincent Sheean (1937; repr. New York: Da Capo Press, 2001)
2. Susan Quinn, Marie Curie: A Life (New York: Simon & Schuster, 1995)
3. Barbara Goldsmith, Obsessive Genius: The Inner World of Marie Curie (New York: Atlas, 2005)
4. Marie Curie, Pierre Curie, with Autobiographical Notes by Marie Curie, trans.

Charlotte Kellogg and Vernon Kellogg (1923; repr. Mineola, NY: Dover, 2012)

진 리스

1. Carole Angier, Jean Rhys: Life and Work (Boston: Little, Brown, 1990)
2. Francis Wyndham and Diana Melly, eds., The Letters of Jean Rhys (New York: Elisabeth Sifton Books, 1984)
3. Jean Rhys, My Day (New York: Frank Hallman, 1975); Diana Athill, Stet: A Memoir (New York: Grove Press, 2000)
4. Lilian Pizzichini, The Blue Hour: A Life of Jean Rhys (New York: W. W. Norton, 2009)

옮긴이 **이미정**

영남대학교 영어영문학과를 졸업하고 KBS-서강 방송 아카데미 번역 작가 과정을 수료하였다. 현재 출판 번역 에이전시인 베네트랜스 전속 번역가로 활동 중이다. 주요 역서로는 『파친코 1,2』 『벤자민버튼의 시간은 거꾸로 간다』 『빅숏』 『데드룸』 『록아티스트』 『시간 여행』 『고담의 신』등 다수가 있다.

예술하는 습관

초판 1쇄 발행 2020년 1월 10일
초판 10쇄 발행 2025년 6월 2일

지은이 메이슨 커리 **옮긴이** 이미정

발행인 윤승현 **단행본사업본부장** 신동해
편집장 김경림 **디자인** 이경란
마케팅 최혜진 이은미 **홍보** 반여진 허지호 송임선
국제업무 김은정 김지민 **제작** 정석훈

브랜드 걷는나무
주소 경기도 파주시 회동길 20
문의전화 031-956-7355(편집) 02-3670-1123(마케팅)
홈페이지 www.wjbooks.co.kr
인스타그램 www.instagram.com/woongjin_readers
페이스북 www.facebook.com/woongjinreaders
블로그 blog.naver.com/wj_booking

발행처 ㈜웅진씽크빅
출판신고 1980년 3월 29일 제406-2007-000046호

ISBN 978-89-01-23915-6 (03600)

걷는나무는 ㈜웅진씽크빅 단행본사업본부의 브랜드입니다.